MANUEL

DES

AMATEURS DE L'ART,

Tome II.

MANUEL

DES

CURIEUX ET DES AMATEURS DE L'ART,

contenant

une notice abrégée des principaux Graveurs, et un Catalogue raisonné de leurs meilleurs ouvrages; depuis le commencement de la Gravure jusques à nos jours:

Les Artistes rangés par ordre chronologique, et divisés par Ecole.

Par M. HUBER et C. C. H. ROST.

TOME SECOND.

renfermant la suite de l'Ecole Allemande.

A ZURICH,
CHEZ ORELL, GESSNER, FUESSLI ET COMP.
1797.

ECOLE ALLEMANDE.

Continuation.

Jean-Jacques Thurneisen, ou Thourneiser, dessinateur et graveur au burin né a Bâle en 1636. et mort dans la même ville en 1718. Après avoir appris les principes du dessin dans sa patrie, il alla à Strasbourg apprendre la gravure sous Pierre Aubry. Au bout de trois ans de séjour, il se rendit à Lyon, et de-là à Bourg en Bresse, où il fut appelé à la Cour de Turin. En 1695. il se rendit à Vienne accompagné de son fils, et grava dans cette ville plusieurs beaux morceaux pour l'Empereur Léopold. Il eut envie de voir Augsbourg, et de faire connoissance avec les artistes de cette ville; il ne comptoit que d'y faire une visite et il s'y arrêta deux ans. Après tant de courses il aspiroit, à l'approche de l'âge, de revoir sa patrie. Il arriva à Bâle en 1699. et il travailla jusqu'à la fin de sa carriere,

Thourneisen étoit né avec de grands talens pour l'art et un corps très-robuste, joints à une extrême assiduité au travail. Parmi les nombreux ouvrages qu'il a laissés, on admire ceux qu'il a gravés dans la manière de Mellan avec une seule taille et des lignes spirales, quoiqu'il ait aussi fait plusieurs beaux morceaux dans le goût de F. de Poilly avec des tailles croisées. Peu d'imitateurs ont aussi heureusement atteint leurs originaux, que Thurneisen. Son fils, Jean Jacques le jeune, a travaillé dans la même maniere, mais avec bien moins de succès.

Sa marque est composée des lettres initiales I. I. T.

1. Laurentius Scotus, Abb. Caesariaci. Luc. Dameret pinx 1661. In 4.
2. François Turretin, Théologien Genevois. P. Hand pinx. Gr. in 4.
3. Petrus Werenfelsius, in Acad. Basil. Profess. L. F. Wetstein pinx. J. J. Thourneisen Pat. et Fil. sc. Basileae 1722. In fol.
4. Constantinus de Silvecane, Cosil. in supr. Monet. T. Blanchet del. 1679. J. J. Thourneysen sc. Lugduni. In fol.
5. Portrait d'un Magistrat dans une bordure ronde, sur une tapisserie parsemée de fleurs de lys et soutenue par des Anges. Id. pinx. In fol.
6. Robertus Gravel de Marly &c. Plenipotent. ad Helvetios &c. J. L. Rachel ad vivum del. Gr. in fol.
7. Honoratus de Longecombe de Pesieu, Prior Major Claustralis Regiae Abbatiae Nantuacensis. J. J. Thourneysen sc. Lugd. La tête moitié grande comme nature. Gr. in fol.
8. La Vierge, l'Enfant Jésus et le petit St. Jean, dans une bordure ronde. Carl Dauphin pinx. In fol.

Pièce gravée à grands traits dans le goût de Mellan.

F. ERTINGER.

9. L'Enfant Jésus couché sur de la paille. Th. Blanchet pinx, gravé de même. In 4.
10. La sainte Cène. Id. pinx. In fol.
11. Frontispice pour un Nouveau Testament. Id. p. In fol.
12. La Bilancia Politica del Boccalini. Frontispice. Id. p. In fol.
13. Grande Thèse de philosophie, soutenue par les trois Princes Palatins de Neubourg, avec leur portraits, figures entières. Id. inv. Gr. in fol. en t.
14. Autre Thèse de Philosophie, soutenue par François Amyot d'Albigny, sous l'invocation de St. François de Paule. Id. inv. Gr. in fol.
15. Le grand Electeur de Brandenbourg, Fréderic Guillaume, reçoit sons sa protection les Réfugiés François. Greg. Brandmuller inv. Très-grand in fol.

Pièce capitale.

Les connoisseurs estiment encore singulierement les trois morceaux que Thourneisen à gravés pour l'Académie de Sandrart, le Laocoon, l'Antinous et la Latone, dans le goût de Mellan.

FRANÇOIS ERTINGER, dessinateur et graveur à l'eau forte, naquit à Wyl en Suabe vers 1640. et mourut à Paris vers 1700. On ignore les circonstances de sa vie; on sait seulement qu'il a travaillé avec distinction à Rome et à Paris. Outre les pièces dont nous faisons ici la spécification, il a gravé encore d'après Rubens et le Poussin.

1) Nicolas Machiavel, de Florence, Politique. F. Ertinger fec. In 8.
2. Gabriel du Pinau, Jurisconsulte. In fol.
3. Jean-Ferdinand de Bcughem, Evêque d'Anvers. F. de Cock pinx. Gr. in fol.
4—15. Suite de douze pièces, représentant les Sciences mathématiques par des Génies, occupés aux différentes parties de ces sciences. Fr. Ertinger del. et fecit. In 12. en tr.
16—27. Autre Suite de douze pièces des Métamorphoses d'Ovide, d'après les belles miniatures de Joseph Werner, gravées à l'eau forte à Rome. In 8.
28—37. L'Histoire des Comtes de Thoulouse, d'après R. la Fage. 10. grandes pièces, in fol. en t.
38. Les Noces de Cana, d'après le même. Gr. in fol. en tr.
39. Plusieurs Frises de grand et de petit format, représentant des Bacchanales, d'après le même.
40. Vue de Leuve, place forte du Brabant, prise de nuit par les François en 1678. D'après Ant. F. van der Meulen. Très-grande pièce en t.

GERARD LAIRESSE, peintre et graveur à la pointe et au burin, naquit à Liège en 1640. et mourut à Amsterdam en 1711. Son pere Regnier Lairesse, assez bon peintre, l'appliqua d'abord aux belles-lettres, à la poësie et à la musique. Ensuite il lui montra à dessiner et lui fit copier les meilleurs tableaux, surtout ceux de Bartolet Flaemel. Dès l'âge de quinze ans Gerard faisoit bien le portrait; peu de tems après il peignit pour les

Électeurs de Cologne et de Brandebourg des tableaux d'histoire qui le firent connoître. Ce peintre entendoit parfaitement le poëtique de la peinture: ses idées sont belles et grandes. Il inventoit avec une extrême facilité et excelloit singulierement dans les grandes compositions de ses tableaux, qu'il se plaisoit d'orner de riches fonds d'architecture. On reproche à beaucoup de ses figures des proportions trop courtes et un dessin dénué d'élégance. Il fit un Traité de Peinture en Hollandois, traduit en François et en Allemand, et donna un Livre à dessiner, contenant 120. feuilles. On sait qu'il a mérité, à bien des égards le surnom du Poussin des Pays-Bas.

Lairesse, comme graveur, mérite la même louange et le même blâme que comme peintre. Ses estampes n'ont pas toutes le même mérite. Malgré cela son œuvre est généralement estimé des connoisseurs et très-utile aux jeunes artistes; il est composé de 250. pièces, dont il a gravé la meilleure partie; le reste l'est par Pool, Berge, Glauber &c. Gerard laissa trois fils, dont il instruisit deux dans son art.

Pièces capitales de Lairesse, gravées par lui-même.

1. Médaillon de Lairesse gravé par Nicolas Visscher et collé dans un cartouche orné par les génies des arts, grande pièce gravée par lui-même, in fol. en tr.

2. La Chute de nos premiers Parens. P. in fol. en t.
3. Nos premiers Parens chassés du Paradis. De même.
4. Joseph reconnoît ses freres. Gr. in fol. en t.

Riche composition.

5. Salomon sacré Roi par le Grand-Prêtre 1668. Gr. in fol. en t.
6. Le jeune Jésus devant ses Parens expliquant la volonté divine. *Sapientia unigena Dei maximi.* In fol.
7. L'incrédulité de St. Thomas. In fol.
8. Le Christ levant le voile du visage de Moïse, allégorie sacrée. In fol.
9. Sainte Thérèse en extase, avec un ange, qui tient un dard brûlant. Gr. in fol.
10. Hector, s'arrachant des bras d'Andromaque pour aller au combat. In fol. en t.
11. Achilles présentant à César la tête de Pompée. P. in fol. en t.
12. Un Général Romain faisant grace à de jeunes Guerriers. *Parcere subjectis.* In fol.
13. Un Général Romain faisant décapiter des guerriers coupables. *Debellare superbos.* In fol.
14. Marc-Antoine et Cléopâtre. *Quem Mars numquam, vicit Venus.* Gr. in fol. en tr.

Riche Composition.

15. Marche d'une troupe d'Amazones, à qui des chasseurs montrent deux énormes lions tués. *Virtus viri comperta actionibus probis.* Gr. in fol. en t.
16. Grande Bacchanale, où se voit Silene assis et Bacchus couché, sur le corps duquel les Nymphes expriment le jus du raisin. *Foecundi calices, amor immo-*

deratus edendi, enervant vires corporis atque animi. Gr. in fol. en tr.

Riche Composition.

17. Vénus, entourée des Amours, pleurant la mort d'Adonis au pied de son tombeau. *Animi excelsi laeta quies.* Gr. in fol. en t.

18. Les Songes. *Somnia falaci ludunt temeraria nocte: Et pavidas mentes falsa timere.* Gr. in fol. en t.

19—22. Les quatre Saisons, figurées par des Divinités. Quatre sujets de plafonds. In fol. en t.

23. Diane dans les nues, contemplant Endymion endormi. Gr. in fol.

24. Les Nymphes de Bacchus en gaieté, dont l'une exprime le jus de raisin sur le visage de Silene endormi. Gr. in fol.

25. Allégorie à la gloire du Prince d'Orange. *Wilhelmo Henrico Principi Auriaco, ob fugatos hostes et Rempublicam restitutam.*

Très-grande pièce.

26. Autre Allégorie à la gloire du Prince d'Orange, avec la Fable de Daphné et d'Apollon. Tr. gr. pièce.

27. Autre Allégorie à la gloire du même, où la Prévoyance surveille toutes les branches de l'administration en Hollande. Tr. gr. pièce.

SAMUEL BOTTSCHILD, peintre et graveur à l'eau forte, naquit à Sangerhausen en Thuringe en 1640. et mourut à Dresde en 1707. Il étoit premier peintre de la Cour de Dresde, Inspecteur de la Galerie et Directeur de l'Académie. Bottschild avec de l'élevation dans l'esprit, avoit plus de génie que de goût; ses compositions sont d'un bon style, mais ses figures sont un peu lourdes et souvent dénuées de graces. Il a beaucoup peint à fresque. Dans le château du grand jardin près de Dresde on voit de sa main quelques plafonds d'une bonne entente. L'église de St. Martin à Halberstadt conserve encore de lui un grand tableau représentant une Descente de Croix. Un de ses ancêtres a orné de ses peintures toute l'église de Sangerhausen. On a aussi de la main de Bottschild 70. eaux fortes, gravées dans un style libre et pittoresque, représentant des sujets allégoriques et mythologiques, portant pour titre: *Opera varia historica, poetica et iconologica.*

1. L'armée de Sénacherib défaite par l'ange exterminateur. S. Bottschild aqua forti. Sujet de plafond. In fol.
2—5. Quatre figures allégoriques debout: Le Don de l'Entendement: Le Don de la Science: Le Don de la Sagesse: Le Don de la Force. 4. feuilles in 4.
6—9. Les quatre Parties du Jour, avec des inscriptions latines. 4. feuilles in 4. presque carrées.
11. 12. Deux pièces emblématiques: L'Espérance et la Patience: La Foi et la Charité. Ovale in 4. en t.
12. Ulysse et Epeus donnant les dimensions du cheval de Troie. In fol. en t.
13. Hercule assis à côté d'Jole, avec l'Amour qui file au fuseau. S. Bottschild inv. et fec. In fol.

E. HAINZELMANN.

I. ELIE HAINZELMANN, graveur au burin, naquit à Augsbourg en 1640. et mourut dans la même ville en 1693. Elie et Jean son frere, après avoir apris les élémens de la gravure dans leur ville natale, se rendirent à Paris, où ils travaillerent pendant plusieurs années chez François de Poilly, dont ils saisirent parfaitement la maniere. Elie, qui a fait un plus long séjour à Paris que son frere, s'y est fait aussi une plus grande réputation par plusieurs sujets historiques qu'il grava d'après le Bourdon, le Dominiquin, le Carrache, l'Albane et d'autres. Elie s'étoit très-bien approprié la beauté du burin de son maître; mais on lui reproche de n'avoir pas toujours également bien saisi la correction de son dessin. De retour dans sa patrie il grava des Theses et un grand nombre de beaux portraits.

A. *Portraits.*

1. S. Franciscus Xaverius, Societatis Jesu, Indiarum Apostolus. Augustae. In. fol.
2. Georg Philipp Rifs, Pfarrer der Evangelischen Kirch zum Heil. Creutz, in Augsburg. J. Ulr. Mayr. 1683. In fol.
3. Aegidius Strauch, Wittenbergensis, S. Theologiae Doctor &c. Andreas Stech 1682. In fol.
4. Marcus Huberus, Reipubl. Augustanae Senator. Joh. Ulr. Mayr pinx. In fol.
5. Juliana Benedicta Winklerin, geborne Huberin. Id. pinx. In fol.

E. HAINZELMANN.

6. David Thoman ab Hagelstein, Jurisconsultus. Fr. de Neve p. In fol.
7. Carolus, Liber Baro a Friesen. In fol.
8. Frau Agnes von Schoenberg, des Oberberg- und Creyshauptmanns Abrahams von Schoenberg Eheliebste. Gr. in fol.
9. Gottfriedus Eggerus, Electori Saxoniae Consiliis. H. Am Ende pinx. Gr. in fol.
10. Gabriel Willer, Jurisconsultus. J. U. Mayr pinx. Gr. in fol.
11. Johan Jacob Haller ab Hallerstein, Norimberg. Patricius. D. Savoye pinx. Gr. in fol.
12. Johann Christoph ab Adelmannsfelden, Praepositus Thesis. C. C. Kretzschmann pinx. Très-grand in fol. Tête grande comme nature.

B. *Sujets de l'Histoire Sainte.*

13. Jesus Amabilis, Mater amabilis, Saint Regard; gravé en point. In fol.
14. La Vierge Marie, qui présente des œillets à l'enfant Jésus, assis sur ses genoux, demi-figure. Raphael pinx. Gr. in fol.
16. Jésus-Christ en Jardinier, apparoissant à la Madeleine. L'Albane pinx. De Poilly excud. Sans le nom de Hainzelmann. Gr. in fol. en t.
16. St. François en prieres devant un Crucifix. D'après le Dominiquin. Gr. in fol.
17. La Vierge et l'Enfant Jesus, qui dort, avec le petit St. Jean; pièce connue sous le nom du Silence, d'après le Carrache.

Sujet gravé aussi par Michel Lasne et par Etienne Picart; mais l'estampe du graveur allemand est la meilleure des trois. Gr. in fol. en t.

18. La

18. La Vierge assise dans une Campagne pressant l'Enfant contre son sein, accompagnée des petit St. Jean et de deux Anges, d'après le Bourdon. Gr. in fol. en trav.

19. Sainte Famille, où le petit St. Jean présente son agneau à la Vierge. D'après le même. Gr. in fol. en trav.

20. Autre Ste. Famille, où le petit St. Jean présente une pomme à l'Enfant. D'après le même. Gr. in fol. en t.

21. Autre Ste. Familie, ou la Vierge savonne du linge. D'après le même. Gr. in fol. en t.

II. Jean Hainzelmann, dessinateur et graveur au burin, naquit à Augsbourg en 1641. et mourut à Berlin au commencement de ce siecle. Il a été dit à l'article précèdant, que les deux freres Hainzelmann s'etoient formés à Paris, à l'école de François de Poilly. Jean a aussi gravé quelques morceaux d'après Sébastien Bourdon et d'autres maîtres. Il s'étoit marié à Paris; mais étant devenu veuf, il alla à Berlin en qualité de graveur de la Cour, et y publia un grand nombre de beaux portraits, surtout ceux des Princes et des Princesses. Jean, à l'exemple de Nanteuil, dessinoit d'après nature des portraits qu'il relevoit en pastel, et qu'il gravoit ensuite au burin. Meilleur dessinateur que son frere, il le surpassoit sur ce point essentiel.

J. HAINZELMANN.

A. *Portraits.*

1. Philippe Dufour Chevalier, Président. Paris 1682. In 8.
2. Buste de François Lanchenu. Ad vivum del. et sc. Paris 1680. J. Hainzelmann. In 4.
3. Jean-Baptiste Tavernier, Ambassadeur en Perse; figure en pied, dans le costume oriental. 1679. In 4.
4—6 Les trois Ambassadeurs du Roi de Siam à la Cour du Roi Louis XIV. en 1686. 3. feuilles, faites sur la naturel par Hainzelmann, à Paris. P. in fol.
7. Claude le Peletier, Ministre d'Etat, Controleur Géneral des Finances en France. 1687. P. in fol.
8. Michel-François le Telier, Marquis de Louvois. Ferd. Voet pinx. 1686. In fol.
9. Jean Sobieski, Roi de Pologne &c. J. Hainzelman del. et sc. 1684. In fol.
10. Georg Freyherr von Derflinger &c. 1690. Berlin. Gr. in fol.
11. Portrait du Grand Electeur, Fréderic Guillaume. Adam de Clerck pinx. Gr. in fol.

B. *Sujet de l'Histoire Sainte.*

12. La Vierge tenant l'Enfant Jésus qui l'embrasse. Annib. Carrache pinx. Chez Vallet, à Paris. Gr. in fol. en Ovale.
13. La Vierge avec l'Enfant Jésus et le petit St. Jean. J. Guillebault pinx. Vallet excud. Gr. in fol. en t.
14. L'Annonciation. *Ecce Ancilla.* Sebast. Bourdon pinx. Vallet excud. Gr. in fol. en t.
15. Sainte famille. *Testimonium enim* — — D'après le même. Pièce en rond. Gr. in fol.
16. Repos au retour d'Egypte où la Vierge lave du

J. UL. KRAUS.

linge, que le petit Jésus, St. Joseph et trois Anges font sécher. D'après le même. Gr. in fol. en t.

JEAN ULRICH KRAUS, dessinateur et graveur, naquit à Augsbourg en 1645. et mourut dans la même ville en 1719. Disciple et gendre de Melchior Küsell, il s'est acquis la reputation d'un bon artiste. Il paroît qu'il s'est proposé S. le Clerc pour modele. On a de lui différentes Vues perspectives d'un très-bon effet, et trois sortes de Bibles qui ont leur mérite. Kraus fut appelé à diverses Cours d'Allemagne, mais préférant la liberté à la fortune, il resta dans sa patrie. Sa femme, Jeanne-Sibylle Kraus, fille de Melchior Kusell, s'est fait connoître par plusieurs pieces, d'une exécution tres-fine. Voyez ci-devant l'article Kusell.

1. Christophorus Schultzius, Pastor Memel. P. Fischer p. In 4.
2. Jean Dolle, Médecin Hessois. C. Labert pinx. In 4.
3. *Monumentum Gloriae Ernesti Augusti Principis Electoris Brunsvicensis primi, justis Funebribus persolutis.* J. Ulr. Krausen del. et sc. G. in fol.
4—9. Suite de six jolies Vues de Jardins. In 4. en trav.
10—15. Suite de six jolis Paysages. In 4. en tr.
16—28. Suite de treize feuilles des Vues les plus intéressante de la Ville de Nuremberg; d'après les des-

sins de J. André Graf, mari de la célèbre Sibylle Mérian. Gr. in fol. en tr.

29. Vue de l'Eglise de St. Pierre de Rome, gravée avec un soin tout particulier, d'après le même, en format impérial.

Piéce capitale de Krause.

MATTHIEU SCHEITZ, peintre et graveur à l'eau forte, né à Hambourg vers 1646. et mort vers la fin du dernier siecle. Il apprit les élémens de la peinture de Philippe Wouvermans; il suivit quelque tems sa maniere, mais il la quitta pour peindre des assemblées de paysans dans le goût de David Teniers. A la fin il traita des sujets historiques. Les freres Küsell ont gravé d'après ses inventions plusieurs traits de la Bible. Son fils, André Scheitz, devint peintre de la Cour à Hannovre, et eut Manyocki pour disciple. Il a gravé à l'eau forte différentes pièces dans la maniere de Teniers; elles sont recherchées et rares.

1—4. Divers Jeux d'Enfans, en 4. feuilles; les quatre Elémens. M. Scheitz fec. 1671. In 8. en t.

5. 6. Deux Paysages; dans l'un des paysans qui se divertissent à la porte d'un cabaret, dans l'autre des villageois qui dansent sur la verdure. Id. f. In 4.

7—8. Deux sujets de genre: Un Homme qui porte des louvetaux dans son chapeau. *Hyr heb' ick junger Wulv.* — *Alle Gort:* Un Marchand de lu-

...nettes: *Myn Kraem gift — döreba de Finger.* M. Scheitz fec. 1678. In 4.

CHARLES-GURTAVE D'AMLING, OU AB AMBLING, peintre, dessinateur et graveur au burin, naquit à Nuremberg en 1651. et mourut à Munich en 1702. Il se fit connoître très-jeune par des dispositions particulières pour les arts du dessin. Sur sa réputation naissante il fut appelé à la Cour de Munich, où l'Electeur l'envoya à Paris pour se perfectionner dans la gravure sous la direction de F. de Poilly. De retour à Munich avec de nouvelles connoissances, il grava un grand nombre de portraits, de thèses et de sujets historiques. Parmi ces dernières pièces on estime surtout celles qu'il a gravées d'après Pietre Candido, et qui représentent des traits de l'histoire des Empereurs Othon et de Louis de Baviere, ainsi que du Duc Othon de Wittelsbach. Amling, qui conduisoit son burin avec une grande facilité, offre une gravure peu chargée de travaux. Les connoisseurs y desireroient plus d'entente de clair-obscur et quelquefois plus de correction de dessin.

A. *Portraits.*

1. Maximilien-Emanuel, Prince Electoral de Baviere. Thomas Macolinus Musicus &c. ad vivum pingebat. Ser. Elect. Chalcographus C. G. Amling sculps. 1670. En ovale in fol.

CH. G. AMBLING.

2. Maximilien - Emanuel, Electeur de Baviere. J. B. Champagne pinx. Gr. in fol.
3. Statue équestre de Maximilien - Emanuel, Electeur de Baviere. Amling fec. Monachii. Gr. in fol.
4. Henriette - Marie - Adelaide, Duchesse de Baviere. D'après Delamonce. 1675. Ovale. Gr. in fol.
5. Ferdinand - Marie, Electeur de Baviere 1676. Ovale. Gr. in fol.
6. Jean Comte de Berlo de Brufs, Général de l'Electeur de Baviere. 1680. Ovale in fol.
7. Aléxandre - Sigismond, Comte Palatin du Rhin, Evéque d'Augsbourg. P. F. de Hamilton pinx. In fol.
8. Romain Liberiet, Abbé de St. Ulrich à Augsbourg. C. G. ab Amling ad vivum del. et sc. Monachii. Gr. in fol.

Beau Portrait.

9. Petrus Marinus Sormanus, *toti Ord. S. Franc. Minister generalis*. En Médaillon orné d'emblêmes et de figures allégoriques. In fol.
10. Don Livio Odeschalchi. En Médaillon historié. In 4.
11. Marcus ab Aviano, Concionator Capucinus. 1680. Ovale in 4.
12. Un jeune Prince conduit sur le trône par Hercule et par Nestor. Sur le seuil du trône est écrit: *Ungaria*. Amling sc. Monachii. In 4.
13. La Statue de Mercure, avec l'Amour qui veut lui attacher des ailes aux talons. Dans l'Académie de Sandrart. G. A. sc. In fol.
14. La Statue du Rotateur. Ibid. Id. sc. In fol.

B. *Sujets de dévotion et d'histoire.*

15. La Vierge tenant l'Enfant Jésus, tableau orné d'attributs et de deux portraits: Le Duc Joseph-Clé-

ment et la Duchesse. Violante Beatrice Duchesse de Baviere. Dessiné par J. A. Wolf, et gravé par C. G. ab Amling.
Très-grande pièce.

16. L'Image miraculeuse de la Sainte Vierge de Consolation. C. G. Amling sc. Monachii 1682. Ovale gr. in fol.
17. Vero Ritratto di S. Francesco d'Assise, fatto à Roma nel Vaticano da Carlo Gustavo ab Amling. Petit in fol.
18. L'Image de St. Nicolas Tolentin, dans un Ovale de feuilles de laurier. J. A. Wolf pinx 1691. Gr. in fol.
19. Vrai Portrait de Saint Jean de S. Facundo. Id. pinx. En ovale, gr. in fol.
20. Saint Godard à genoux devant la Ste. Vierge. Joh. Drentwet del. Gr. in fol.
21. L'Histoire des Empereurs Othon et de Louis de Baviere, ainsi que du Duc Othon de Wittelsbach, Tapisseries du château de Munich, exécutées d'après les dessins et les peintures de Pietre Candido, gravées en 13. pièces de differentes grandeurs par C. G. ab Amling.
22—27. Les quatre Saisons, avec le Jour et la Nuit. 6. pièces, executées de même. Gr. in fol. en t.
28—30. Trois Mois de l'année, Septembre, Octobre et Décembre. 3. pièces exécutées de même. Gr. in fol. en t.

La Suite complete de ces Tapisseries est de 27. morceaux, dont 23. gravés par Amling et 6. par Zimmermann. Les planches d'Amling ne sont pas dans le commerce, elles sont gardées dans le trésor de l'Electeur de

Baviere, qui fait présent des épreuves aux personnes qu'il veut distinguer.

31—40. Arc de Triomphe à l'honneur de l'Electeur Maximilien Emanuel, avec les Emblêmes inventés à ce sujet. 10. pièces in fol. gravées par Amling, à Munich.

41. Grande Thèse, dédiée à l'Empereur Léopold et au Prince Joseph son fils. R. P. Antonius Lublinsky. Can. Regul. Lat. J. August. delin. C. G. ab Amling, fec. Monachii. Gr. in fol. en t.

42. Autre sujet de Thèse, où l'on voit la Vierge qui foule aux pièds le serpent, et qui est accompagnée des quatre Docteurs de l'Eglise. Amling fec. Gr. pièce in fol.

Cet Artiste à encore gravé plusieurs pièces pour l'Académie de Sandrart.

FELIX MEYER, peintre et graveur à l'eau-forte, naquit à Winterthour en Suisse en 1653. et mourut à Weyden, en 1713. Après avoir essayé, sans beaucoup de succès, de différens genres de peintures, son génie se développa à Nuremberg et devint, sons la direction de François Ermels, un excellent paysagiste. Susceptible de toutes les impressions de la nature, il parcourut les contrées de la Suisse, si riche en belles et grandes Vues, et se fit une ample provision de dessins, au moyen de laquelle il acquit une telle pratique, qu'il put sans beaucoup de peine peindre d'un goût piquant et dans une maniere très-expéditive de grands et de petits Paysages. La premiere maniere de Meyer ressembloit parfaitement à celle d'Ermels son maître; elle étoit d'un bon choix; ensuite il s'accoutuma à une exécution plus large, peignant plus souvent de pratique que d'après nature. Melchior Roos et George-Philippe Rugendas, ont orné plusieurs de ses paysages de figures et d'animaux. Pour lui même il n'a jamais su bien dessiner les figures. Du reste pour la composition du paysage, le maniement du pinceau et la touche des arbres, il peut figurer à côté des plus grands paysagistes.

Meyer a gravé plusieurs paysages à l'eau forte, estimés des connoisseurs, tant pour la liberté de la main que pour l'intelligence de la composition: il ne laisse à désirer qu'un peu plus d'accord et de force.

1—12. Douze petits Paysages de la Suisse, ornés de bois, de roches, de fabriques et de ruines. On lit sur une pierre: Felix Meyer fec. Christophe Weigel exc. Pièces in 8. presque carrées.

13—16. Quatre Paysages de la Suisse, ornés de monumens de fabriques et de figurines 1701. Id. fec. In 4. en t.

17—20. Quatre Paysages de la Suisse, ornés de même. In 4. en t.

21—24. Quatre Paysages montagneux, ornés de roches et de fabriques. In 4. en travers.

TH. LUBIENIETZKY.

THEODORE LUBIENIETZKY, peintre et graveur à la pointe, naquit à Cracovie en 1653 et mourut en Pologne vers 1720. Cet artiste issu d'une ancienne famille de Pologne alliée à la maison de Leszincki, jouit des instructions de G. Lairesse. Gentilhomme de la Chambre du Grand-Duc de Toscane, il entra avec le même titre au service de l'Electeur de Brandebourg, qui le nomma Directeur de l'Académie de Berlin. Dans les Châteaux du Roi de Prusse et dans les cabinets de quelques particuliers à Berlin, on voit plusieurs de ses tableaux, qui consistent en sujets historiques et en paysages. Ses ouvrages sont estimés, même des peintres. Du reste il étoit attaché, ainsi que son pere, à la secte des Sociniens. Ayant fait paroître un petit ouvrage sur cette matière, il se brouilla avec les Ministres du St. Evangile de Berlin. Ceuxci mirent tant de chaleur dans leur poursuite contre le petit Traité, qu'il fût brûlé par la main du bourreau. Quoique l'ouvrage n'eût pas paru sous son nom, il prit la petite disgrace de son livre tellement à cœur, qu'il demanda sa démission et se retira en Pologne en 1706.

Lubienietzki avoit dessiné toutes les têtes de Schlütter, ou les Masquerons de la Cour de l'Arsenal de Berlin, pour les faire graver à Amsterdam chez Pièrre Schenck; mais la chose n'a pas eu lieu. Depuis peu on a découvert huit pièces de cette suite, qui se trouve aujourd'hui dans la Collection de Gottfried Winkler. Ce sont les mêmes têtes que B. Rode a dessinées et gravées.

Lubienietzki a gravé d'une pointe très-spirituelle une suite de six pièces de paysages héroïques, dont nous n'avons sous les yeux que le morceau suivant:

1. Paysage héroïque, orné de ruines. Th. de Lubienietzki fecit 1698. In fol. en t.

JOACHIM - FRANÇOIS BEICH, peintre et graveur à l'eau forte, naquit à Munich en 1665. et mourut dans la même ville en 1748. Il apprit les principes du dessin de son pere, Guillaume Beich, aussi peintre, natif de Ravenspourg en Suabe et domicilié à Munich. Son génie le portoit à peindre des paysages et des batailles. Dans les châteaux de l'Electeur de Baviere on voit de lui de très-belles choses dans ces genres de peintures. Beich a peint dans de grands tableaux les campagnes et les batailles en Hongrie, auxquelles l'Electeur Maximilien-Emanuel s'étoit trouvé. Pendant la guerre de la Succession d'Espagne, et l'absence de l'Electeur, Beich se rendit en Italie et s'arrêta assez longtems à Livourne et à Naples, où ses ouvrages furent en si haute estime que le célèbre Solimene copia un de ses tableaux. Les sites de ses paysages sont toujours pittoresques et intéressans, traités avec un pinceau hardi et savant. Il peignoit tour-à-tour dans le goût de Gaspar Poussin et de Salvator Rosa.

Beich de retour à Munich grava à l'eau forte quatre Suites de paysages dans le goût des grands maîtres et dans toutes les règles de l'art. Joseph Wagner a gravé d'après lui à Venise deux Paysages, ornés de Bergeries.

1—8. Suite de 8. Paysages montagneux, ornés de figures champêtres et de toutes sortes de fabriques. Joachim Franc. Beich inv. et fec. aqua forti. Petit in 4.

9—14. Suite de 6. Paysages montagneux, ornés de même. Id. fec. Petit in 4. en travers.

15—20. Suite de 6. Paysages montagneux, ornés de cascades et de figurines dans le goût de Salvator Rosa. Id. fec. Petit in fol.

21—26. Suite de 6. Paysages semblables. Id. fec. P. in fol.

GEORGE-PHILIPPE RUGENDAS, peintre et graveur à l'eau forte et en maniere noire, naquit à Augsbourg en 1666. et mourut dans sa patrie en 1742. Il apprit les principes de l'art chez Isaac Fischer, peintre d'histoire; mais son goût le décida pour les sujets belliqueux, qu'il étudia d'après le Bourguignon, Lembke et Tempesta. Dans ses voyages il fit quelque sejour à Vienne et à Venise, mais il s'arrêta plus longtems à Rome. Après un absence de cinq aus, il revint à Augsbourg en 1695. La guerre de la Succession d'Espagne venoit d'éclater ; alors il eut occasion d'examiner à loisir et de dessiner d'après nature ce qu'il n'avoit vu jusque là qu'en idée. Le bombardement et la prise d'Augsbourg en 1703. par les François et les Bavarois ne lui fournit que trop de sujets à étudier. Ce fut dans cette circonstance qu'il publia en six feuilles les opérations militaires des François et des Bavarois dans la ville d'Augsbourg et de ses environs pendant les années 1703. et 1704. Parmi les peintres de batailles il mérite d'occuper un rang distingué. Son dessin est hardi et correct; ses compositions sont bien ordonnées, et son coloris est le plus souvent d'une bonne entente. Tout ce qu'il a fait, offre peu de travaux et décèle une grande facilité. On admire surtout dans ses sujets militaires les positions variées de ses chevaux. Indépendamment d'un nombre considérable de tableaux qu'on voit dans les galeries et dans les cabinets en Allemagne, Rugendas a gravé une grande quantité de pieces à l'eau forte et en manière noire, représentant des maneges, des chasses, des escarmouches, des sieges, des batailles &c. Parmi ses trois fils, qui se sont tous distingués dans l'art, nous ferons mention de Christian, le troisième, à l'article du pere.

A. *Eaux-fortes de G. Ph. Rugendas.*

1. *Capricci di Giorgio Filippo Rugendas* 1698. 6. feuilles, in 8. en t.
2. *Diversi Pensieri fatto per Giorgio Filippo Rugendas, Pittore.* Aug. Vind. 1699. 8. feuilles, in 8.
3—10. Suite représentant des Cavaliers en différentes actions. Id. fec. 8. feuilles, in 8. en travers.
11—16. Suite de Cavaliers en marche. Id. fec. 6. feuilles, in 8. en t.
17—22. Suite représentant des Cavaliers en mouvement. Id. fec. 6. feuilles, in 8.
23—28. Suite représentant les Opérations militaires des François et des Bavarois à Augsbourg et à ses environs 1704. Id. fec. Six feuilles numérotées, in fol. en t.

Les pièces capitales à l'eau forte de Rugendas.

B. *Manières noires de G. Ph. Rugendas.*

29. Colonel de Housards à cheval. In fol.
30—34. Quatre pièces représentant des Combats entre des Housards Prussiens et Hongrois. In fol. en trav.
35—38. Quatre pièces représentant les Chasses du Lion, du Tigre, de l'Autruche et du Buffle. In fol. en tr.

39—42. Quatre pièces représentant les Opérations militaires pendant une campagne contre les Turcs. Grand in fol. en t.

43—48. Six pièces représentant les Opérations et les Occupations militaires dans le cours d'une Campagne. Gr. in fol. en t.

49—56. Huit grandes pièces représentant les règles et les exercices du Manege. Gr. in fol. en t.

C. *Manieres noires d'après Rugendas, exécutées en un jaune d'ocre d'un bel effet, par Christian son fils.*

57. 58. Deux Paysages montagneux, ornés de Villageois. P. in 4. en t.

59. 60. Deux Pièces représentant des Combats de Cavalerie. In 4. en t.

61—64. Quatre Pièces représentant des Marches et des Haltes. In 4.

65—68. Quatres Pieces représentant des Escarmouches et des Occupations dans le Camp. In 4. en t.

69—72. Quatre Pièces, une Messe de Camp, une Bataille, Pansemens des Blessés, Enterremens des morts. P. in fol. en t.

73—78. Six Pièces, Travaux et Amusemens au Camp. In fol. en t.

79—84. Six Pièces, Combats de Cavalerie et Batailles. In fol. en t.

85—90. Six Pièces représentant des Batailles, des Champs de Bataille et des Réjouissances au Camp. In fol. en travers.

91—98. Huit Pièces, Combats de Cavalerie, Attaques de Retranchemens, Marches et Haltes. In fol. en t.

99—118. Suite de vingt Pièces numérotées, représentant des Housards, des Cavaliers, des Gens d'équipage en Marche. In 4. en t.

JACQUES - CHRISTOPHE LE BLOND, OU LE BLON, peintre et graveur, particulièrement dans la maniere noire, naquit à Francfort en 1670. et mourut à Paris, en 1741. On le croit descendant de Michel Blond et on le sait parent de la célèbre Sibylle Mérian. Cet artiste a mené une vie très-ambulante. Pendant les années 1696. et 1697. il se trouva a Rome en qualité de peintre, à la suite de l'Ambassade Impériale du Comte de Martinitz. Il profita de ce séjour pour étudier l'art dans sa source, er pour fréquenter les habiles maîtres du tems, surtout Carle Marate. Un peintre Hollandois, Bonaventure Overbeck, persuada le Blond, de venir avec lui à Amsterdam. Là le Blond peignit en miniature des portraits qui, pour la force du coloris, ne le cédoient en rien à ceux peints à l'huile. Quand sa vue commença à baisser, il se mit à peindre à l'huile de jolis morceaux de cabinet. Grand spéculateur il s'occupa beaucoup de nouvelles inventions. Il essaya avec succès de graver et d'imprimer divers sujets d'histoire et de portraits eu couleur, soit sur du papier bleu, soit sur de la toile. Ses essais ayant réussi, il conçut

çut l'idée, d'exécuter les choses en grand. Pour cet effet il se rendit à Londres, où une grande Compagnie avança les fonds pour l'exécution: On commença par imprimer dans la nouvelle maniere les meilleures peintures qu'on pût trouver; mais par une économie mal entendue l'entreprise échoua et finit par ne produire que de la mauvaise besogne. Peu de tems après il établit dans cette ville une manufacture de tapisserie; mais les fraix furent si énormes, que les intéressés se virent obligés de faire banqueroute, comme avoient fait les précédens. Le Blons ayant passé un tems considérable en Angleterre, publia en l'année 1730. un livre devenu très-rare, imprimé à Londres en Anglois et en François, ayant pour titre: *Il Colorito, ou l'harmonie du coloris dans la peinture, réduite à des principes infaillibles et à une pratique mécanique, avec des figures pour en faciliter l'intelligence. Par Iacques-Christophe le Blon, Volume in-4. orné de cinq planches.* Ceux qui voudront avoir des notions plus détaillées des procédés de le Blon, peuvent consulter l'ouvrage d'*Abraham Bosse: De la Maniere de graver &c. Edition de* 1758. *in-*8. soignée par *Cochin le fils.* Le Blond ayant vu échouer toutes ses entreprises en Angleterre, vint en France en 1738. dans le dessein de publier à Paris l'art de graver et d'imprimer les tableaux selon la méthode dont il étoit l'inventeur. En conséquence il obtint du Roi en 1740. un privilege exclusif pour l'exercice de son nouvel art. Il essaya de former plusieurs élèves; mais il y a une grande différence entre leurs productions et celles de cet homme célèbre. Enfin cet artiste, malgré des talens incontestables, ne réussit nulle part: malheureux à Londres, il ne fut pas plus heureux à Paris, où il mourut à l'hopital, âgé de 71. ans.

Selon le Catalogue de Heinecken l'Oeuvre de le Blond, conservé au Cabinet Electoral des Estampes à Dresde est composé de 28. pièces. Henri Sebastian Huisgen, qui a donné de bonnes notices sur les arts et les artistes de Francfort, en fait monter le nombre à 33. Au reste rien de plus rare ni de plus recherché par les vrais connoisseurs que les bonnes épreuves de l'exécution de cet habile homme.

Voici les pièces les plus marquées de le Blond.

1. Portrait du Roi George II. de grandeur naturelle. Gr. in fol.
2. Portrait de la Reine, Femme de George II. Pendant.
3. Les trois Enfans du Roi Charles I. à mi-corps, d'après van Dyck. Très-grande pièce en t.

J. CH. LE BLOND.

4. Portrait de Carondolet, d'après Raphael. De grandeur naturelle. Gr. in fol.

5. Portrait de Pierre-Paul Rubens, d'après van Dyck. De grandeur naturelle.

6. Portrait d'un Seigneur Vénitien à barbe pointue, d'après le Titien. De grandeur naturelle.

7. Sainte Agnès, figure entière debout. Très-grande pièce, attribuée au Dominiquin.

8. Sainte Cécile, à mi-corps, les mains jointes. Grande pièce, attribuée au même.

9. Repos dans la fuite en Egypte. Le lointain offre le jeune Tobie avec l'Ange. D'après le Titien. Tr. gr. p. en t.

10. La Vénus nue du Titien, couchée sur un lit. T. gr. p. en t.

11. Le Triomphe de Galatée, avec Polyphême vu vers la gauche, d'après C. Maratte. T. gr. p. en t.

12. Cupidon façonnant son arc, d'après le Correge. Gr. pièce.

13. La Chasteté de Joseph, figures entières, d'après C. Cignani. T. gr. pièce.

14. Jésus sur la montagne des Olives, grande pièce, attribuée au Carrache.

15. Jesus-Christ mis au tombeau, d'après le Titien. T. gr. p. en t.

16. La Madeleine, avec une tête de mort, demi-figure, d'après un Inconnu. Gr. pièce.

Il en existe des épreuves imprimées sur vélin.

17. Sainte Marie l'Egyptienne, les mains croisées sur le sein, demi-figures, d'après un Inconnu. Gr. pièce.

18. Le petit St. Jean caressant l'enfant Jésus; deux figures debout, d'après van Dyck. Gr. pièce.

S. BLESENDORF.

19. Le Portrait du Prince Eugene de Savoie, fait à Amsterdam en 1710. Gr. pièce.
20. Le Portrait de Louis XV. Roi de France, fait à Paris. Grande pièce.
21. Le Portrait du Cardinal de Fleury, fait à Paris. Gr. pièce.
22. Le Portrait d'Antoine van Dyck. Gr. pièce.

1. SAMUEL BLESENDORF, peintre en huile et en émail, et graveur au burin, naquit à Berlin vers 1670. et mourut dans la même ville en 1706. Fils d'un Orfèvre qui peignoit aussi en émail, il apprit les élémens du dessin dans la maison paternelle. Samuel peignoit très-bien le portrait à l'huile et gravoit au burin avec beaucoup d'intelligence: Sa manière ressembloit pour la propreté à celle de P. van Gunst. Il fut un des premiers Professeurs de l'Académie de Peinture établie à Berlin et jouit d'une pension de 1000. écus. On trouve plusieurs portraits de Blesendorf dans l'histoire de Suède par Puffendorf.

1. Charles XI. Roi de Suède. In 4.
2. Charles XII. Roi de Suède. In 4.
3. Fréderic-Rodolphe-Louis, Baron de Canitz. In fol.
4. A. Dorothé-Emérance de Canitz, née d'Arnimb. In fol.
5. Maria Tugendreich von Below. In fol.
6. Franciscus à Meinders, Elect. Fried. Wilh. Minister. G. Ramodon p. Gr. in fol.

C. F. BLESENDORF.

7. Christoph Haubold ab Houwald. 1694. In fol.
8. Samuel Baron de Puffendorf. In fol.
9. Frédéric III. Electeur de Brandebourg 1696. In fol.
10. Fréderic-Guillaume, Prince Electoral. Gr. in fol.
11. Portrait du Grand Electeur, Fréderic-Guillaume. Adam de Clerk pinx. Gr. in fol.
12. Portraits de Jean-Fréderic de Brandenburg, Margrave d'Anspach et de son Epouse Léonore-Erdmuth-Louise de Saxe-Eisenach. Peints assis dans un jardin par Caspar Netscher en 1682. et gravés avec la plus grande finesse par S. Blesendorf. Gr. in fol. en t.

II. CONSTANTIN-FREDERICH BLESENDORF, frere cadet de Samuel, peintre en miniature, en détrempe et en huile, et graveur à la pointe et au burin, naquit à Berlin vers 1675. et mourut dans la même ville en 1754. Constantin, avec le germe de tous les talens, mais livré à une vie crapuleuse, n'a rien porté à sa perfection. Il fut Professeur de géométrie et de perspective à l'Académie des Arts à Berlin, et travailla beaucoup pour les libraires. Malgré les désordres de sa vie il parvint à une haute vieillesse, et mourut d'une chute qu'il fit du haut d'un escalier.

1. Frontispice pour *Juliani Opera*. S. Blesendorf inv. C. F. Blesendorf fec. In fol.
2. Frontispice pour *Beyeri Thesaurus Antiquitatum*. C. F. Blesendorf fec. In fol.
3. Portrait de Fréderic-Guillaume, Electeur de Brandebourg. 1688. Gr. in fol.

M. BERNIGEROTH.

I. MARTIN BERNIGEROTH, graveur au burin, naquit à Ramelsbourg dans le Comté de Mansfeld en 1670. et mourut à Leipzig en 1733. Il a gravé une quantité incroyable de portraits d'un mérite fort inégal; cela dépendoit de l'original d'après lequel il travailloit. Martin ne manquoit pas de talens, mais de goût et de conseils. Comme il étoit obligé de travailler pour vivre, il gravoit tout ce qui se présentoit, et s'aidoit comme il pouvoit. Falloit-il faire le portrait, d'un Pasteur, d'un Savant, d'un Marchand, il en dessinoit la tête, et l'ajustoit sur le tronc d'un Prélat, d'un Magistrat, d'un Ministre d'Etat, d'après les portraits de Drevet, d'Edelink, de Wille, de Schmidt, dont il avoit une petite collection. Au Cabinet d'Estampes à Dresde, l'Oeuvre des Bernigeroth est composé de huit porte-feuilles.

Martin marquoit assez souvent ses pièces M. B.

Voyez l'article Bernigeroth dans le Dictionnaire des Artistes de Heinecke, depuis la page 565. jusqu'à la page 628.

1. Henricus de Bunau de Dahlen et Domsen. Hausmann pinx. In 4.

2. Caspar Schamberg, Bürger und Handelsmann in Leipzig. Petit in fol.

3. Johann Caspar Grimm, Medicinae Doctor Lipsiensis. Blattner pinx. In fol.
4. Le Prince Léopold d'Anhalt-Dessau, dit: *Der Dessauer*, à cheval, et dans le fond une bataille. In fol. Rare.
5. Thomas Benedictus Richter, Mercator Lipsiensio. A. de Manjocki pinx. In fol.
6. Theodorus Oertel aus Gautsch und Dewitz. Id. pinx.
7. Herr Friedrich Wilhelm Winkler, weitberühmter Kauf- und Handelsherr. C. W. Seydel pinx. In fol.
8. Friedrich Benedict Carpzow, Baumeister in Leipzig. In fol.
9. Gottlieb Treur, Superintendens &c. In fol.
10. D. Joh. Christophorus Schacher. Fait à Leipzig par Bernigeroth, Graveur Royal. In fol.
12. Fridericus Augustus II. Rex Poloniarum, Elect. Saxoniae. Sans le nom du Peintre, qui est L. Silvestre. Gr. in fol.

II. JEAN MARTIN BERNIGEROTH, Graveur au burin, né à Leipzig en 1713. et mort dans la même ville en 1767. Fils et disciple de Martin, il avoit acquis à peu près les mêmes talens, et aidoit son pere dans l'exécution de ses ouvrages. Outre un grand nombre de portraits qui ont paru sous son nom, il a beaucoup travaillé pour les libraires.

1. Sébastian Felix Baron von Schwannenberg. In 8.
2. Christian Auguste, Freyherr von Friesen. In 8.
3. Christianus Seyler, Medicinae Doctor. Heintz pinx. In 4.

A. B. KOENIG.

4. Christianus Princeps Daniae et Norwegiae Haeres. C. G. Pilo pinx. In 4.
5. Johannes Godofridus Bauerus, Poloniar. Regi Consiliis &c. C. F. R. Lisiewsky pinx. 1764. In fol.
6. Jean Gottfried Richter, Antiquaire. D'après Milius 1758. In fol.
7. Jean-Adolphe, Duc de Saxe-Weissenfeld. 1745. Gr. in fol.

Le morceau le plus estimé de Bernigeroth, fils.

8. Fridericus Augustus III. Rex Poloniae. Gr. in fol.
9. Fridericus Christian, Princ. Reg. Pol. postea Elector. Gr. in fol.
10. Johannes Jacobus Mascovius Ictus. Historiographus &c. Hausmann pinx 1762. Gr. in fol.
11. Johan. Zachar. Richter, Senator et Aedil. Lips. *Otium Negotii.* Hausmann pinx. Oeser ornav. Gr. in fol.

ANTOINE-BALTHSAR KOENIG, dessinateur et graveur au burin, naquit à Berlin vers 1676. et mourut dans la même ville vers 1740. Les circonstances de la vie de cet artiste nous sont assez peu connues; on sait seulement, qu' Antoine-Fréderic Koenig, peintre de portrait en miniature de la Cour de Berlin, est son fils. D'ailleurs les morceaux, que nous avons sous les yeux, sont exécutés de manière qu'ils font l'éloge de l'artiste.

1. Fréderic-Guillaume, Roi de Prusse. Weidemann pict. Regis pinx. Gr. in fol.

2. **Fréderic** Baron de **Derfflinger**, Général de Cavalerie du Roi de Prusse. Gr. in fol.
3. **Charles Gottfried Schrader**, Conseiller aulique du Roi de Prusse. Gr. in fol.
4. **Aléxandre-Hermann**, Comte de **Wartensleben**. Ant. Pesne p. Berlin 1716. Gr. in fol.
5. Monument de **Charles Gottfried Schrader**. Avec une inscription latine. Gr. in fol.

CHRISTIAN-ALBERT WORTMANN, graveur au burin, né en Poméranie vers 1680. Il se rendit jeune à Berlin, où il apprit la gravure sous Wolfgang. A l'âge de vingt-cinq ans, il fut appelé à Cassel en qualité de graveur du Landgrave. De Cassel il vint à Dresde, où il fit différens portraits et où il acheva de former pour la gravure Christian Fréderic Boëtius. En 1727. Wortmann passa à la Cour de Petersbourg, où il venoit d'être appelé.

1. **Ernest-Louis**, Land-Grave de Hesse-Darmstadt. In fol.
2. **Joachimus Justus Breithaupt**, Theologiae Doctor. in Acad. Hall. J. A. Rudiger pinx. C. A. Wortmann Sc. Hafs. Landgr. Sculptor. In fol.
3. **Johann Samuel Drobisch**, des Raths und Handelsmann zu Dresden. In fol.
4. **Hermann Joachim Hahn**, Prediger in Dresden, und daselbst ermordet im Jahr 1726. Gravé à Dresde par C. A. Wortmann, Graveur de la Cour de Hesse Cassel. In fol.
5. **Anna**, Russorum Imperatrix. Peinte par L. Cara-

vac, Peintre de S. M. Imp. Gravée par C. A. Wortmann. Petropoli 1731. In fol.

6. Alexis, fils de Pierre I. Lundden pinx. Wortmann sc. In fol.

JACOB FREY, graveur au burin et à pointe, naquit à Lucerne en 1681, et mourut à Rome en 1752. Frey, malgré son goût pour les arts de dessin, fut obligé d'apprendre le métier de charron, et ce ne fut qu'à l'âge de vingt-deux ans qu'il trouva une occasion d'aller à Rome. Après d'assez foibles commencemens, tant qu'il ne fut abandonné qu'à lui-même, il eut le bonheur de recevoir les instructions d'Arnold van Westerhout, et les conseils de Carle Maratte, et dès-lors ses progrès furent rapides. „Les graveurs d'histoire,„ (lui dit un jour Maratte), „se servent trop „du burin; de-là cette dureté dans leurs con-„tours, je n'en excepte pas même les excel-„lens morceaux de Dorigny. Je vous con-„seille donc de vous familiariser davantage „avec la pointe, parce qu'elle opere des tra-„vaux bien plus pittoresque que le burin.„ Frey suivit ce conseil, et réussit tellement dans les belles compositions qu'il grava d'après les plus grands maîtres d'Italie, que ses ouvrages paroissent plutôt peints que gravés, d'après le jugement du fameux Bernard

Picart. Il joignoit à un dessin correct une exécution douce, et il approche aussi près de l'expression de l'original qu'il est possible à un graveur de le faire. Parmi les graveurs d'histoire Allemans, celui qui peut lui être comparé, c'est Philippe-André Kilian. L'œuvre de Frey est composé d'environs 8. pièces. Les bonnes épreuves commencent à devenir rares, attendu que Philippe Frey son fils, qui s'est chargé du commerce d'estampes de son pere, à regratté la plupart des planches, et en a détruit toute l'harmonie.

A. *Portraits.*

1. Carolus Eques Maratti. Peint par lui-même.
2. Le Pape Innocent XIII. Aug. Massuccius inv. Gr. in fol.
3. Le Pape Bénoît XIII. à cheval. Id. inv. Gr. in fol.
4. Le Pape Grégoire XIII. dans la chaire, d'après le marbre de Camillo Rusconi. Gr. in fol.
5. Hieronyme Picco de Mirandole, Cardinal. P. Nelly pinx. Gr. in fol.
6. Clementina M. Br.tan. Franc. et Hib. Regina. Jac. Frey ad vivum del. et sc. Romae. Gr. in fol.

B. *Divers sujets historiques.*

7. La Sainte Famille, d'après Raphael, copie exacte de l'estampe, qu'Edelinck a gravée sur le tableau original à Versailles. In fol.
8. Une Charité, avec trois Enfans. D'après L'Albane. In fol. en t.
9. L'Enlèvement d'Europe. D'après le même. De même.

Jac. Frey.

10. La Mort de Sainte Petronille, d'après le Guerchin. Rom. 1731. Gr. in fol. en ceintre.

11. Saul et Ananias. *Abiit Ananias.* — Act. Apot. C. IX. v. 17. D'après P. Cortone. 1740. Gr. in fol.

12. Sujet symbolique avec l'inscription: *Congregavit de Regionibus Liberos.* D'après Bianchi. Gr. in fol.

13. Le Couronnement de la Vierge. D'après le Carrache. Gr. in fol.

14. La Vierge avec l'Enfant Jésus sur un trône entouré d'anges, donnant le scapulaire à St. Simon Stock, avec l'inscription: *Ecce signum salutis* — D'après Seb. Conca. Gr. in fol.

15. St. François de Paule, rendant la vie à un enfant mort. D'après Lambertini. Gr. in fol.

16. *Custos Clementia Mundi.* La Clémence, assise sur un arc-en-ciel et accompagnée des Vertus de l'Eglise. Allégorie. D'après C. Maratti. Très-gr. in fol.

17. St. Bernard, conduisant aux pieds d'Innocent II. l'antipape Victor. *Sanctus Bernardus Abbas.* D'après le même 1743. Gr. in fol.

18. L'Empereur Auguste, fermant le Temple de Janus. D'après le même. Gr. in fol.

19. L'Archange Michel. *Michael et Angeli ejus.* D'après le Guide. Gr. in fol.

20. La Conférence des Peres de l'Eglise sur l'immaculée Conception. D'après le même. Gr. in fol.

21. L'Aurore, accompagnée des Heures, devançant le char du Soleil. D'après le même. Très-grande pièce, en travers et en deux feuilles.

22. Bacchus sur son char conduisant Ariadne. D'après le même. De même grandeur.

23. La Mort de Ste. Anne. D'après André de Sacchi. 1726. Gr. in fol.

14. St. Romualde de l'Ordre des Camaldules. D'après le même.

Pièce favorite de Frey, appellée le Moine blanc, et pendant de la précédente.

15. Le Martyre de St. Sebastien. D'après le Dominiquin. Gr. in fol.

16. St. Jérôme recevant la dernière communion. D'après le fameux tableau du Dominiquin à l'Eglise de St. Jerome à Rome. G. in fol.

17—30. Les quatre Angles de St. Charles de Catenari à Rome, représentant: la Justice, la Tempérance, la Force et la Prudence. D'après le même. Quatre grande pièces in fol.

ELIE-CHRISOPHE HEISS, peintre et graveur en manière noire, natif de Memmingue en Suabe, et mort à Augsbourg en 1731. Disciple de son parent, Jean Heiss, peintre de Memmingue, il étoit bon dessinateur, et il se seroit distingué dans la peinture s'il s'en fût occupé davantage. S'étant rendu à Augsbourg, il se maria dans cette ville, et fut un des premiers en Allemagne qui s'appliqua entièrement à la gravure en manière. Ce genre ayant trouvé de l'approbation, il publia un grand nombre de thèses et de grands portraits, qui le mirent en état d'acheter une terre aux environs de Memmingue. Son neveu, Gottlieb Heiss, étoit également fort dans la manière noire. A l'exemple de son oncle,

B. VOGEL.

il grava des thèses et des portraits. Gottlieb mourut en 1740.

1. Les premiers Hermites, St. Paul et St. Antoine se rendant visite dans le désert. Petit in fol.
2. Petrus Alexewitz Zaar et Magn. Dux Moscoviae. In fol.
3. Fridericus August, Rex Polon. et Elect. Saxon. David Hoyer pinx. In fol.
4. Henricus Adamus Fridelii. Wagner pinx. Gr. in fol.
5. Elisabetha Amanin, gebohrne Heiderin von Lindau. Tob. Laub. pinx. Gr. in fol.
6. Johan. Philip. Schoenborn, Episcop. Herbipol. grand comme le naturel. Très-gr. in fol.
7. Jesus-Christ sur la montagne des Olives, fortifié par un Ange. Très-gr. in fol.
8. La Vierge debout sur le globe de la terre. Heifs et Vogel fecit. Très-gr. in fol.
9. Une Adoration des Bergers. Par les mêmes. De même grandeur.
10. L'Annonciation, sujet de Thèse. D'après J. G. Bergmuller. Gr. in fol.
11. Jésus-Christ sur la Montagne des Olives réconforté par l'Ange. Carle Maratte pinx. Très gr. pièce.

BERNARD VOGEL, graveur en manière noire et au burin, naquit à Nuremberg en 1683. et mourut dans la même ville en 1737. Il apprit la gravure au burin de Christophe Weigel, et surpassa bientôt son maître. S'étant rendu à Augsbourg, il s'établit dans cette ville et y épousa la fille unique d'Elie-Christophe Heiss. A l'exemple de son beau-pere il se livra entièrement à la gravure en manière noire. Sa dextérité dans le maniment du burin, et son exécution pittoresque dans la manière noire, attestent les beaux talens de cet artiste. Quelques dérangemens domestiques l'obligerent de vendre son fonds à Augsbourg et de se retirer à Nuremberg, où il mourut peu de tems après. Son fils, Jean Christope, travailla aussi en manière noire d'après Kupetzky.

A. *Portraits au burin.*

1. Johann Michael Weickmann, zu Augspurg. L. Conr. Eichler pinx. B. Vogel sc. Aug Vind. In fol.
2. Aupustus Hermannus Frankius, Theol. Profes. in Academ. Hall. In fol.
3. Johann Noa Buirette von Oehlefeld auf Wilhelmsdorf, in Nurnberg. Georg de Marees p.
4. Paul Tucher de Simmelsdorf, de Nuremberg. Daniel Preifsler pinx. 1713. Gr. in fol.
5. Johannes Schrag, Argent. Secretarius Senior. P. F. Tassaert del. Aug. Vind. In fol.
6. Johannes Michael Welser, Reipubl. Norimb. Senator. J. C. Hirschmann pinx. Gr. in fol.

B. *Portraits en manière noire.*

7. Bernardus Vogel, Chalcographus Norimb. Joh. Christoph Vogel fils. In fol.
8. Joannes Kupetzky, Pictor, et ejusdem filius. B. Vogel fec. 1737. In fol.

9. Michael Godfried Wittber, Chirurgus Norimb. J. Kupetzky pinx. In fol.
10. Samuel Uilsperger, Ministerii Augustani Senior. Gottf. Eichler pinx. In fol.
11. Christophe Weigel, Graveur de Nuremberg. Joh. Kupetzky pinx. 1735. In fol.
12. S. Dannhauer, ou Donauer, Peintre Id. p. 1736. In fol.
13. Johann Melchior Dinglinger. Joualier. Id. pinx. 1736. In fol.
14. George Blendinger, Peintre. Id. p. In fol.
15. Homme en négligé, fumant sa pipe devant une table à thé. Id. pinx. In fol.
16. Homme en pelisse, prenant du Café. Id. pinx. 1735. In fol.

Jean-George Bergmuller, peintre et graveur à l'eau forte et au burin, naquit à Dirkheim en Baviere en 1687. et mourut à Augsbourg en 1762. Il apprit les principes de son art chez André Wolf à Munich et il étudia principalement d'après Carle Maratte. A force d'application, il devint un habile peintre d'histoire, réussissant également dans la peinture à l'huile et à fresque; témoins la quantité de tableaux dans l'une et l'autre manière répandus dans les églises et les cabinets d'Augsbourg où il s'étoit établi. Il a beaucoup gravé à l'eau forte, en combinant habilement la pointe avec le burin, et en traitant judicieusement des sujets de l'histoire sacrée

et

profane. Bergmüller est aussi auteur de deux ouvrages, l'un portant pour titre : Antropometria, ou de la Stature de l'homme selon les différens âges 1723. Et l'autre : De la mesure géométrique de l'Architecture 1752. Il étoit Directeur de l'Academie des Arts établie à Augsbourg. Son fils, Jean-Baptiste, le suivit dans l'art avec succès. Les graveurs qui ont travaillé après lui, sont les Kilian, les Haid, Heifs, Vogel, Fridrich, Goetz et autres.

Il marquoit ses pièces, tantôt avec son nom, tantôt avec son chiffre.

1—4. Quatre sujets représentant : Le Baptême de Notre-Seigneur. La Transfiguration. La Résurrection. L'Ascension. 4. pièces in 4.

5. La Conception de la Vierge. Pièce en panneau, in 4.

6. La Vierge assise, caressée par l'Enfant Jésus. In 4.

7. Mort de St. Joseph. *S. Joseph moriens.* In 4.

8. Le Sauveur sur la montagne des Olives. In 4.

9. Sancta Catherina Victrix. In 4.

10. St. Sebastien Martyr. In 4.

11. St. Dominique recevant le rosaire de l'Enfant Jésus tenu par la Vierge. In 4.

12. St. François à genoux, baisant le pied de l'Enfant Jésus. In 4.

13. Sujet emblématique sur les Malheurs du tems. *Tumultum adduxit tempus.* In 4.

14. La Justice et la Paix. *Justitia et pax obsculatae sunt.* In 4.

P. BEMMEL.

15—18. Les quatre Saisons, figures portées en l'air, 4. pièces, avec son chiffre 1730. In 4.

19—22. Quatre pièces sur les Signes du Zodiaque. J. G. B. 1730. in 4.

23—27. Cinq pièces représentant des Vertus sous des figures de femmes; 1) La Science. 2) La Crainte de Dieu. 3) Le Conseil. 4) La Piété. 5) La Force. P. in fol.

Il a gravé aussi plusieurs estampes d'après d'autres maîtres, surtout d'après Carle Maratte.

PIERRE BEMMEL, peintre et graveur à la pointe, naquit à Nuremberg en 1689. et mourut dans la même ville en 1723. Bon peintre de paysages et de batailles, il hérita des talens de ses aïeux. Son grandpere, Guillaume Bemmel, natif d'Utrecht, fut un des meilleurs disciples de Corneille Zachtleeven, et perfectionna encore son goût dans un voyage qu'il fit en Italie; son pere, George Bemmel, élève de Sandrart, peignoit avec succès des paysages et des batailles, dans lesquels il imitoit Lembke; il s'étoit établi à Nuremberg, où l'on voit de ses ouvrages, et y mourut dans un âge avancé, laissant deux fils, dont notre Pierre Bemmel s'est le plus distingué. Ce dernier, à l'exemple de son grandpere, à gravé à l'eau forte une suite de paysages d'un goût très-pittoresque. Nous rap-

F. FERG.

porterons ici les deux Suites, de Guillaume et de Pierre:

1—6. Suite de six Paysages en hauteur, gravés par Guillaume Bemmel, en 1654.
7—12. Suite de six Paysages en travers, gravés par Pierre Bemmel. H. J. Osterlag exc. Ratisbonne.

FRANÇOIS DE PAULE FERG, peintre et graveur à l'eau forte, né à Vienne en 1689. et mort à Londres en 1740. Il apprit les principes du dessin de son pere, Pancrace Ferg, et ceux de la peinture de Joseph Orient. Il peignoit des sujets de conversation de différentes classes d'hommes d'un goût très-piquant. De plus il traitoit le paysage, les fêtes de village, les foires, les pêches et les chasses d'une maniere intéressante en les ornant de jolies petites figures. Ses tableaux sont fort rares, tant parce qu'il travailloit lentement par une indolence naturelle, que par rapport à des chagrins domestiques, ayant contracté un mariage malheureux, qui fut cause qu'il mourut dans la derniere indigence. Il fut enterré à Londres par souscription.

Ferg a gravé à la pointe avec beaucoup de goût une suite de 8. pièces, représentant des Paysages, ornés de ruines, de fontaines et de jolies figures et portant pour titre: Capricci fatti per F. F. in 8.

JER. SPERLING.

JEROME SPERLING, dessinateur et graveur au burin, né à Augsbourg en 1693. et mort fort âgé dans la même ville. Il apprit les principes de son art de Kraus et de Preifsler à Nuremberg. Dans la Bible physique de Scheuchzer on trouve quelques beaux morceaux de Sperling, surtout le frontispice. Il avoit épousé Catherine Heckel, qui s'est distingué dans la miniature et dans la gravure. Sperling passe pour un des bons graveurs allemans, qui joignit à un dessin correcte un burin d'une grande délicatesse. Il excelloit surtout à bien rendre l'architecture.

1. Le Médaillon de Guillaume V. Duc de Bavière, tenu en l'air par deux Anges. Allégorie. In fol.
2. Allégorie sur les douze mois de l'année, avec un frontispice emblématique sur les portraits du Pape et de l'Electeur de Cologne. 13. feuilles, chacune avec deux inscriptions et six vers latins. In fol.
3. Grand Feu d'artifice exécuté à Turin, en 1742. T. gr. pièce.

JEAN DANIEL HERZ, dessinateur et graveur à l'eau forte et au burin, naquit à Augsbourg en 1693. et mourut dans la même ville en 1754. Herz s'est distingué de bonne heure dans l'art. On a de lui un Livre pour dessiner, composé de soixante feuilles, qu'il publia en 1723. en compagnie avec Thelott. Herz étoit du nombre de ces artistes doués de plus de génie que de goût. Les connoisseurs admirent dans ses ouvrages la hardiesse de son exécution et la richesse de sa composition, mais ils y desireroient un accord plus harmonieux des parties, et des travaux mieux raisonnés et plus finis. Ce qui choque le goût au premier aspect dans les morceaux de ce maître, ce sont ces bordures gothiques ou baroques, dont quelques artistes, surtout ceux d'Augsbourg et de Nuremberg, ont infecté tous les arts jusqu'à l'Architecture. Quoiqu'il en soit, Herz fut Directeur de l'Académie Impériale des arts à Augsbourg. A sa mort la place de Directeur fut occupée par son fils, Jean Daniel Herz de Herzberge Comte Palatin, et Chevalier du St. Empire Romain. En 1758. ce fils donna un plan d'une Ecole académique de Cadets qui fit grand bruit par son absurdité. Dans le tems les Journaux allemans ont rendu le compte que méritoit cette brochure. Les gravures de Herz le pere sont si nombreux, qu'on ne conçoit pas comment un seul homme ait pu exécuter tant de morceaux, vu surtout leur énorme grandeur. Voici quelques pièces que nous donnons comme de choix.

1. L'Annonciation. Riche composition et très-grande pièce.

J. E. RIDINGER.

2. L'Exaltation de la Sainte Croix par Ste. Hélene. Très-grande pièce.
3. L'Assomption de la Vierge. Très-grande pièce.
4. L'Adoration des Rois. Tr. gr. pièce en t.
5. Ecce Homo. Tr. gr. pièce.
6. Jésus crucifié entre les deux Larrons. Tr. gr. pièce.
7. La Mort d'Ananias. Tr. gr. piece en t.
8. La Dispute de St. Paul avec les Philosophes d'Athènes. Tr. gr. pièce en t.
9. Le Jugement de Salomon, Thèse. Tr. gr. pièce.
10. Procession de la Reine Marie-Thérese, pour se rendre au lieu de son couronnement à Presbourg. Tr. gr. pièce en t.

JEAN-ELIE RIDINGER, peintre, dessinateur et graveur à l'eau forte, naquit à Ulm en 1695, et mourut à Augsbourg en 1767. Il reçut quelques instructions dans le dessin de son pere, habile maitre à écrire, dessinant très-joliment de petites figures, des chevaux et d'autres animaux. Christophe Resch lui enseigna les principes de la peinture. La nature lui avoit assigné sa place: celle d'habile peintre d'animaux. S'étant établi à Augsbourg, il commença a dessiner et à graver pour les libraires et les marchans d'estampes. Ses tableaux, relativement à la quantité de ses autres ouvrages, sont peu nombreux et doivent se faire rares avec le tems. Ses compositions sont trè-sanimées et bien inventées. Il a observé et rendu les caracteres des animaux, et surtout des bêtes sauvages, avec une vérité et une exactitude étonnante. On peut regarder ses estampes comme une histoire naturelle de ces animaux. Il nous conduit dans l'épaisseur des forêts au milieu des ours et des tigres; il nous décrit leur forme, leur caverne, leurs habitudes, avec la ponctualité d'un naturaliste. Par une sage distribution de la lumière la plupart de ses estampes forment un agréable tout. Ses paysages sont d'un pittoresque sauvage, tels qu'ils conviennent aux animaux qu'il y introduit. Du reste sa manière décèle un peu trop l'étude; de-la elle n'offre pas assez la liberté de la nature. Comme en général son dessin est un peu lourd, il rend rarement les figures humaines avec goût; il en est de même de celles des chevaux, dont il saisit assez mal le caractere. Un grand nombre de pièces de Ridinger sont historiques et dessinées d'après nature, représentant des animaux pris à de certaines chasses. Au bas de l'estampe il y a ordinairement une description allemande de la chasse dont il est question. Ses fils, Martin-Elie, et Jean-Jacques, ont aussi gravé l'un au burin, l'autre en maniere noire. L'œuvre de Ridinger est très-considérable, et il y a un choix à faire. Voici quelques unes des pièces les plus considérables.

J. A. THIELE.

1—12. Le Paradis terrestre, représentant la Création de tous les animaux, d'Adam et Eve, &c. grandes compositions, en 12. feuilles. Gr. in fol. en tr.

13—28. Une Suite de seize Fables numérotées, dont on distingue singulièrement les No. 3. 7. 8. et 10.

29. Une suite de Têtes de Loups et de Renards, d'une belle exécution.

30—33. Suite de quatre grandes feuilles en hauteur, dont deux sont le meilleur ouvrage de Ridinger. L'une représente des Ours qui déchirent un cerf; l'autre des Sangliers couchés dans une forêt. Gr. in fol.

34. 35. Deux Chasses dessinées d'après nature. Chasse aux Cerfs par des Dogues; Chasse à l'Ours par des Dogues. Gr. p. in fol.

36. 37. Deux sujets de Chasse: grand Sanglier à doubles défenses, tiré par le Duc de Wurtenberg en 1755. Grand Cerf en rut tiré par la Duchesse de Wurtenberg en 1757. 2. p. in fol.

38—53. Seize feuilles de Chasses du grand et du petit Gibier, telles que ces chasses se pratiquent dans différentes Cours en Allemagne. Au bas de chaque estampe une explication en Allemand et en François. Gr. in fol. en t.

Riches compositions et pièces très-intéressantes.

54—71. Dix-huit feuilles d'Equitation, représentant tous les exercices du manège. Gr. p. in fol. en t.

72—84. Treize feuilles représentant des animaux sauvages et carnaciers. Gr. p. in fol. en t.

JEAN ALEXANDRE THIELE, peintre et graveur à l'eau forte, naquit à Erfort en 1695. et mourut à Dresde en 1752. Dans sa jeunesse il avoit porté les armes comme simple soldat. Un goût décidé pour le paysage le porta à copier en détrempe quelques tableaux d'Agricola; et ayant fait la connoissance de ce peintre, il eut l'avantage de profiter de ses conseils. On a prétendu qu'il a été le premier en Allemagne qui ait peint des paysages en pastel. C'est à Manyoky que Thiele dut ses connoissances dans la peinture à l'huile, et il aimoit à s'en glorifier. Nommé peintre de la Cour à Dresde, il peignit les plus belles vues de la Saxe, surtout celles des bords de l'Elbe et de la Sala. Quelques uns de ses paysages, peints d'une couleur trop foncée, ont encore poussé au noir; il s'est corrigé de ce défaut, et ses derniers ouvrages sont d'un coloris plus clair et plus gai. On a de sa main plusieurs eaux fortes qu'il a gravées en differens tems. Il a laissé un fils qui vit à Dresde et qui a aussi gravé. La plus grande gloire pour Thiele est, d'avoir eu Dieterich pour disciple.

1. 2. Deux Paysages montagneux, ornés de ruines et de fabriques dans le goût antique. A. Thiele fec. Aqua forti 1725. N. 1—2. In fol. en t.
Rares.

3. 4. Deux petits Paysages ornés de maisons rustiques à mi-côtes et légèrement touchés. Frise d'un pouce de haut. Sans marques.

5—7. Trois petits Paysages montagneux, touchés de même, Al. Thiele. T. p. pièce.

8. Paysage héroïque orné de ruines et monumens. Id. f. aqua forti. P. in 4.

9. 10. Deux Paysages, l'ancienne Porte de l'Elbe près de Pirna vue des deux côtés. A. Thiele ad vivum del. et fec. 1742. In 4. en t.

11. 12. Deux Paysages représentant des vues près de Naumbourg. Ad vivum del. et fec. A. Thiele 1743. In 4. en t.

13—18. Six feuilles représentant les Vues de Pillnitz, de Königstein, de Meissen, et de Dresde, de deux côtés. 1726. Gr. in fol. en t.

Les petites pièces précédentes sont d'une bien meilleure exécution que celle-ci.

PAUL TROGER, peintre et graveur à l'eau forte, naquit à Zell dans l'Evêché de Brixen en 1695. et mourut à Vienne en 1777. Il puisa les principes de son art dans le lieu de sa naissance; puis il alla se perfectionner à Fium dans l'Evêché de Trente sous Dom. Joseph Alberti. De-là il se rendit à Vienne où il se fit bientôt connoître par des tableaux dont il orna plusieurs églises en Autriche. La touche de Troger est recherchée et précieuse; ses figures sont sveltes et bien dessinées. Maître dans l'expression, il savoit imprimer le sublime à ses sujets empruntés de l'histoire sainte. Troger fut Directeur de l'Academie Impériale de Vienne. Il a gravé d'un très-bon goût à l'eau forte des sujets historiques et des paysages qu'il a ornés de figures, d'animaux et de ruines.

1. Ste. Famille. Paul Troger fec. 1721. In 8.
2. Autre Ste. Famille. Id. f. In 8.
3. La Vierge avec l'Enfant Jésus. Id. f. In 8.
4. St. Joseph caressant l'Enfant Jésus. Id. f. In 8.
5. Le Corps de Jésus reposant sur le sein de la Vierge évanouie. Id. f. P. in 4.
6. Une Vierge de douleur entourée d'Anges. Id. fec. In fol.
7. 8. Deux petits Paysages, l'un avec deux moutons, l'autre avec un âne couché et une brebis. Id. f. In 12. en trav.
9. 10. Deux Paysages bouchés, ornés de grouppes de marbre antique. In 12.
11. Paysage décoré d'une quantité de monumens antiques et de génies. In 12.
12. Paysages avec les mêmes monumens, que des Génies ornent et dessinent. Id. fec. 1724. In 4. en t.

I. JEAN-JUSTIN PREISLER, peintre et graveur à l'eau-forte, naquit à Nuremberg en 1698. et mourut dans la même ville en 1771. Fils de Jean Daniel, peintre et dessinateur à Dresde, ensuite Directeur de l'Académie à Augsbourg, il apprit les élémens de l'art dans sa ville natale. Après un séjour de huit ans en Italie, il revint dans sa patrie et s'y fit connoître par un tableau d'autel, représentant un Christ mis au tombeau. Preisler peignit aussi pour le Comte de Wied un plafond ayant pour sujet l'Apothéose d'Enée. Il succéda à son pere dans la place de Directeur de l'Académie. Il a gravé à l'eau-forte avec intelligence un assez bon nombre de pièces.

1—4. Les quatre Elémens. Edme Bouchardon inv. et del. 4. pièces in fol. en t.

5—8. Les quatre Parties du monde. Id. del. 4. pièces, in fol.

9. Une Suite des plus belles Statues qui sont à Rome d'après les dessins de Bouchardon. 50. pièces. In fol.

10—29. Une partie des sujets qui composoient les Plafonds peints par Rubens en l'église des Jésuites d'Anvers, en 20. pièces, y compris le Frontispice avec les Portraits de Rubens et de van Dyck. In fol. en t.

II. GEORGE-MARTIN PREISLER, dessinateur et graveur au burin, naquit à Nuremberg en 1700. et mourut dans la même ville en 1754. Second fils de Jean-Daniel, il s'appliqua dès ses jeunes ans au dessin et à la gravure. Il fit pour l'Italie plusieurs beaux portraits, ainsi que plusieurs sujets historiques. Il grava aussi quelques unes des Statues de la Galerie des Antiques de Dresde; et les morceaux de Preisler se distinguent avantageusement de ceux des autres graveurs. En qualité d'excellent dessinateur, il donnoit des le-

J. M. PREISLER.

...ons publiques à l'Académie de Peinture à Nuremberg.

1—21. Suite des plus belles Statues antiques et modernes qui se voient à Rome et à Florence, d'après les dessins de son frere Jean-Justin. 21. pièces. In fol.

22. *Imago Philippi Stosch, Lib. Baronis Rerum Antiquarum Studiosi. Ab Edmundo Bouchardon Gallo e Marmore exsculpta Romae M. DCCXXVII. Joh. Just. Preisler sc. Norimb. In fol.*

23. Jean Dominique Ferretti, tenant un tableau qui représente une charité. Gio. D. Ferretti del. In fol.

24. Eglon van der Neer, peint par lui-méme. De la Gal. de Florence. In fol.

25. Jean-Dominique Campiglia, tenant un tableau qui représente un repos de Diane. J. D. Campiglia del. In fol.

26. Cosmus III. Ferdinandi II. et Victoriae Roboreae fil. Magnus Dux Etruriae sextus. Id. del. Gr. in fol.

27. Anna Maria Francisca, Julii. Franc. Sax. Lau. Ducis Fil. primum Philip. Guil. ex. Elect. Pal. R. Dein Johan. Gast. J. M. D. E. Uxor. Id. del. Gr. in fol.

28. Anna Catharina Scheidlin. J. Kupetzki pinx. Gr. in fol.

26. Johannes Hieronymus Loeffelholz, Norimb. Senator. J. J. Preisler del. Gr. in fol.

III. JEAN-MARTIN PREISLER, dessinateur et graveur au burin, né à Nuremberg en 1715. et mort à Copenhague en 1794. Il apprit la gravure de son frere George Martin, et s'appliqua avec le plus grand succès à graver des sujets historiques, comme le prouve sa prémière estampe, David et Abigaël d'après le Guide. En 1739. il fit un voyage à Paris, où il se lia d'amitié avec Schmidt et Wille, et où il grava plusieurs pièces qui augmenterent encore sa réputation. En 1744. il fut appellé à la Cour de Copenhague, où il fut nommé Graveur du Roi et Professeur à l'Académie de Peinture. Il a travaillé d'après plusieurs maîtres italiens et françois, Son estampe de Fréderic V. à cheval d'aprés la Statue de bronze de Sally, lui fait le plus grand honneur.

JEAN-GEORGE PREISLER, digne fils de Jean Martin, a passé plusieurs années à Paris, et s'est perfectionné chez l'ami de son pere, Jean-George Wille. Il a été reçu membre de l'Academie de Peinture de Paris en 1787. sur une estampe d'après Vien, représentant Icare, piéce qui se distingue par la beauté du burin, gr. in fol.

A. Portraits de J. M. Preisler.

1. Le Cardinal de Bouillon, assis et avec des accessoires. H. Rigaud pinx. In fol.
2. Fréderic V. Roi de Danemarc et de Norvège. Tilo pinx. In fol.
3. Christian VI. Roi de Danemarc et de Norvège, figure en pied. Wahl pinx. Gr. in fol.

J. M. PREISLER.

4. Charlotta Amalia von Plessen, figure entière dans un jardin. Id. p. 1750. Gr. in fol.
5. Johannes Gramis Historiographus. Id. pinx. 1758. In fol.
6. Jacobus Benzelius, Episcopus Upsal. Copenhague 1751. In fol.
7. Otto Comte de Thott. J. Krafft pinx. Gr. in fol. en tr.
8. Jean Wiedewelt, Sculpteur du Roi, et Professeur de l'Académie de Peinture. P. Als pinx. Copenhague 1772. In fol.
9. Klopstock. Juel pinx 1780. Freisler sc. 1782. In fol.
10. Johann André Cramer, von seinem Freunde J. M. Preisler. In fol.
11. Friedrich Gabriel Resewitz, ein Denkmal der Freundschaft, von J. M. Preisler. In fol.
12. Balthasar Münter, von seinem Freunde J. M. Preisler. In fol.
13. Christian Furchtegott Gellert. Ant. Graff pinx. In fol.
14. Statue équestre de bronze, que la Compagnie des Indes orientales a consacré à la gloire de Frédéric V. Roi de Danemarc. Delineavit J. Saly. sculpsit J. M. Preisler.

Très-grande pièce.

B. *Sujets historiques.*

15. Le Comte de Thott, dans sa retraite à Gannoe reçoit les ordres du Roi de Danemarc. Tibi. In 4.
16. Un Homme attaché sur un bucher. Une des plus anciennes pièces de l'artiste. In 4.
17. L'heureuse et la mauvaise Rencontre, dédié à M. Wille. In fol.

V. D. Preisler.

18. Pièce sur l'inoculation de la petite vérole de la comtesse de Bernstorf. *Pro Incolumitate. Prima Inoculationis usum exemplo suo docuit Hafniae* 1754. in 4. Très-rare.

19. David et Abigaïl. D'après le Guide. Gr. in fol. en t.

20. L'Apparition de St. Pierre. D'après le même. Gr. in fol.

21. Ganymede enlevé par l'aigle de Jupiter. D'après J. B. M. Pierre. In fol.

22. Bacchanale, dédié au Roi de Danemarc 1732. Id. p. Gr. in fol. en t.

23. Laban cherchant ses Dieux que Bachellin a cachés Cazes pinx. Gr. in fol. en t.

24. Sémiramis mettant sur sa tête la couronne de Ninus. D'après le même. Gr. in fol. De la Gal. de Dresde.

25. Le Portement de croix. D'après Paul Veronese. Gr. in fol. en t. Ibid.

26. Le Triomphe de David, après la défaite de Goliath Trevifani pinx. Très-grande pièce en travers.

27. Jonas préchant aux Ninivites. Salvator Rosa pinx. Gr. in fol.

28. La fameuse Madonna delle Sedia. D'après Raphaël. 1784. In fol.

C'est par cette pièce que l'Artiste a terminé sa carrière dans la gravure.

IV. Valentin-Daniel Preisler, graveur en manière noire, naquit à Nuremberg, en 1717. et mourut dans la même ville en 1765. C'est le plus jeune des quatre fils de Jean Daniel,

V. D. PREISLER.

hiel, et celui qui fut destiné aux études qu'il avoit commencées à l'Université d'Altorf; mais l'exemple de ses freres, ou plutôt la force de l'inclination, le détermina à se livrer à la gravure en manière noire. Il se rendit à Copenhague pour voir son frere. A son retour, il grava sous le nom de S. Walch, la plupart des Bourguemestres de Zurich d'après les dessins de J. C. Fuefslin. Depuis ce tems il publia plusieurs estampes en manière noire d'après les tableaux des Cabinets du Roi de Danemarc.

1. Jean Justin Preisler. Se ipse pinx. In fol.
2. Christian Wolff, Philosophus. V. D. Preisler fec. In fol.
3. Gottfridus Thomasius, Philosophus. J. Kupetzky pinx. In fol.
4. Johann Sigismund Holzschuer. Id. pinx. In fol.
5. Daniel de Superville de Rotterdam. Peint par Ch. G. Oeding. Gravé en manière noire par J. V. Preisler. Gr. in fol.
6. Barbara Helena, Ph. Guil. Oeding Pictoris Uxor. Joannis Daniel Preisleri Filia. Phil. Guil. Oeding ad viv. pinx. V. D. Preisler sc. Gr. in fol.
7. Buste de Vieillard à tête chauve. Rembrandt pinx. 1755. In fol.
8. Jeune Femme à mi-corps, vue de face, un grand chapeau plat sur la tête. Du Cab. du Roi de Danemarc. Id. pinx. 1749. In fol. Le même sujet que Schmidt a gravé sous le titre de la Juive fiancée.

J. MAENNL.

JACQUES MAENNL, graveur en manière noire, naquit à Vienne vers 1695. et mourut dans la même ville peu avancé en âge. Christophe Lauch, Inspecteur de la Galerie Impériale de Vienne, ayant entrepris vers 1720. de faire graver tous les tableaux de cette Galerie, qui venoit d'être augmentée de celle de l'Archiduc Léopold de Bruxelles, choisit Maennl pour l'exécution de cette entreprise. L'ouvrage fut commencé, mais la mort de l'entrepreneur et de l'artiste empêcha qu'il ne fut achevé. Il n'y eut de gravés que trente tableaux, dont les estampes furent publiées sans former de suite. On loue le travail du graveur, et on regrette que l'entreprise n'ait pas été conduite à une bonne fin. On ne sait ce que sont devenues les planches; on dit à Vienne que les héritiers, n'ayant pas été secourus par la Cour, les casserent et en vendirent le cuivre. On conçoit que rien de plus rare que ces estampes, au nombre de trente et une pièces, en y comprenant le Portrait de l'Empereur Charles VI. M. de Heinecke, dans son Idée d'une Collection complette d'Estampes, p. 50. nous donne un Catalogue de ces pièces d'après l'exemplaire de feu M. Mariette.

A. J. PRENNER.

ANTOINE - JOSEPH PRENNER, ou VON PRENNER, comme il signe constamment son nom, peintre et graveur à la pointe et au burin, naquit à Vienne vers 1698. et travailla toujours dans cette ville. Après la mort de Maënni, Prenner conçut le projet de graver de nouveau toute la Galerie Impériale. Pour cet effet il associa à son travail André Altamonte, François Stampart, Jean - Adam Schmutzer et quelques autres. Les estampes de cette Galerie, en in 4. furent d'abord distribuées sans ordre, à mesure qu'elles paroissoient. Les épreuves de ce tems sont recherchées. Ce ne fut que longtems après qu'on en forma des volumes qui parurent sous le titre :

Theatrum Artis pictoriae, quo tabulae depictae, quae in Caesarea Vindobonensi Pinacotheca servantur, leviore caelatura exhibentur, ab Antonio Joseph de Prenner. Viennae, Pars I. 1728. *Pars II.* 1729. *Pars III.* 1731. *Pars IV.* 1733. in fol.

Ces quatre parties contiennent 160. pièces, quarante dans chacune. Les estampes sont imprimées dans de grandes bordures d'ornemens de très - mauvais goût, et cela pour donner aux volumes le format in folio. D'ailleurs le travail n'est pas sans merite, et les pièces de

Prenner, exécutées dans une gravure pointillée, ne manquent ni de correction ni d'agrément, surtout les bonnes épreuves sans passepartout. M. de Heinecke dit sans rien motiver: „Les estampes de Prenner sont très„médiocres et ne valent pas celles de Maennl„. Pour nous, nous modérons et ce blâme et cette louange; nous serions même fort tenté de donner la préférence à celles de Prenner. En 1735. Prenner & Stampart publièrent encore un voyage qui auroit du précéder celui de la Galerie et dont la premiere planche offre les portraits des deux artistes. Il renferme trente estampes qui représentent l'arrangement des tableaux de la Galerie et les autres curiosités qui s'y trouvent. Voici tout le titre:

Prodromus seu praeambulare lumen reservati portentosae magnificentiae Theatri, quo omnia ad Aulam Caesareae et Regiae Catholicae Majestatis nostri, gloriosissime regnantis, Monarchae Caroli VI. Metropoli et Residentia Viennae recondita artificiorum et pretiosiotatum decoro, quae ibidem asservantur, tabularum, picturarum, statuarum, imaginum, aliorumque ab artificum principibus elaboratorum operum miracula, fideliter et absque defectu aeri sunt incisa, et annexa brevi introductione, maecenatum utilitati et voluptati edita a Francisco de Stampart et Antonio de Prenner,

G. A. MULLER.

Caesareae Camerae Pictoribus. Anno Domini M. DCC. XXXV. Viennae Austriae. Typis Johannis Petri van Ghelen. S. C. R. C. M. Aulae Typographi. Grand in folio.

Quant à P r e n n e r, on présume que C a s p a r et J e a n - J o s e p h P r e n n e r ont été ses fils. Dans l'Eglise de Ste. D o r o t h é e à R o m e on voit un tableau historique du premier; et l'on croit que le second aida son pere à graver la Galerie en question. J e a n - J o s e p h passa en I t a l i e, où il travailla au M u s e o F i o r e n t i n o. Outre cela il grava, en 45. planches, toutes les peintures du Château de C a p r a r o l l a d'après T a d d é Z u c c h e r i, représentant en plusieurs compartimens les faits mémorables de la Maison F a r n e s e, surtout ceux d'A l é x a n d r e F a r n e s e. Prenner le Pere, indépendamment des estampes de la Galerie de V i e n n e, dont il a fait la majeure partie, a encore gravé plusieurs portraits, parmi lesquels on distingue:

1. Jean Gottfried A u e r b a c h, Peintre de l'Empereur Charles VI. In fol.
2. Portrait du Comte d'O d t, Gouverneur de Vienne. J. G. A u e r b a c h pinx. In fol.

G. A. MULLER, graveur au burin, né à Vienne, vers 1700. Les circonstances de la vie de cet artiste ne nous sont pas connues;

LES FRERES SCHMUTZER.

Tout ce qu'on sait de lui est qu'il fut contemporain des Freres Schmutzer. Ses gravures sont exécutées d'un burin délicat, et font un effet très-agréable par leurs tons vaporeux. On a de lui quelques Portraits, et trois sujets de Rubens de la Galerie du Prince de Lichtenstein, dont deux morceaux de l'histoire de Décius faisant suite avec les trois gravés par les Freres Schmutzer.

1. Philippe-Louis Comte de Sintzendorf Ministre d'Etat. Martin Altomonte pinx. Gr. in fol.
2. Jacob van Schuppen, Membre de l'Academie Royale de Paris et Directeur de celle de Vienne. Peint par lui même et gravé par G. A. Muller. Gr. in fol.
3. Les deux Fils de Rubens dans l'adolescence. De la Gal. de Lichtenstein. Rubens pinx. Gr. in fol.
4. Décius ayant ordonné à ses licteurs de se retirer vers le Consul Manlius, son collègue, monte à cheval pour fondre sur les ennemis. Ibid. Id. pinx. Gr. pièce en t.
5. Décius blessé à mort dans la mêlée, tombe de son cheval, et les Latins prennent la fuite. Ibid. Id. pinx. Tr. gr. pièce en t.

I. JEAN-ADAM, JOSEPH et ANDRE SCHMUTZER, freres et graveurs au burin, naquirent à Vienne vers 1700. et moururent tous trois à un an de distance, l'aîné en 1739. et les deux autres en 1740. Leur pere, fils d'un Général de l'Empereur, qui avoit perdu une partie de ses biens au service militaire, se vit réduit à de fâcheuses extrémités à la mort de son pere. L'infidélité de ses tuteurs mit le comble à son infortune, de sorte qu'il se vit obligé, pour gagner sa vie, de graver sur l'acier et sur le fer pour les armuriers. Il travailla dans ce goût plusieurs armes à feu et fit une quantité d'ouvrages de serrurerie. Il éleva ses fils dans le même métier; mais ils le quitterent, pour ne s'appliquer qu'à la gravure sur cuivre.

Jean-Adam, malgré son application ne put jamais égaler ses freres. Il a travaillé à la Galerie de Viene sous Altomonte avec assez peu de succés. Ce qu'il a fait de mieux ce sont les Portraits des trois Impératrices, Eléonore, Amélie, et Elisabeth. Joseph et André ont presque toujours travaillé de concert, en mettant conjointement leurs noms sur les planches; et cela toujours de façon que celui, qui avoit le plus de part au travail, se nommoit le premier. De-là on trouve sur quelques planches Joseph et André, sur d'autres André et Joseph. Tous trois n'ont eu d'autres maitres que leur pere qui n'étoit rien moins qu' habile. Ils n'ont dû la portion de talens qu'ils ont acquise, qu'à leur assiduité au travail. Joseph connoissoit très-bien les procédés de l'eau forte et avoit une grande dextérité pour raccorder avec le burin les

LES FRERES SCHMUTZER.

parties de la planche. André qui manioit l'outil avec beaucoup de facilité, étudioit les estampes de van Dalen et de Bolswert. Les trois Rubens de la Galerie de Lichtenstein sont ce que les Schmutzer ont fait de plus considérable.

1. L'Empereur Charles VI. en pied dans son ajustement Impérial. M. de Meytens pinx. Andreas et Josephus Schmutzer sc. Vien. Austriae. Gr. in fol.

2. L'Impératrice Elisabeth-Christine, Femme de Charles VI. J. G. Auerbach pinx. And. Schmuzer sc. In fol.

3. Gustave-Adolphe, Baron de Gotter, Ministre d'Etat Prussien. Id. pinx. Gravé par les Freres Schmuzer. In fol.

4. Portrait du Libraire Lehmann à Vienne. Id. pinx. Par les mêmes. In fol.

5. Coupe d'un riche Temple antique, décoré de Divinités et de Trophées. Joseph Galli Bibiena inv. et del. André et Joseph Schmutzer. Viennae. Gr. in fol.

6. L'Intérieur d'un Temple païen, orné de Divinités et de Trophées. Id. inv. et del. Id. sc. Gr. in fol.

7. Décius, Tribun légionnaire, ayant gagné une hauteur à la bataille que le Consul Cornelius Cossus avoit imprudemment engagée contre les Samnites, propose à ses Centurions de se faire jour à travers les ennemis. De la Galerie de Lichtenstein. Rubens pinx. Andr. et Jos. Schmutzer sc. Gr. in fol.

8. Décius ayant fait consulter les entrailles d'une victime avant la bataille de Veseris qui se donna contre les Latins, l'an de Rome 413. apprend de l'Aruspice que

ses entrailles ne paroissent rien moins que favorables. Ibid. Id. pinx. Id. Id. sc. Gr. pièce en t.

9. Décius voyant plier les Romains en cette bataille, se dévoue aux Dieux infernaux pour le salut de l'armée. Ibid. Id. pinx. Id. Id. sc. Gr. in fol. presque carré.

II. JACQUES SCHMUTZER, dessinateur et graveur au burin, né à Vienne en 1733. et Directeur de l'Académie de dessin et de gravure dans cette ville. Il perdit son père André Schmutzer dans sa huitième année. Sans fortune, il fut mis chez un boucher de ses parens qui vouloit le dresser au même métier. En attendant il fut obligé de garder les moutons destinés à la boucherie. Comme les pâturages où il menoit ses bêtes n'étoient pas loin de l'Académie et qu'il avoit un goût très-vif pour le dessin, il confioit son troupeau à ses camarades, et alloit assiduement dessiner à l'Academie, où il étoit instruit avec les autres élèves. Mais l'odeur que ses habits avoit contractée étoit si desagréable qu'on ne voulut plus le souffrir. Enfin le célèbre Medailleur, Matthieu Donner le tira d'embarras en le prenant chez lui. Après avoir fait son étude principale de l'Architecture il fut employé pendant trois ans comme Architecte en Hongrie. Il n'avoit pas renoncé pour cela aux arts de dessin : à ses heures de loisir il dessinoit et peignoit des sujets historiques. De retour à Vienne il continua de pratiquer l'Architecture pour gagner sa vie; mais toutes les heures qu'il pouvoit dérober aux travaux de sa profession, il les employoit à la Gravure, art pour lequel il avoit toujours senti la plus vive inclination. Enfin il eut le bonheur d'être connu d'un grand protecteur des arts et d'en obtenir une pension: le Baron de Kettler, non content d'avoir pourvu au présent, voulut encore porter ses soins sur l'avenir. Charmé des essais de gravure de son protégé, il sollicita si vivement le Prince de Kaunitz, que l'Impératrice-Reine envoya le jeune Schmutzer à Paris, pour qu'il apprit la gravure sous la direction de Wille. L'école de dessin que ce célèbre artiste entretenoit à Paris principalement pour ses compatriotes, servit à Schmutzer pour se perfectionner dans l'art et pour conduire le burin avec intelligence. Au bout de quatre ans il fut rappelé à Vienne, et nommé par Marie-Thérese Directeur de sa nouvelle Académie. Schmutzer, peut être rangé dans la classe des plus habiles graveurs de ce siècle. Le maniment de son outil est expressif, on voit par sa gravure jusqu'à quel point il est fort dans le dessin. Par le grand nombre d'élèves qu'il a formés, on peut

JAC. SCHMUTZER.

dire qu'il est aujourd'hui a Vienne, ce que Wille a été à Paris.

1. Don Emanuell dell' illustre Famiglia Desvalls, General Maggiore dall' Imperadore Carolo VI. J. Schmutzer del. et sc. In 8.
2. Joseph von Sonnenfels, demselben gewiedmet von seinem Freund Schmutzer. Nach Mefsner In 8.
3. Raphael Donner. P. Troger pinx. Id. sc. In 8.
4. Martin de Meytens, Peintre du Cabinet de leurs Majestés Impériales et Royales. Peint par lui-même. Gravé par J. Schmutzer à Vienne 1756. In fol.
5. Christian-Guillaume Ernest Dietricy, demselben gewiedmet von seinem Freund Wille. Peint par lui-même et gravé par Jac. Schmutzer 1765. In fol.
6. Joseph-Wenceslas, Prince de Lichtenstein. V. Fanti pinx. Gr. in fol.
7. Franciscus I. Rom. Imperator &c. Nach dem Leben gezeichnet von Liotard 1762. In Kupfer gegraben von Schmutzer 1769. in fol.
8. Maria Theresia Rom. Imperatrix, Vidua Hungariae, Bohemiae &c. Regina Gemalt von du Creux. In Kupfer gegraben von Schmutzer. Pendant du portrait précédent.
9. W. A. Princeps a Kaunitz, Comes a Rittberg. &c. J. Steiner pinx. J. Schmutzer sc. Gr. in fol.
10. Wencesl. Princeps Kaunitz Rittberg. Fait en bronze par Jean Hagenauer, Directeur de l'Ecole Imperiale et Royale des Ciseleurs &c. Gravé à Vienne par J. Schmutzer 1786. Gr. in fol. en rond.

Pièce très-rare, n'étant pas dans le commer-

JAC. SCHMUTZER.

ce, un prodige de hardiesse pour la coupe de cuivre.

11. Ulysse enlevant le fils d'Andromaque. Gravé par Schmutzer d'après un dessin du Prince de Saxe-Teschen, et dédié à Madame l'Archiduchesse. In fol.

12. Mutius Scévola devant le Roi Porsenna, mettant sa main dans un brasier. Du Cab. du Prince de Kaunitz. P. P. Rubens pinx. J. Schmutzer sc. 1776. T. gr. in fol.

13. Saint Grégoire refusant à l'Empereur Théodose l'entrée de l'église. Ibid. Id. p. Id. sc. 1784. Même dimension.

Deux pièces d'une savante exécution.

14. La Naissance de Vénus sortant toute formée de la mer. Tableau de Rubens de la Galerie du Comte de Schoenborn à Vienne. Gravé d'après un dessin de Schmutzer.

Du plus beau fini.

15—18. Quatre Vues intéressantes de Neuwaldeck et de Dornbach, contrées sauvages que le Feldmarechal de Lacy a su métamorphoser en un superbe jardin à l'Angloise, gravées d'après les dessins et sous la direction de Schmutzer, par trois de ses principaux disciples, Conti, Kohl, et Zoller. Chaque pièce gr. in fol. en t.

La première Vue vers l'Orient représente un Pavillon au milieu du parc et à des distances proportionelles le Château seigneurial, le village de Neuwaldeck et la Ville de Vienne.

La seconde Vue du côté du Midi offre la Statue de Mars en repos, une Grotte et d'autres parties.

La troisième Vue du côté de l'Occident fait voir le Temple de Diane, des Ruines sur les éminences et la Statue du Gladiateur combattant avec les contrées d'alentour.

La quatrième Vue du côté du Septentrion, présente les points de vue les plus intéressans, le tombeau de J. J. Rousseau au milieu des peupliers, le Guerrier mourant, le village de Salmensdorf et le clocher de l'église de Kaltenberg.

1. JEAN LAURENT HAID, peintre, dessinateur et graveur en manière noire, naquit à Augsbourg en 1702. et mourut dans la même ville en 1750. Il apprit la peinture et la gravure en manière noire de G. Ph. Rugendas. Bon dessinateur il a montré de grands talens pour ce dernier art. Il a aussi beaucoup travaillé pour le fonds de Gottlieb Heiss.

1. Magdalena geborne Neggesin, Matthias Grossens Wittib. In fol.
2. Sujet allégorique et emblématique sur la Confession d'Augsbourg. Gr. in fol.

II. JEAN GOTTFRIED HAID, dessinateur et graveur en manière noire, naquit à Augsbourg en 1710, et mourut à Vienne en 1776. Elève de son frere, Jean Laurent, il a gravé d'excellens ouvrages en manière noire, tant à Londres, où il a travaillé pour le fonds de Boydell, qu'à Vienne, où il a fait la

J. J. HAID.

grande pièce de la Famille Impériale d'après Meytens.

1. Maria Theresia, Rom. Imperatrix &c. J. G. Haid fec. In 4.
2. Josephus Secundus, Romanorum Imperator. In 4.
3. R. P. Maximilianus Hell, Astronomus. W. Pohl ad vivum del. J. G. Haid aeri radebat. Viennae 1771. In fol.
4. Christophorus, Cardinalis a Migazi &c. J. G. Weikart pinx. Id. fec Viennae 1771. In fol.
5. Gerard, Baron de van Swieten, en buste sur un monument d'Architecture, par Messerschmid. Gr. in fol.
6. Josephus Secundus, Imperator. J. G. Weickart pinx. Id fec. 1770 Gr. in fol.
7. Charles Pratt, Lord Camden. J. Raynolds pinx. Id. fec. 1764. In fol.
8. Virginia, the infortunate Roman Maid. Nathanael Dance pinx. Id. fec. Gr in fol.
9. Absalons Submission to his Father. Ferd. Bol pinx. Gr. in fol.
10. Abraham offering up his Son Jsaac. Rembrandt pinx. Id. fec. J. Boydell exc. 1767. Gr. in fol.
11. Mr. Garrick in the Farmer's Return. J. Zoffany pinx. Id. fec. 1766. Gr. in fol. en t.
12. Mr. Foote, in the Character of the Major Sturgeon, in the Mayor of Garrat. Id. pinx. Id. fec. 1765. Gr. in fol. en tr.

III. JEAN-JACQUES HAID, peintre et graveur en manière noire, naquit à Klein-Aislingen dans le Duché de Wurtenberg en 1703. et mourut à Augsbourg en 1767. Il vint jeune dans cette dernière ville, et y apprit les principes de l'art chez Ridinger. Il peignoit le portrait avec succès, et il s'est fait connoître avantageusement par un grand nombre de gravures en manière noire. S'étant établi à Augsburg, il y fit le commerce d'estampes.

1. Felix Meyer, Pictor. Dunz effig. pinx. In fol.
2. Aegidius Verhelst, Statuarius. Gottl. Eichler pinx. In fol.
3. Joannes Carolus Hedlinger, Sculptor J. R. Studer pinx. In fol.
4. Marcus Fridericus Kleinert, Pictor. Se ipsum pinx. In fol.
5. Jean-François Gignoux, Fabricant en coton à Augsbourg. Andr. Loescher pinx. 1759. In fol.
6. Johann Georg Hillenbrand, Jubilier. Haid fec. In fol.
7. Johannes Narcissus de Rauner, Augustanae Senator. Id. fec. In fol.
8. Carl Ludwig, Graf von Hohenlohe. Id. fec. Gr. in fol.
9. Georgius Brandmüller, Basiliensis Pictor. Bergmuller ornav. Id. fec. Gr. in fol.
10. Christophorus Fridericus, Liber Baro de Seckendorf. L. Schneider pinx. Id. fec. 1757. Gr. in fol.
11. Wolfgangus Jacobus Sulzer, Civ. Augustanae Senator. G. Eichler pinx. Id. fec. 1752. Gr. in fol.
12. Christianus de Münch, in Aysteten, Filseck &c. Id. fec. Gr. in fol.

J. E. Haid.

IV. Jean-Elie Haid, dessinateur et graveur en manière noire, né à Augsbourg en 1740. florissoit à Augsbourg vers 1780. Fils et Eleve de Jean-Jacques, il remporta en 1768. le premier prix à l'Académie Impériale de sa ville natale. Indépendamment d'un grand nombre de bons portraits qu'il a gravés en manière noire il a travaillé d'après Nogari, Rembrandt et d'autres.

1. Joannes Jacobus Haidius, Pictor et Chalcographus. Ant. Graff pinx. 1766. J. Elias Haid filius. 1768. In fol.
2. Antonius Graff Electoris Saxoniae Frid. Augusti IV. Pictor aulicus. Se ipse pinx. Id. fec. 1766. In fol.
3. Joannes Christophorus de Rauner, Civ. Augustanae Patricius. Id. pinx. Id. fec. 1773. In fol.
4. Joannes Hieronymus Sulzer, Reip. Augustanae Patricius. Id. p. Id. fec. 1772. In fol.
5. Joannes a Stetten, Reip. Augustanae Patricius In fol.
6. Joannes Jacobus Plitt, Theologiae Doctor. F. Lippold pinx. In fol.
7. Jacobus Felsius, Civitat. Lindav. &c. F. J. Degle fig. Id. fec. 1774. In fol.
8. Jeremias Fridericus Reufs, Professor Tubingensis. Maier pinx. In fol.
9. Johannes Koella, Pictor Tigur. *Non omnes obtusa gestant pectora rustici.* Ioh. Koella pinx. Id. fec. 1776. In fol.
10. Verena Ryffel, Koellae Uxor. *Obscuro natu loco, sed mariti virtute clarior.* Id. pinx. Id. fec. In fol.
11. Christ. Frid. Daniel Schubart: Auf der Festung

J. ET. LIOTARD.

stung Asperg nach dem Leben gezeichnet von Goetz, geschabt von J. E. Haid 1783. In 4.

2. Johann Winkelmann. J. Liotard fec. Aug. Vind. 1782.

3. La Nativité. Rembrandt pinx. J. Elie Haid, au bistre. Pièce ceinttée, in 4.

4. Le Lazare ressuscité. Rembrandt pinx. J. J. Haid et Filius fecit in Mezzotinto. In 4.

I. JEAN-ETIENNE LIOTARD, peintre et graveur à l'eau forte, né à Genève en 1702. et retiré dans sa patrie en 1776. Il avoit un talent si décidé pour son art, que dès sa jeunesse et sans instruction, il copia avec tant d'exactitude un morceau de miniature du fameux Petitot, que le possesseur, qui étoit peintre, prit la copie pour l'original. En 1725. Liotard se rendit à Paris, où ses ouvrages furent vantés par François le Moine. Il y faisoit des portraits en miniature, en pastel et en émail; et copioit avec le plus grand succès les ouvrages des plus grands maîtres dans ces différentes manières. De-là il passa à Venise, à Rome et enfin à Constantinople, et partout il peignit divers portraits. Au bout de quelques tems il vint à Vienne, avec une grande barbe et un habillement Armenien, qu'il adopta de préférence, et depuis ce tems il ne fut plus connu que sous le nom du Peintre Turc. Pendant son séjour à Vienne il peignit

J. M. LIOTARD.

la Famille Impériale et fit quelques morceaux de son invention. En 1744, il retourna à Venise, peignit nombre de portraits et se les fit bien payer. Il revint ensuite à Paris, où il travailla encore quelque tems, puis il retourna à Genève avec une honnête fortune, fruit de ses talens. Plusieurs artistes ont gravé d'après lui; de ce nombre sont Faldoni, Gaillard, Petit, Littret, Ardell, Wille, Reinsperger. Lui-même a gravé quelques pièces à l'eau forte.

1. Jean-Etienne Liotard, avec une longue barbe. In 4.
2. René Herault, Lieutenant-Général de Police. In fol.
3. Une Dame Franque de Péra à Constantinople recevant visite: les Portraits de l'Impératrice Marie-Thérèse, et de l'Archiduchesse Marie-Christine sa fille. L'eau forte par Liotard et le burin par Camerata. In fol.
4. Une Dame Franque de Galata, accompagnée de son esclave, Portrait de l'Archiduchesse Marie. In fol.
5. Le Chat malade, avec 16. vers françois. J. E. Liotard fec. aqua forti. In fol.

II. JEAN-MICHEL LIOTARD, dessinateur, graveur à la pointe et au burin, naquit à Geneve en 1702. et mourut dans sa patrie. Il étoit frere jumeau de Jean Etienne, et fut un des meilleurs disciples de Benoît Audran. Il travailloit à Paris, lorsqu'il fut appelé à

Venise par le Consul Anglois, Joseph Smith, fameux amateur, pour graver en cuivre les sept grands cartons que Carlo Cignani exécuta dans le Palais du Duc de Parme, ainsi que sept grands tableaux que Sebastien Ricci avoit peints à Venise. Liotard s'étant acquitté avec honneur de ce travail, revint à Paris, où il continua de graver d'après différens maîtres. Vers 1760. il retourna dans sa patrie.

Les ouvrages, gravés par Liotard à Venise ont paru dans cette ville sous les titres:

1. *Opus Sebastiani Ricci Bellunensis absolutissimum; ab Jo. Michaele Liotard Genevensi aere expressum. Venetiis apud Joh. B. Pasquali* 1743. Gr. in fol.
2. Carl Cignani Monochromata septem 1743.

Ce sont les pièces d'après les Cartons des Peintures à Fresque, que le Cignani a exécuté dans le Palais du Duc de Parme.

3. Les Comédiens François. *Galli comoedi.* Du Cab. de Julienne. Ant. Watteau pinx. In fol. en t.
4. Le Sommeil dangereux. *Somnus periculosus.* Du Cab. de Liotard. Id. pinx. Gr. in fol. en t.

JEREMIE JACQUES SEDELMEYER, peintre en miniature, dessinateur, graveur au burin et à la pointe, naquit à Augsbourg, en 1704. et mourut dans la même ville en 1761. Cet Artiste, doué des plus heureuses dispositions pour l'art, périt victime des malheurs qui empoisonnerent les dernières années de sa vie. Comme il montra son génie dès sa plus tendre jeunesse, Pfeffel, graveur et marchand d'estampes, le prit chez lui à des conditions très-intéressées, comptant plutôt en faire un ouvrier pour son fond qu'un artiste pour le public. Ses progrès furent rapides; il dessinoit des groupes tellement dans le goût de la Fage que des connoisseurs y furent trompés; il traitoit la pointe en peintre exercé et conduisoit le burin en graveur habile. Il combinoit les deux manières avec l'intelligence d'un Dorigny, d'un Frey, d'un Audran. Tant de talens, joints à un caractere ouvert, le firent aimer de tout le monde.

Malheureusement Pfeffel, homme d'une humeur atrabilaire, ne sut pas tempérer le caractere ardent du jeune élève; au lieu d'employer la douceur, il se servit contre lui de remédes si violens qu'ils porterent le désespoir dans son ame. Irrité contre son maître de ses mauvais traitemens, Sedelmeyer s'en fuit d'Augsbourg et se réfugia à Vienne auprès d'une de ses soeurs mariée à Keukel, habile peintre en miniature. Là il trouva beaucoup d'approbation, et lia une amitié intime avec Caspar Fuesslin, de qui nous tenons ces anecdotes. Compagnons inséparables, ils logeoient ensemble, et travailloient en commun. La peinture à l'huile et en miniature, le dessin en grand et en petit, la gravure à la pointe et au burin, occupoient tour-à-tour leurs momens. Il grava d'après Bertoli, Solimene et Gran différens sujets qui ajouterent à sa réputation. Plein d'une noble ambition, il voulut paroître dans le public par quelque grand ouvrage. Il grava les tableaux de la Bibliothèque Impériale peints par Gran et admirés par Winkelmann. Malgré les plus grandes difficultès, l'ouvrage parut et fut mis sous les yeux de l'Empereur, qui en témoigna la plus grande satisfaction. „Que donnerons nous à cet homme pour marque de notre approbation impériale„, dit le Monarque, à un Ministre qui venoit de s'approcher de l'Empereur. Or ce ministre (selon l'expression de Fuesslin) étoit l'ennemi de tous les arts et de tous les hommes. „Pourquoi Vôtre „Majesté voudroit-elle encore donner quelques „chose à un homme qui peut s'enrichir par la „vente de ses ouvrages„? Ce qu'il ajouta au désavantage de Sedelmeyer, acheva de refroidir le Monarque pour le pauvre artiste. L'Empereur mit les estampes de côté, parla d'autres choses avec le Ministre, et ne pensa plus de sa vie à Sedelmeyer. Ainsi finit l'affaire, sur laquelle celui-ci avoit bâti sa fortune. Les courtisans qui l'avoient le plus encouragé à cet entreprise et qui l'avoient flatté d'une bonne pension de la Cour, lui tournerent le dos. Les dépenses qu'il s'étoit vu obligé de faire pour son entreprise jointes à d'autres revers, l'accablerent de chagrins. Il ne put supporter ces rudes atteintes; son esprit s'aliéna et dès-lors il fut perdu pour l'art. Ayant été transporté dans sa patrie, il y tomba dans une entière démence. C'est ainsi que le pauvre Sedelmeyer, digne d'un meilleur sort, finit ses tristes jours.

1. Pierre Giannone, Avocat Napolitain. In 4.
2. Cristian Wolff, Philosophe. G. Boy pinx. Vienne. In 4.
3. Le Médaillon de François de Lorraine, inscrit par l'Histoire sur les tablettes du Tems. Allégorie. 1736. In 4.
4. Le Portrait de l'Evêque de Passau, avec des accessoires historiques, d'après Daniel Gran. In fol.
5. Sainte Rosalie, d'après Daniel Bertoli. In fol.
6. Sainte Anne qui enseigne à lire à la Vierge Marie. D'après un Maître Flamand. In fol.
7—10. Quatre Sujets allégoriques, d'après 4. dessins de Solimene, pièces p. in fol. en t.

Devenues très-rares, les planches ayant passées à Naples.

11. Les Tableaux de la Bibliothèque Impériale de Vienne d'après Daniel Gran, en treize grandes feuilles.

CH. F. BOETIUS.

Les tables IX. X. XI. XII. XIII. qui composent le beau Plafond de Gran à la gloire de Charles VI. sont du dessin et de la gravure de Sedelmeyer. Les morceaux d'Architecture sont de la gravure de Kleinert. Cette première partie devoit être suivie de deux autres.

CHRISTIAN - FREDERIC BOETIUS, ou BOECE, dessinateur, graveur à la pointe et au burin, ainsi qu'au lavis et au crayon, naquit à Leipzig en 1706. et mourut à Dresde. Ses parens vouloient en faire un barbier; mais son goût pour les arts d'imitation prévalut. Il apprit le dessin de P. C. Zinck, et la gravure de C. A. Wortmann; mais il dût une partie de ses talens à sa grande persévérence. Sa manière de pointiller les chairs, soit dans les portraits, soit dans les sujets historiques, est très-agréable. Il a travaillé aux deux Galeries de Dresde. En 1764. il fut nommé Professeur de la nouvelle Académie Electorale. Comme il étoit très-laborieux, son oeuvre est assez considérable.

1. La Tête de Boëtius, en bonnet blanc, sur papier bleu, au crayon noir et blanc, dessinée par Klengel 1771.
2. La Tête de Charles Hutin, d'après son dessin, sur papier bleu, imprimé au crayon noir et blanc, moyennant deux planches. In 4.

CH. F. BOËTIUS.

3. La Tête d'Antoine Raphael Mengs, dessinée à Rome et exécutée de même. De la Collection de Casanova. In 4.

4. Portrait de Jean Casanova, exécuté de même d'après une peinture non achevée de Mengs.

Boëtius ne finit ce portrait qu'un mois avant sa mort. La tête est achevée, la draperie et les autres parties ne sont indiquées que par des lignes. In fol.

5. Marie-Elisabeth Link, d'après Lisiewski. In 4.

6. Joseph Froelich, Bouffon de Cour. In 4.

7. Le Comte de Hennicken Ministre de la Cour de Dresde. In fol.

8. Joseph-Henri Hansen, Négociant à Leipzig. In fol.

9. Paysage avec une Vache et une brebis, du Cab. de Hagedorn. Karel du Jardin pinx. Ch. F. Boëtius sc. 1764. In fol.

10. Paysage avec un tombeau, d'après Breemberg. Ibid. In fol.

11. L'Intérieur d'une Hôtellerie, avec quelques âniers, d'après Thomas Wyck. De la Galerie électorale. In fol.

12. Le bon Pere de Famille, entouré de six enfans qui lui prodiguent leurs Caresses. D'après un dessin de Schoenau. In fol.

13. Le Cabaretier des Chasseurs. De la Galerie du Comte de Bruhl. Ph. Wouwermanns pinx. In fol. presque carré.

14. Le Distilateur, Ibid. D'après David Teniers In fol.

J. WAGNER.

15. Une femme tenant un pot à anse avec des charbons allumés soufflés par un petit garçon. De la Gal. de Dresde. Rubens pinx. In fol.

Effet de nuit.

16. Une grande Famille Bâloise à genoux devant la Vierge avec l'Enfant Jésus. Ibid. Holbein pinx. Gr. in fol.

Pièce capitale du graveur. Boëtius avoit entrepris de graver dans le même goût le fameux tableau de la Nuit du Corrège. La planche étoit assez avancée, lorsqu'elle périt, avec tous les effets de l'artiste, au bombardement de Dresde. On n'en a tiré que trois épreuves.

Joseph Wagner, dessinateur et graveur à la pointe et au burin né en 1706. à Thalendorf sur le Lac de Constance, et mort à Venise, vers 1780. Il apprit le dessin de Jacques Amiconi, qu'il servit pendant plusieurs années et qu'il accompagna dans ses voyages en Italie et en Angleterre. Par le conseil de son maître il apprit pendant quelque tems la gravure chez Laurent Cars à Paris. En 1756. il se rendit à Venise et s'y établit, en formant un commerce d'estampes. La base de ce commerce étoit les productions de son assiduité et celles de ses élèves, tels que Flipart, Bartolozzi, Berardi, & quelques autres. Sa manière d'exécuter des sujets historiques avec la pointe et le burin, est une des mieux raisonnée et des plus agréables. Wagner est au rang des artistes qui à fait honneur à l'Allemagne, par le degré de perfection auquel il a porté son art dans le XVIII. Siècle.

1. Petrus Magnus, Russorum Imperator. Figure en pied, conduite par Minerve. Jac. Amiconi pinx. Gr. in fol.
2. Anne Impératrice de Russie, figure en pied. Id. pinx. Pièce semblable.
3. Elisabeth Petrowna, Impératrice de Russie, vue jusqu'aux genoux, avec des accessoires et une inscription russe. Id. pinx. Gr. in fol.
4. Carlo Broschi, dette Farinelli, figure assise, couronnée par la Muse de l'Harmonie. Id. p. gr. in fol.
5. L'Education de la Vierge Id. pinx. In fol.
6. L'Enfant Jésus endormi dans un paysage. Id. pinx. In fol.
7. Le Devin Tirésias, avec l'inscription: *Tiresias triplex, modo vir, modo foemina vates.* Id. pinx. Gr. in fol. en trav.
8. Une Sainte Famille élevée sur un piédestal, au pied duquel sont plusieurs Saints, d'après Paul Véronese.
9. L'Entrevue de Jacob et de Rachel, d'après Luca Jordano. In fol. en t. De la Gal. de Dresde.
10. Rébecca recevant les présens d'Elieser, d'après le même. In fol. en t. Ibid.
11. La Mort d'Abel, d'après Benoît Luti. Gr. in fol.
12. La Madeleine chez le Pharisien. D'après le même. De même grandeur.

J. HOLZER.

13. La Vierge et l'Enfant Jésus. Daprès Solimene. In fol.
14. L'Assomption de la Vierge, d'après le tableau que Piazetta a peint dans l'Eglise teutonique à Francfort sur le Mein. Gr. in fol.
15. Saint Jean dans le désert, d'après Carle Vanloo. Gr. in fol.
16—27. Douze Paysages et Pastorales ornés à l'Italienne, d'après F. Zucarelli, par Wagner, et ses disciples Bartolozzi &c. Appr. Wagner. 12. pièces. Gr. in fol. en t.

JEAN HOLZER, peintre et graveur à l'eau forte, naquit à Burgriess en Tyrol en 1708. et mourut à Bonne en 1740. Son dernier maître, sous lequel il se perfectionna, fut Bergmuller. A Augsbourg Holzer peignit à fresque les façades de plusieurs maisons bourgeoises qu'on voit encore avec plaisir; les connoisseurs admirent surtout une Danse de Paysans, exécutée sur le devant d'une auberge, à cause de la vérité des expressions et de la vivacité des attitudes. Dans la même ville on voit aussi de sa main de beaux tableaux d'autel, dont il a décoré les églises et les couvents. On remarque en général dans ses peintures un dessin ferme, de riches inventions, de judicieuses expressions, un coloris agréable, une belle architecture et des saillies piquantes de clair-obscur. Holzer fut appellé à Bon-

G. B. Goetz.

né par la Cour Electorale de Cologne pour décorer de ses ouvrages le Château de Clemenswert; mais il mourut avant d'avoir pu commencer. Nilson a gravé à l'eau forte une bonne partie de ses ouvrages. Nous avons de Holzer quelques eaux fortes exécutées dans la grande manière des peintres.

1. L'Adoration des Bergers. J. Holzer inv. et fecit. In 4.
2. L'Adoration des Rois, d'après Bergmuller. In 4.
3—6. Les quatre Tempéramens, 4. pièces gravées d'après le même, par Holzer. In 4.
7. Pilate présentant Jésus au peuple. Holzer del. et fecit aqua forti. In 4. en t.
8. La Vierge dans une gloire, accompagnée de figures allégoriques. Holzer inv. del. et sc. Aug. Vind. P. in fol.

GOTTFRIED-BERNARD GOETZ, peintre et graveur en manière noire, ainsi qu'en couleur, naquit à Kloster-Welchrod en Moravie, en 1708. et mourut à Augsbourg vers 1770. Il apprit les principes de la peinture chez Eckstein, peintre à fresque de Bruine, et travailla quelque tems à Augsbourg, chez Bergmüller avec Holzer. S'étant établi dans cette dernière ville, il entreprit un commerce d'estampes, et publia une quantité de pièces, tant en manière noire que colorée. Goetz fut le premier qui imprima ses gravures foit en manière noire, soit à la pointe et au burin, dans un goût de peinture, en couchant des couleurs à l'huile sur les planches, et en les tirant sur du papier, du vélin et du satin, procédés qui depuis à été encore perfectionné en Angleterre. Les peintures de Goetz consistent en tableaux d'autels et en sujets à fresque dont il a décoré l'extérieur de quelques maisons; on y remarque des inventions ingénieuses, un bon dessin, joint à un coloris agréable. L'Empereur Charles VII. le nomma Peintre et Graveur de sa Cour. L'Impératice-Reine, Marie Therese, lui fit don d'une médaille d'or et d'un privilège pour ses estampes imprimées en couleurs. François Regis son fils, marcha sur ses traces, soit pour ses gravures, soit pour ses peintures, consistant en Marines et en Paysages d'une bonne exécution. Sa fille, une des beautés d'Augsbourg, montra ses talens par des miniatures imprimées en couleurs.

1. Saint Amandus. J. G. Bergmuller pinx. In fol.
2. Sainte Walpurgis, tableau d'autel. Id. pinx. In fol.
3. L'Empereur Charles VII. peint de grandeur naturelle par Goetz, et gravé en manière noire par le même. Gr. in fol.
4. Buste de Louis XV. Roi de France dans sa jeunesse. Impression colorée. In 4.
5. Buste de Marie Leczencki, Reine de France dans sa jeunesse. De même.

Ph. J. Brinckmann.

Philippe-Jerome Brinckmann, peintre et graveur à l'eau forte, naquit à Spire en 1709. et mourut à Manheim en 1761. Il apprit les élémens de l'art chez J. G. Dathan. Brinkmann peignoit de préférence le paysage, dans lequel il cherchoit à imiter le vieux Brand; mais il traitoit aussi quelquefois le portrait et l'histoire, dans lesquels il imitoit Rembrandt. Comme paysagiste il savoit varier très-agréablement ses compositions, et traiter avec beaucoup d'intelligence le feuiller de ses arbres, surtout après avoir renoncé à ces tons sombres, par lesquels les peintres de paysages débutent assez communément. Etabli à Manheim il fut nommé Peintre de la Cour, Conseiller de la Chambre des Finances et Inspecteur de la Galerie des Tableaux de l'Electeur. Cet artiste fit un voyage en Suisse pour y dessiner d'après nature les belles vues propres aux pays montagneux. En 1760. il fit un tour à Paris, et termina sa carrière l'année suivante à Manheim. Les Graveurs Mechel, Boydell, Elliot, Woollet, et autres ont travaillé d'après lui. Brinckmann a gravé lui-même quelques pièces d'une pointe très-spirituelle:

1. Philippe-Hieronyme Brinckmann. Se ipse fec. In 8.
2. Le jeune David, avec la tête de Goliath, demi-figure 1741. In 8.

J. Ch. Dietzsch.

3. La Mort de Pirame, dans un paysage. In 8.
4. Repos en Egypte. Rembrandt inv. Brinckmann fec. aqua forti. In 12.
5. La Résurrection du Lazare. Id. p. Id. f. In 12.
6. La Madeleine aux pieds du Sauveur. Id. f. In 4. en trav.
7. La Samaritaine avec le Sauveur. Id. f. In 4. ent.
8. La Présentation au Temple. P. J. Brinckmann inv. et fecit 1741. Petit in fol.
9—14. Suite de six jolis Paysages. Ph. Brinck. del. et fec. Petit in fol. en tr.

Jean-Christophe Dietzsch, peintre, dessinateur et graveur à l'eau forte, né à Nuremberg en 1710. et mort dans la même ville en 1769. Artiste laborieux il a beaucoup peint dans sa patrie et a formé plusieurs Cabinets de Paysages pour des particuliers de Nuremberg et des environs. Son pinceau décèle beaucoup de vérité et de facilité; on en peut dire autant de sa pointe. Dietzsch possédoit un Cabinet précieux d'histoire naturelle et d'objets de curiosité. Sa fille, Susanne-Marie, peint supérieurement bien en détrempe les oiseaux, dont on a une suite en 50. planches, enluminées par Wirsing. On a de la main de Dietzsch une cinquantaine de paysages à l'eau forte, recherchés des connoisseurs; et la célèbre Catherine Prestel a gravé d'après lui une suite de six pièces.

Ch. G. E. Dietrich.

Eaux - fortes de Dietzsch.

1. Le Portrait du Correge, en petit.
2. Le Portrait de Raphael d'Urbin, de même.
3—6. Suite de quatre Paysages 1734. In 8 en tr.
7—10. Suite de quatre Paysages, ornés de figures champétres. In 4. en travers.
11—14. Suite de quatre Paysages, ornés de même. In 4. en tr.
15—18. Suite de quatre Paysages, ornés de figures et de Bergeries. Knorr exc. In fol.

Jean-Albert Dietzsch, frere de Jean Christophe, a pareillement gravé. On a de lui une Suite de Vues de Nuremberg en 20. Paysages, publiés en 1760. In 4. en t.

Christian-Guillaume-Ernest Dietrich ou Dietrici, peintre et graveur à l'eau forte, naquit à Weymar en 1712. et mourut à Dresde en 1774. Il apprit les principes de la peinture en général de son pere, et ceux du paysage en particulier de Thiele; mais il dût ses talens plus à son genie qu'à ses maitres. Dietrich trouva un puissant protecteur dans le Ministre, Comte de Bruhl; aussi a-t-il beaucoup peint dans les maisons et les châteaux de ce Seigneur, peintures dont la plupart n'existent plus, ayant été détruites ou pillées pendant la guerre de sept ans. A la recommandation de son patron, il entra au service du Roi de de Pologne; mais choqué de la préférence que la Cour donnoit aux Italiens, il prétexta un voyage en Hollande et s'arrêta quelque tems à Weymar, où il s'occupa à peindre et à graver. Quant à son voyage de Hollande, il ne paroît pas qu'il ait jamais passé les frontières. De retour à Dresde au bout d'un an, il eut la satisfaction de voir ses ouvrages recherchés par la Cour et par les étrangers. En 1742, le Roi l'envoya en Italie. Il passa par Venise et s'arrêta quelque tems à Rome. Partout il a vu les chef-d'œuvres des grands maîtres de ces contrées; mais il avoit son génie, et cette inspection ne lui a rien fait changer à sa manière. Si l'art n'a pas influé sur notre artiste, la nature a fait sur lui une impression d'autant plus vive. C'est ce qu'on voit par les dessins qu'il a faits de quelques belles contrées de ces pays, surtout de Tivoli et de ses environs. Il a agrandi sa manière et il a mérité l'éloge que Winkelmann fait de lui : Qu'il est le Raphael des Paysagistes. Avant d'aller en Italie il se plaisoit à imiter les manières de Watteau, de Rembrandt, d'Ostade, de Poelenbourg, et d'autres maîtres. De retour dans sa patrie, sa réputation avoit augmenté et ses tableaux étoient recherchés en France et en

Angleterre. Dans l'exécution de ses ouvrages il s'attachoit à montrer la fécondité de son génie et la vivacité de son esprit par des idées neuves et piquantes. On admire dans son paysage la vérité du coloris et la touche savante de ses arbres.

Dietrich mérite à peu près les mêmes éloges comme graveur à la pointe. On a de sa main un grand nombre d'estampes, représentant divers sujets, dans lesquelles il a souvent cherché à imiter la manière de différens maîtres, tels que le Gaspar, Lairesse, S. Rosa, Ostade, Rembrandt, Poelenbourg, Everdingen et autres. Toutes ces pièces sont gravées très-spirituellement à l'eau forte, et dont plusieurs sont devenues fort rares, parce que, après en avoir fait tirer une certaine quantité, il a fait souvent polir les planches pour graver autre chose dessus. De là son oeuvre, composé de près de 200 pièces originales, est très-difficile à completter. Les plus habiles artistes ont gravé d'après ses tableaux et ses dessins; de ce nombre nous nous contenterons de citer les suivans: Le Bas, Benazech, Byrne, Delaunay, Daudet, Daulé, Flipart, Guttenberg, Masquelier, Catherine Prestel, le Vasseur, Weirotter, Wille, Zingg.

DIETRICH. 99

Pièces choisies gravées par lui-même.

A. Sujets de la Bible.

1. Loth et ses Filles. Pièce marquée Dietrich fec. 1731. in 8.
La planche n'existe plus.

2. Abraham prêt à sacrifier Isaac. C. W. E. Dietrich 1730. In 8.
La planche n'existe plus.

3. Isaac à genoux sur le bucher, et Abraham attendri lui montrant la forêt. In 8.
Pièce des plus rares, sans marque. La planche n'existe plus.

4. Abraham sacrifiant le belier, étendu sur l'autel, et Isaac à genoux. C. W. E. Dietrich fec. 1731.
La planche n'existe plus.

5. La Nativité. Dietricy f. 1740. Pièce petit in fol. en t.

6. L'Etiopien baptisé par St. Philippe. Dietricy fec. 1740. Pendant de la pièce précédente.

7. L'Adoration des Bergers, où la Vierge tient l'Enfant sur son bras droit. Pièce gravée dans le goût de Rembrandt. In 4. en tr.

8. La Circoncision, grande composition. Dietrich. In fol.

9. Fuite en Egypte, où la Vierge, assise sur son âne, tient l'Enfant envelopé dans sa draperie, tandis que St. Joseph les conduit un flambeau à la main. Pièce in 4.
On en a différentes épreuves; dans les unes l'Enfant est éclairé, dans les autres ombré.

10. Autre Fuite en Egypte, où la Vierge sur son âne tient l'Enfant qui a le bras nud, tandis qu'un Ange les

éclaire avec un flambeau, et que St. Joseph mène l'âne. Pièce in 4.

On en a aussi différentes épreuves. Les plus rares sont celles où le bras de l'enfant est envelopé.

11. Repos sur la Fuite en Egypte. Marquée C. W. Dietrich fec. 1732. In 4.

Pièce rare, où l'eau forte n'a pas bien mordue.

12. Autre Repos sur la Fuite en Egypte, où la Vierge est assise devant un treillis au pied d'un arbre, l'Enfant debout sur ses genoux, et St. Joseph à côté, tandis que le petit St. Jean joue avec son agneau. Dietrich fec. 1734. In 4. en t.

13. Retour d'Egypte, où la Vierge et Joseph marchent à pied, menant l'Enfant au milieu. In 4. en t. Pièce sans marque.

14. L'Enfant Jésus parmi les Docteurs au Temple, composition de plusieurs figures, dont l'une est assise sur une pierre, marquée C. W. E. Dietrich invi et fec. 1731. Pet. in fol.

15. Jésus guérissant les Malades, grande composition. C. W. E. Dietrich 1732. In fol. en t.

16. Les Malades conduits vers Jésus, grande composition, non achevée, où la main levée du Sauveur n'est pas même dessinée. Dietricy fecit 1763. Gr. in fol. en tr.

Adrien Zingg a achevé cette pièce, en ajoutant la main qui manquoit.

17. L'Enfant prodigue presque nud se présentant chez un fermier pour garder ses pourceaux. Dietricy 1756. Gr. in fol.

Boëtius a retouché cette pièce au burin.

18. La Résurrection du Lazare, où le Christ tient la main levée. Pièce dans le goût de Rembrandt. In 4.
19. Descente de Croix, dans le goût de Rembrandt. C. W. E. Dietrich 1730. Gr. in fol.

Pièce rare.

20. Autre Descente de Croix, aussi dans le goût de Rembrandt. Dietricy fec. Ao. 1742. In fol.
21. Les Disciples d'Emaus étonnés à la disparition du Sauveur. Dietricy 1762.

L'artiste mécontent de cette composition, l'effaça à grands traits de pointe et remit la planche à Boëtius pour la faire polir. Celui-ci en a fait tirer quelques épreuves qui sont d'une extrême rareté.

22. Jésus-Christ apparoissant en jardinier à la Madeleine, pièce non achevée marquée C. W. E. D. fec. 1760. In 8.
23. Un Apôtre guérissant des Malades par l'imposition de la main. Pièce où l'eau forte a manqué, in 8.
24. L'Apôtre St. Jacques prêchant la foi au peuple dans un village. Dietricy. 1740. In fol.
25. St. Jérôme dans sa grotte, assis à une table et écrivant. Dietrich fec. 1731. In 8.

B. *Inventions diverses.*

26. La Famine et la Peste; dans les airs se voit un Ange tenant une balance et un pain. En haut est écrit: *Pharao.* C. W. E. Dietrich inv. et fec. Vinarie 1731. In fol. en t.

Très-rare.

27. Néron sur son lit, tourmenté par les Furies et effrayé par l'ombre de sa mère. In 4. en t.

Pièce belle et rare.

28. Le Mangeur de lentilles, ou l'homme qui souffre le froid et le chaud, dans le goût de Jordaens. Dietricy, 1739. In fol. en t.

29. Jupiter et Antiope, où se voit une femme couchée à terre et découverte par un Satyre. Dietrich fec. 1735. In fol. en t.

Pièce rare, et une des plus belles eaux-fortes de l'artiste.

30. Le Vielleur avec sa famille, assis vers la gauche de l'estampe, ayant devant lui un petit garçon, et derrière lui un paysan qui chante. Pièce sans marque, in 4.

31. Le Peintre dans son attelier. C. W. E. Dietrich fec. 1730. In 4.

32. Le même Sujet mieux exécuté et changé dans les accessoires. C. W. E. Dietrich. 1732. In 4.

33. Le Vendeur de mort aux rats, dans le goût de Teniers. C. W. E. Dietrich 1732. In 4.

34. Le Vendeur de morts aux rats hongrois. Dietricy, 1757. In 4.

35. Le Remouleur ou Gagne-petit dans le goût d'Ostade. Dietricy del. 1741. In 4.

Il y a trois différentes épreuves de cette pièce, retouchée par Boëtius.

36. Le Porte-balle à la porte d'une maison dans le même goût et faisant pendant avec la pièce précédente.

37. Le Chanteur gothique, avec son tableau d'histoires tragiques, et quantité de villageois. Dans le goût d'Ostade, et ccintré en haut. Dietrich 1740. In fol.

Pièce gravée à l'eau-forte et terminée au burin.

38. Les Musiciens ambulans, demi-figures, placées sous une arcade. Pièce gravée dans la manière de Rembrandt et dessinée dans le goût d'Ostade. Sans marque, in 4.

Sujet connu par la belle estampe de Wille.

39. La Jardinière, avec un chapeau de paille et un panier de fruits, figure jusqu'aux genoux. C. W. E. Dietrich fec. 1731. In 4.

40. La Marchande de modes avec une jeune femme assise qui paye sa marchandise, et deux figures sur le fond. Dans le goût de Rembrandt. C. W. E. D. 1731. In 4.

41. Jeune femme, avec ses Enfans, vue à mi-corps à la croisée d'un pavillon de jardin. Pièce dans le goût de Mieris. Dietrich 1739. In 4.

42. Le Saltimbanque sur des traiteaux, arrachant une dent à un paysan. Dietricy. 1767. In 4.

43. L'Alchimiste assis dans son laboratoire, et le Chirurgien qui panse la cuisse d'un paysan. Dans le goût de Rembrandt. Id. 1731. In 4.

Rare.

44. La Sculpture, demi-figure, les mains croisées, avec un petit grouppe posé sur un piédestal. In 4.

Pièce très-rare.

45. La Peinture, demi-figure. Dietricy fec. Ao. 1740. In 4.

Rare.

46. Le Diner, où se voit une femme assise à une table allaitant son enfant, et un homme debout coupant du pain avec trois petits garçons. Sans marque. In 4.

Pièce très-rare.

47. Sujet de Conversation, dans le goût de Lancret, où l'on voit trois femmes assises et couchées; devant elles un Musicien, son luth auprès de lui à terre. C. W. E. D. In 4.

48. Jeune Homme à mi-corps, occupé à dessiner. C'est le portrait de Herold, premier Arcaniste de la manufacture de porcelaine à Meissen. *Radirt von C. W. E. Dietrich 1731. in Meissen, Geaetzet von C. F. Boëtius, in Dresden, 1769.* In 4.

C. *Têtes et Bustes.*

49. Petite Tête à barbe pointue. h. 1. p. 6. l. — l. 1. p. 6. l.

50. 51. Deux petites Têtes, une de femme et une d'homme les yeux levés. Dietricy f. 1742. h. 1. p. — l. 2. p.

52. 53. Deux Têtes de femmes les yeux baissés. Dietricy. h. 1. p. — l. 3. p.

54—56. Trois Têtes d'hommes avec différentes expressions. Dietricy. h. 1. p. — l. 3. p.

57. Buste d'un jeune Homme en cheveux longs, avec un bonnet orné d'une plume pendante. Dietrich fec. 1732. In 8.

58. Buste d'un Grand-Prêtre Juif, à grande barbe, et avec un haut bonnet, assis dans un fauteuil. Dans le goût de Rembrandt. Id. 1731. In 8.

59. Buste d'une vieille Femme Juive, en bonnet et en manteau de pelisse, assise dans un fauteuil. Dans le goût de Rembrandt. Id. f. 1731. In 8.

60. Buste d'un Homme en moustaches et en longs cheveux frisés, avec un bonnet orné d'une plume et tenant des lunettes dans sa main droite, appuyée sur une table blanche où est écrit: C. W. E. Dietrich fec. 1731. Dans le goût de Rembrandt. In 8.

61. Buste d'un Homme, vu de profil, portant moustaches et regardant vers la droite, avec un bonnet de pelisse orné d'une plume. Dans le goût de Rembrandt. Sans marque. In 8.

62. Buste d'un Homme, vu de profil, en mustaches et les yeux baissés, avec un bonnet surmonté de fourrure. Dans le goût de Rembrandt. Dietrich 1732. In 8.

63. Buste d'un Moine franciscain vu de profil, la tête chauve et le regard dirigé vers la droite. La draperie n'est qu'indiquée. Id. fec. 1731. In 8.

64. Buste d'un Vieillard, ou plutôt d'un Religieux, vu de face, avec une barbe diffuse et la main posée sur sa poitrine. Dans le goût de Rembrandt. Id. f. 1732. In 8.

65. Buste d'un Ecclésiastique hollandois avec une petite barbe et une fraise, tenant de la main droite un livre sur lequel est écrit: Dietrich. 1732. Dans le goût de Rembrandt. In 8.

66. Buste d'un Homme en moustache, tourné vers la droite, avec un haut bonnet et un habit de fourrure. Dans le goût de Rembrandt. Id. fec. In 8.

67. Buste d'un Vieillard à grande barbe, la tête nue, les yeux baissés et vêtu d'une large draperie. Dans le goût de Rembrandt. Dietrich. In 8.

68. Buste d'un Homme fait, vu presque de face et portant une espèce de turban surmonté d'une fourrure. Dans la manière de Rembrandt. Id. f. 1732. In 8.

69. Buste d'un Vieillard à grande barbe carrée. Pièce copiée d'après Rembrandt. Voyez No. 245. du Catalogue de Gersaint. D. 1761. In 8.

DIETRICH.
D. *Paysages.*

70. Port de mer en Hollande, où se voit vers la gauche une tente et quelques figures. C. W. E. D. fec. Gr. in fol. en t. Pièce gravée à Arnstadt en 1728, et la première eau-forte de Dietrich.

71. Paysage hollandois, dans le goût de Berghem, où se voit vers le milieu un homme qui s'appuye contre son cheval. Pièce de même exécution et de la même date.

72. Paysage hollandois, dans le goût de Berghem, où se voit un jeune Pâtre qui conduit devant lui un troupeau de bétail. Id fec. 1740. In fol. en t.

73. Pastorale dans le goût de Poelenbourg, où se voit sur le devant une Bergere nue, sortie du bain et assise sur un banc de gazon, riche composition de figures et de bestiaux. Dietricy del. et sc. Aqua forti. Ao. 1741. In fol. en t.

74. Pastorale dans le même goût, où se voit une Bergere presque nue assise sur une roche, ayant vis-à-vis d'elle un Berger qui tient sa houlette et qui s'appuie contre une vache. Dietricy fc. 1748. In fol. en t.

75. Autre Pastorale dans le même goût où se voit Vénus assise entre des rochers et entourée d'Amours. Dietricy fec. 1742. In fol. en t.

76. Beau Paysage où l'on voit un vieux château ruiné, servant d'auberge aux muletiers, pièce reconnoissable par une treille, dans la manière de Bréemberg. Sans marque. In fol. en t.

77—80. Quatre Paysages sans dates, in 8. en t. et marqués Dietricy: 1) Chute d'eau au milieu des rochers. 2) Cabane au haut d'un rocher, et à la porte une petite figure. 3) Deux Cabanes auprès d'une riviere au bord de laquelle est un bâteau monté par un homme. 4) Contrée montagneuse; sur le devant un bas-relief antique et plus loin une grosse roche.

81—84. Quatre Paysages gravés en 1742. et marqués Dietricy, in 8. en travers. 1) Un Moulin au bord d'une rivière traversée par un pont rustique, dans le goût de Ruysdael. 2) Chemin conduisant à un village hollandois au travers d'un champ de bled. Dans le même goût. 3) Contrée montagneuse, une Cabane au bas d'une éminence et une entrée dans un rocher. 4) Abordage d'un fleuve à un village, à l'entrée duquel on voit un chariot de poste.

85. 86. Deux Paysages presque carrés, petit in 8. gravés en 1742. dans le goût d'Everdingen et marqués Dietricy. 1) Contrée montagneuse; au milieu un grand sapin, et à gauche un hermitage, avec deux Hermites. 2) Contrée sauvage; en haut un vieux pin, avec des roches et des troncs d'arbres dispersés. Sans figures.

87. 88. Deux Paysages gravés en 1743. et marqués Dietricy, à Rome, in 8. en travers. 1) Cabanes adossées à de vieilles masures, sans figures. 2) Contrée montagneuse; sur le devant un hermitage, avec une croix et au fond une cascade sans figures.

89—94. Six beaux Paysages gravés en 1744. in 4. en travers. 1) Une Chapelle avec un clocher en flèche, au milieu d'une montagne où l'on arrive par un pont rustique. Dans le goût d'Everdingen. 2) Un grand troupeau de bestiaux, conduit par une bergère qui traverse un ruisseau et qui porte un petit garçon sur le dos. A droite la Statue de Flore et au milieu les Ruines d'un Temple. Dans le goût de Claude Lorrain. 3) Contrée montagneuse, ornée de fabriques et de figures héroïques. Dans le même goût. 4) Contrée sauvage, avec un courant d'eau entre des rochers. Dans

DIETRICH.

le goût de Van der Cabel. 5) Marine, où se voit une tour ronde, servant de Phare au bord de la mer, avec beaucoup de figures et quelques navires. Dans le même goût. 6) Vue d'un Pont de pierre, ressemblant au Ponte-Mole, avec une porte ruinée et quantité de figures. Dans le goût de Bréemberg.

95—98. Quatre Paysages gravés en 1763. et 1764. in 8. en travers, et marqués Dietrich et Dietricy. 1) Contrée montagneuse, où se voit un pâtre, conduisant un troupeau. 2) Campagne ensemencée; sur la gauche une chaumière, et au milieu un chemin par où s'avance une femme chargée d'une hotte et un homme poussant une brouette. 3) Pastorale, où l'on voit au pied d'une montagne un troupeau de moutons, avec un berger couché auprès. 4) Grande Arcade ruinée, sous laquelle passe un ânier, conduisant deux ânes chargés.

99. Paysage en hauteur, représentant la vue de Tivoli, son temple rond sur la crête de la montagne, sa cascade et ses cascatelles. Dietricy fec. 1745. Petit in 4.

100. Paysage dans le goût de Salvator Rosa, où se voit un Guerrier couché à terre les mains attachées par une corde à une branche d'arbre, ou le Ferragus de l'Arioste faisant pénitence de ses péchés. Dietricy f. P. in 4.

101. Paysage dans le même goût, où se voit un Religieux reposant au pied d'une montagne, et méditant dans un livre. Pendant de la pièce précédente.

102. Paysage montagneux représentant une contrée sauvage; sur le devant deux figures ajustées à l'antique, l'une assise sur une grosse pierre, l'autre reposant aux pieds de la première. Dans le goût de Salvator Rosa. Dietricy 1748. In fol.

J. B. BULLINGER.

103. La même pièce avec quelques changemens.

Adrien Zingg, après la mort de Dietrich a publié toutes les planches que la veuve possédoit, et s'est servi pour frontispice de ce Paysage en effaçant quelques branches d'arbre sur la pierre du milieu qui porte l'inscription: *Oeuvre de C. W. E. Dietrich, Peintre de S. A. Electorale de Saxe &c. A Dresde, chez la Veuve Dietrich, contenant* 87. *pièces, imprimées sur* 58. *feuilles, in fol.*

104. Grand Paysage, dont le sujet principal est une Bergère, reposant entre les bras de son Berger, avec un fond où se voit la Statue du Gladiateur.

Pièce retouchée par Boëtius, qui a mis sur la planche le nom de Dietrich et l'année 1731.

105. Grand Paysage, orné d'une tour carrée à droite, d'une pyramide à gauche et d'un aquéduc ruiné au milieu; sur le devant des ruines d'architecture et des muletiers avec deux mulets. Dietricy 1769. Gr. in fol. en tr.

106. Grand Paysage montagneux; vers la gauche une ancienne tour ruinée, avec quelques fabriques; dans le valon deux Pâtres gardant quelques pièces de bétail, et un pont de bois qui traverse un torrent. Dietricy 1769. *Letzte radirte Platte.*

JEAN BALTHASAR BULLINGER, peintre et graveur à l'eau forte, né à Langnau, dans le Canton de Zurich en 1713. Il apprit les principes de la peinture de Jean Simler, peintre de Zurich; le tems de ses études fini il partit pour l'Italie. Arrivé à Venise il fréquenta avec beaucoup d'assiduité l'école du Liepolo, qui donna une attention particulière au jeune Bullinger. Après un séjour de deux ans à Venise, il revint dans sa patrie, et travailla quelque tems à Soleure et à Neufchatel. Il voulut connoître aussi la Hollande et fit un séjour de trois ans à Amsterdam. Sa santé ayant souffert dans cette dernière ville, il revint dans son pays par Dusseldorf, Francfort, Heidelberg et Stouttgard. En Italie il s'étoit appliqué à la peinture de l'histoire; mais son goût dominant étoit le paysage, qu'il peignit dans le goût des Hollandois. Dans différens tems il a gravé à l'eau forte une assez grande quantité de paysages. Ce patriarche des Artistes Suisses, fut nommé en 1773. premier Professeur à l'Ecole de Dessin établie à Zurich.

1. Jean-Balthasar Bullinger. Se ipse fec. In 8.
2. Frontispice, avec nombre de petit Génies. In 8.
3. 4. Deux Paysages montagneux, avec des Voyageurs. Bullinger fec. P. in 4.
5. Suite de cinquante pièces de Paysages, tant de son invention que d'après F. Ermels et F. Meyer.
6. Tête de caractère, d'après le Brun. J. B. Bullinger fec. Gr. in 4. Lavater T. I. p. 296.

J. G. Unger.

I. Jean-George Unger, imprimeur et graveur en bois, naquit à Gose près de Pirna en 1715. et mourut à Berlin en 1788. Parmi les graveurs en bois de ce siècle qui se sont distingués dans leur art, on ne compte guere que Zanetti à Venise, Papillon à Paris, et Unger, pere et fils, à Berlin. Unger le pere étoit certainement un habile artiste dans les tailles de bois, art qu'il avoit appris de lui-même et qu'il avoit porté au point de perfection, tel qu'on l'avoit vu dans le seizième siècle. Son esprit industrieux s'est montré dans tous ses travaux. C'est ainsi qu'il a inventé pour son usage une presse beaucoup plus expéditive que les presses ordinaires des imprimeurs. Quant à la partie mécanique de son art, il a su employer le canif et le ciselet avec tant de dextérité, qu'il a tiré le plus grand parti, non seulement de ses hachures, mais aussi de ces contretailles. Pour achever le portrait de cet homme estimable, on ne vante pas moins son caractere moral que son talent d'artiste. Parmi un grand nombre de vignettes et de cul-de-lampes, dont il a orné différens ouvrages, il suffira de citer celles qu'il a gravées d'après les dessins de Meil, et qui se trouvent insérées dans le le *Spectaculo naturae*; dans *Oelrich Periculo diplomatico de siglo pontificali: Bene valete* 1773.

1—5. Cinq Sujets champêtres pour accompagner un traité sur cette question: *Albert Durer a-t-il jamais taillé des figures en bois?* J. W. Meil del. In 4.

II. Jean-Frédéric-Gottlieb Unger, imprimeur et graveur en bois, né vers 1740. à Berlin où il continue d'enrichir le public de ses belles impressions. Fils de Jean-George, il ne le cède à son pere dans aucun des arts qu'ils ont pratiqués en commun. On voit de lui des morceaux d'une si grande délicatesse, et où les traits croisés imitent si bien ceux des graveurs en taille douce, qu'ils méritent de leur être comparés. A l'exemple de son pere, il a beaucoup gravé d'après les dessins de Meil, et avec un esprit tout aussi inventif que lui; il se propose d'exécuter encore une infinité d'ouvrages. En 1791. il a publié un petit Traité portant pour titre: *Projet sur la manière d'exécuter des Cartes géographiques à un prix très-modique par le moyen des tailles de bois*, avec un essai à la tête sous ce titre: *Carte des nouveaux établissemens dans le Cercle d'Oppeln en Silésie. Levée par D. F. Sotzmann, taillée en bois par J. F. Unger à Berlin*. Ce qui mérite une mention particulière, ce sont les deux articles suivans:

1.

1. Vingt sujets servant de Vignettes à un A. B. C. pour les enfans, d'une exécution très-délicate. Da'près les dessins de Meil. P. in 8. en t.
2. Les Femmes de Weinsberg devant l'Empereur Conrad. Dessiné par J. C. W. Rosenberg, d'après Rode. Gravé en bois par J. F. Unger. Gr. in fol.
3. Fredericus Magnus. Calau del. Gr. in fol.

GEORGE-FREDERIC SCHMIDT, dessinateur et graveur, tant au burin qu'à la pointe, naquit à Berlin en 1712. et mourut dans la même ville en 1775. Schmidt fut destiné par la fortune au métier d'artisan; mais la voix du génie l'appella à la profession d'artiste. Après avoir vaincu, à force de constance, tous les obstacles qui s'opposoient à ses désirs, il lui fut enfin permis de se livrer à son goût pour les arts. Il apprit les élémens du dessin et de la gravure à l'Académie et chez George-Paul Busch à Berlin. Tourmenté du désir de se perfectionner, il partit en 1736. pour Paris, où il fréquenta l'école de Nicolas de Larmessin. Cet habile graveur, parfaitement honnête homme, secondant les dispositions naturelles du disciple, lui dévoila tous les secrets de son art. Parvenu par son assiduité à un haut point de perfection, il vit ses ouvrages généralement admirés. En 1742. on fit pour lui une exception flatteuse: par un ordre exprès du Roi il fut reçu membre de l'Académie, quoique de la religion protestante. Schmidt, Preisler et Wille se distinguoient alors à Paris par leurs talens : liés d'amitié il régnoit entre eux une noble émulation. Le célèbre Rigaud, qui avoit pris le jeune Schmidt en affection, lui procura des ouvrages plus analogues à son génie, et celui-ci s'en acquitta au gré de son patron. Schmidt mit le sceau à sa réputation par le beau portrait de P. Mignard qu'il grava d'après Rigaud pour sa Réception à l'Académie. On trouve dans cette estampe ce velouté qui caractérise une gravure moëlleuse; les chairs y sont plutôt peintes que gravées, et l'harmonie des parties y forme un ensemble admirable. En 1744. il fut appellé à Berlin, où le Roi le nomma Graveur de sa Cour. Il vécut dans cette ville jusqu'en 1757. et y fit un grand nombre d'ouvrages. Ce fut à cette époque que l'Impératrice de Russie, Elisabeth, fit venir Schmidt à Petersbourg pour graver son portrait, peint par Tocqué, et il s'en acquita à la grande satisfaction de la Cour. Pendant son séjour en cette capitale, il grava plusieurs autres portraits très-recherchés aujourd'hui. De retour à Berlin en 1762. il s'ouvrit une nouvelle carrière dans son art, en gravant à l'eau forte et d'un goût très-pittoresque plusieurs sujets d'après Rembrandt ou dans la manière de ce maître. Cependant il tendoit plus à l'effet de son modèle qu'à imiter les procédés de son exécution. Schmidt qui n'aimoit que son art, a beaucoup travaillé: les pièces qu'il a gravées se montent à près de 200. sans compter un grand nombre de vignettes qu'il a faites pour tous les ouvrages du Roi de Prusse. Le Conseiller Crayen, Négociant à Leipzig, qui a possédé l'œuvre le plus complet de Schmidt, en a publié un Catalogue raisonné, qui ne laisse rien à désirer aux amateurs pour les détails. Dans le nombre des pièces que nous allons citer, nous suivrons les Nro. de ce Catalogue.

A. *Portraits de Schmidt au burin.*

1. Jean-Paul Bignon, Abbé de St. Quentin, Conseiller d'Etat ordinaire &c. H. Rigaud pinx. G. F. Schmidt sc. 1737. In 8. N. 20.
2. Jean Law, Controlleur-Général des Finances, sous la Régence. Id. p. Id. sc. In 8. N. 21.
3. Constantin Scarlati Prince de Moldavie. G. F. Schmidt sc. 1738. Parisiis. In fol. N. 39.

Belle et rare.

4. Charles Gabriel de Tubières, de Caylus, Evêque d'Auxerre. Fontaine pinx. Schmidt sc. Gr. in fol. N. 40.
5. Louis de la Tour d'Auvergne, Comte d'Evreux, Lieutenant Général des armées du Roi &c. Peint par

H. Rigaud. Gravé par G. F. Schmidt 1742. Gr. in fol. No. 42.

6. J. B. Rousseau, avec l'Inscription: *Joannes Baptista Rousseau.* J. Aved pinx. G. F. Schmidt sc. 1740. In fol. N. 44.

7. Charles de St. Albin, Archevêque de Cambray, Avec une inscription latine. H. Rigaud pinx. G. F. Schmidt sc. 1742. Gr. in fol. N. 47.

8. Maurice Quentin de la Tour. Avec l'inscription en bas: Peint par de la Tour, et gravé par son ami Schmidt 1742. Gr. in fol. N. 50.

9. Jean-Baptiste Silva, Ecuyer, Docteur Régent de la Faculté de Médecine en l'Université de Paris &c. Peint par H. Rigaud, gravé par G. F. Schmidt, Graveur du Roi 1742. Gr. in fol. N. 52.

10. Pierre Mignard, Ecuyer, premier Peintre du Roi. Peint par son ami Hyacinthe Rigaud en 1691. gravé à Paris par George Fréderic Schmidt, pour sa réception à l'Académie en 1744. Gr. in fol. No. 59. Pièce regardée par les connoisseurs comme le chef-d'oeuvre de Schmidt.

11. Samuel Liber Baro de Cocceii &c. Ant. Pesne pinx. G. F. Schmidt sc. Berolini 1751. In fol. N. 67.

12. Antoine Pesne, premier Peintre du Roi de Prusse &c. Peint par lui-même et gravé par son ami Schmidt 1752. In fol. N. 69. Un des beaux portrais de Schmidt.

13. Joh. Theodor Eller. M. D. Consil. Aul. et Archiater Boruss. &c. Pesne pinx. 1740. G. F. Schmidt sc. 1754. In fol. N. 73.

14. Louise Albertine de Brandt, Baronne de Grapendorf, née le 13. Dec. 1729. morte le 28. Nov.

1753. B. N. le Sueur pinx. G. F. Schmidt sc. 1755. Gr. in fol. N. 74.

Beau portrait historié, très-rare.

15. Portrait de la Mettrie, dans une bordure ovale. G. F. Schmidt, ad vivum pingebat et sculpebat. Petit in fol. No. 76.

16. Michel de Woronzow, Comte du St. Empire Romain &c. Peint par L. Tocqué 1757. Gravé à Petersbourg par G. F. Schmidt 1758. Gr. in fol. N. 77.

17. Nicolas Esterhasi de Galantha, Comte du St. Empire Romain &c. Peint par L. Tocqué en 1758. gravé à Petersbourg par G. F. Schmidt. Gr. in fol. N. 78.

Très rare.

18. Pierre Comte de Schuwalow, Grand Maître de l'Artillerie Prusse &c. G. F. Schmidt ad vivum fecit, Petrop. 1760. In fol. N. 79.

19. L'Impératrice Elisabeth de Russie, figure entière, parée de tous les ornemens impériaux. Avec une inscription russe. Peinte par L. Tocqué 1758. Gravée à St. Petersbourg par G. F. Schmidt. Très-grande pièce. No. 82.

Superbe estampe, surtout pour l'exécution des accessoires.

20. Cyrillus Comes de Rasumowsky. S. Imp. Maj. omnium Russiar. minoris Hetmannus &c. L. Tocqué pinx 1758. G. F. Schmidt sc. 1762. Gr. in fol. N. 83.

Rare.

21. Jacobus Mounsey, Sacrae Caesareae Majestatis Russiae Consiliarius intimus et Medicus Primarius &c. G. F. Schmidt Sculpt. Regis ad vivum fecit. Petropol. 1762. In fol. N. 85.

Ce portrait est un des plus rares de Schmidt.

G. F. SCHMIDT.

22. David Splittgerber, Banquier à Berlin. J. M. Falbe pinx. 1758. G. F. Schmidt sc. 1766. Gr. in fol. N. 87.

23. Frédéric-Henri Louis, Prince de Prusse, représenté jusqu'aux genoux, assis dans un fauteuil. Amédée Vanloo pinx 1765. G. F. Schmidt sc. 1767. Gr. in fol. N. 88.

24. Maurice Quentin de la Tour Peintre du Roi, à mi-corps, en chapeau. Peint par lui-même. Gravé par son ami G. F. Schmidt. In fol. N. 89.

25. M. de Katt, Général-Feldmarchal et Ministre d'État du Roi de Prusse &c. représenté jusqu'aux genoux dans son armure. Gr. in fol. N. 91.

Dernier Portrait gravé au burin par Schmidt, qui n'en a fait que la tête et les mains; le reste a été achevé par Berger le pere.

B. Sujets galans et historiques au burin de Schmidt.

26. La belle Grecque, figure entière. N. Lancret pinx. G. F. Schmidt sc. A Paris chez N. de Larmessin. P. in fol. N. 95.

27. Le Turc amoureux. Id. p. Id. sc. Pendant de la précédente. N. 96.

Les deux premières estampes de Schmidt gravées à Paris pour de Larmessin.

28. Le Théâtre italien, ou les principaux Personnages de ce Théâtre. N. Lancret pinx. G. F. Schmidt sc. P. in fol. N. 97.

29. Nicaise, sujet tiré des Contes de la Fontaine. N. Lancret pinx. G. F. Schmidt sc. In fol. N. 99.

Aux secondes épreuves on lit le nom de Larmessin.

30. Le Jeu de cache-cache mi-toulas, sujet galant. Lancret pinx. De Larmessin sc. (Gravé par Schmidt.) In fol. en t. N. 100.
31. Le Jeu des quatre coins, sujet galant. Id. p. Id. sc. Gravé par Schmidt. In fol. en t.
32. A Femme avare Galant escroc, sujet tiré des Contes de la Fontaine. Id. p. Id. sc. In fol. N. 102.
33. Le Faucon, sujet tiré des Contes de la Fontaine. Lancret pinx. Schmidt sc. In fol. en t. N. 103.
34. Tabagie flamande; un Paysan à boire, et un autre alumant sa pipe; pièce gravée dans le goût de C. Vischer. A. Ostade pinx. 1667. G. F. Schmidt fec. Aqua forti 1757. terminée au burin. In fol. N. 160.
35. La Vierge assise, avec l'Enfant Jésus et le petit St. Jean. Ant. van Dyck pinx. G. F. Schmidt sc. 1773. Gr. in 4. N. 176.
36. La Vierge en prières, buste dédié au Comte d'Eterhasy. Sasso Ferrato pinx. G. F. Schmidt sc. Berolini 1763. In fol. N. 163.
37. La Présentation de la Vierge au Temple, tableau de la Gal. Impériale de St. Petersbourg. Peint par Pietro Testa et dessiné par B. N. le Sueur. Gravé à l'eau forte et terminé au burin 1771. Gr. in fol. N. 172.
38. La grandeur d'ame d'Aléxandre envers son Médecin Philippe. Annibal Carrache inv. et pinx. B. N. le Sueur del. Gravé par Schmidt dans le goût de G. Audran, à Berlin 1769. Gr. in fol. N. 168.
39. Timoclée justifiée par Aléxandre. Id. inv. et p. Id. del. Gravé de même par G. F. Schmidt à Berlin 1769. Gr. in fol. N. 168.

G. F. SCHMIDT.

C. *Portraits à l'eau-forte dans le goût de Rembrandt.*

a.) *Personnages inconnus.*

40. Buste d'un Vieillard barbu, à mi-corps, avec un bonnet de fourrure orné d'une plume. G. F. Schmidt inv. et fec. 1748. In 12. N. 111.

41. Buste d'une Vieille, vue de profil, sans main et la bouche ouverte. Rembrandt del. G. F. Schmidt fec. aqua forti. In 12. N. 113.

42. Buste d'un Oriental, dans le goût de Castiglione, avec un beau bonnet, orné d'un croissant. G. F. Schmidt fec. 1750. Dédié au Comte Algarotti. In 8. N. 114.

43. Buste d'un vieux Guerrier, dans le même goût, vu de face, et coiffé d'un bonnet de fourrure avec petite plume. Schmidt fec. In 8. N. 116.

44. Buste d'un jeune Homme, vu de face et coiffé du bonnet ordinaire de Rembrandt. Rembrandt pinx. G. J. Schmidt fec. 1753. P. in 8. N. 117.

45. Vieillard habillé en Persan, vu de face jusqu'aux genoux, avec un turban, orné de pierreries et d'une plume. Rembrandt pinx. G. F. Schmidt fec. 1756. In 8. N. 120.

46. Portrait d'une jeune Femme, à mi-corps et vue de profil, portant des cheveux flottans et étant richement parée. Rembrandt pinx. G. F. Schmidt fec. Du Cab. du Comte de Kamke. P. in 4. N. 123.

47. Portrait d'un jeune Seigneur, représenté à mi-corps et vu presque de face, avec le chapeau plat de Rembrandt. Rembrandt pinx. G. F. Schmidt fec. 1763. Du même Cabinet. P. in 4. N. 124.

48. Jeune Fille dans un ovale, représentée jusqu'aux genoux et vue des trois quarts, la tête parée d'une

plume blanche et de pierreries, surmontée d'un voile, et tenant un mopse. G. Flink pinx. G. F. Schmidt fec. 1766. Du Cab. de M. César. P. in 4. N. 126.

49. La Juive-fiancée, à mi corps et vue de face, coiffée d'un grand chapeau plat. Rembrandt pinx. G. F. Schmidt fec. 1769. Du Cab. du Comte de Kamke. In 4. N, 128.

50. Le Pere de la Fiancée réglant sa dot, à mi-corps et assis à son bureau; la tête vue des trois quarts et couverte d'une espèce de barette. Rembrandt pinx. G. F. Schmidt fec. 1770. Du même Cabinet. Pendant de la pièce précédente. N. 129.

51. Portrait d'un Vieillard à grande barbe.

C'est l'estampe originale de Rembrandt décrite par Gersaint, No. 239. de son Catalogue. La planche originale ayant passé à Berlin, Schmidt a terminé les parties que Rembrandt n'avoit qu'ébauchés. P. in 4. N. 130.

b.) *Personnages connus.*

52. La tête du Chanteur Salimbeni, dans une bordure ovale, gravée dans le goût antique en profil, l'inscription est en grec. G. F. Schmidt ad vivum del. et sc. Berolini 1751. In 4. N. 132.

53. La tête du Comte Algarotti, dans une bordure ovale, gravée dans le goût antique, en profil et faisant pendant avec la pièce précédente. L'Inscription est pareillement en grec. G. F. Schmidt. ad vivum del. et sc. Berolini 1752. N. 133.

On a différentes épreuves de ce portrait.

54. Georg Fridrich Schmidt, Königl. Preuss. Hof-Kupferstecher, Mitglied der Maler-Academien zu Berlin und Paris. Gravé dans la manière de Rembrandt.

G. F. Schmidt se ipse fecit aqua forti 1752. P. in 4. N. 134.

55. Le Prince de Gueldre ménaçant son pere en prison. Rembrandt pinx. 1635. G. F. Schmidt fec. 1756. De la Galerie du Roi de Prusse. P. in fol. N. 137.

56. Le Docteur Lieberkühn, habile Médecin de Berlin, gravé dans le goût de Castiglione, avec les attributs de la Médecine. L'inscriptions est: *Belohnung der Tugend.* 𝒢 fecit aqua forti 1757. P. in fol. N. 138.

57. George Fréderic Schmidt, assis à son bureau, dessinant son portrait. A une fenêtre ouverte se voit une araignée dans sa toile. *G. F. Schmidt se ipse fecit aqua forti.* Petropol. 1758. P. in fol. N. 141.

58. Dorothée - Louise Viedebandt, Femme de George Fréderic Schmidt, Graveur du Roi &c. Représentée en négligé, lisant dans un livre. Peint et gravé par Schmidt. Grand in 4.

59. Buste de J. J. de Schouwalow, Lieutenant-Général &c. Dans une bordure ovale. G. F. Schmidt fec. 1762. In 4. N. 142.

60. Hirsch Michel, presentirt an Isaac Onis durch Aaron Moncea; figure d'un Juif représentée jusqu'aux genoux. G. F. Schmidt ad vivum faciebat. Berolini 1762.

61. Portrait d'une Dame appelée la Princesse d'Orange, et représentée à mi-corps, le visage vu des trois quarts. Rembrandt pinx. G. F. Schmidt fec. 1767. In 4. N. 147.

62. Portrait du Jouaillier Dinglinger de Dresde en ovale et représenté de face. Ant. Pesne pinx. G. F. Schmidt fec. 1769. Du Cab. du Prince Henri. P. in 4. N. 148.

63. Portrait du Docteur Moehsen, en buste dans une bordure ronde autour de laquelle on lit: *J. C. V. Moehsen. M. D. Coll. Med. Super. Borfs. Coll. Sanit. &c.* Avec des attributs et l'inscription: *Amicorum opus.* G. F. Schmidt pinx. Rode et Krüger sc. Schmidt perfec. 1771. In 4. N. 149.

64. Portrait de Rembrandt dans son moyen âge; représenté à mi-corps, la tête couverte de son chapeau ordinaire. Rembrandt se ipsum pinx. G. F. Schmidt fec. 1771. P. in 4. N. 151.

65. Le jeune Prince d'Orange, Guillaume II. auquel Cats explique un trait de l'histoire de ses ancêtres, figures jusqu'aux genoux. G. Flink fec. G. F. Schmidt 1772. Du Cab. du Directeur César. P. in fol. N. 150.

D. *Sujets historiques à l'eau forte dans le goût de Rembrandt.*

66. Notre Seigneur présenté au peuple et baffoué par les Soldats. Rembrandt pinx. G. F. Schmidt fec. 1756. P. in 4. N. 159.

67. La Fille de Jaïre ressuscitée par Jésus, en faisant l'imposition de la main. Avec l'inscription hollandoise: *Christus gaet met Jairo om syn Dochterken te genesen.* Du Cab. du Directeur César. Rembrandt pinx. G. F. Schmidt fec. aqua forti 1767. In fol. en t. N. 165. Pièce d'un bel effet.

68. La Présentation de notre Seigneur au Temple, où Siméon tient l'enfant Jésus dans ses bras. Avec l'inscription allemande: *Darstellung Christi im Tempel.* Luc. Cap. 2. v. 29. C. W. E. Dietrich pinx. 1739. G. F. Schmidt fec. 1769. Du même Cabinet. Pendant de la pièce précédente. N. 167.

69. Le Philosophe dans sa grotte, ou plutôt le vieil Anchise refugié dans une grotte pendant le sac de

Troie. Du moins c'est ce que fait présumer l'embrasement d'une ville vue dans le lointain. R. van Ryn pinx. 1630. G. F. Schmidt fec. 1768. P. in 4. N. 166.

70. St. Pierre, après avoir renié son maître, est représenté assis avec les mains jointes et plongé dans une profonde douleur. F. Bol. pinx. G. F. Schmidt fec. 1770. Du Cab. du Conseiller Trible. Pendant de la pièce précédente. N. 170.

71. Loth avec ses filles, dédié au Prince Henri de Prusse, possesseur du tableau. Rembrandt pinx. G. F. Schmidt fec. 1771. In fol. N. 173.

72. Le Monument funéraire de Mitchel, portant pour inscription: *André Mitchel, Chevalier de l'Ordre du Bain, Député au Parlement de la Grande Bretagne, Envoyé extraordinaire et Ministre plénipotentiaire du Roi à la Cour de sa Majesté le Roi de Prusse. Décédé à Berlin le XXVIII. Jan.* MDCCLXXI. In fol. N. 174.

JEAN-GEORGE WILLE, dessinateur et graveur au burin, natif de Koenigsberg près de Giessen en 1717. et établi à Paris depuis 1736. Wille est un de ces artistes qui n'a dû ses talens qu'à son génie et à sa persévérence. A l'exemple des freres Sadeler, il a exercé dans sa patrie la profession d'armurier, et comme eux il l'a quittée pour se livrer entièrement à la gravure. Jeune encore il commença ses voyages et s'arrêta à Strasbourg. C'est dans cette ville qu'il fit connoissance avec Schmidt qui se trouvoit à peu près dans les mêmes circonstances. La conformité de fortune et de génie les porta bientôt à se lier d'amitié. De compagnie ils se rendirent à Paris où ils coururent la même carrière. L'amour du travail leur faisoient accepter tous les ouvrages qui se présentoient. Wille, à l'exemple de Schmidt, grava au commencement de son séjour à Paris des portraits pour la suite des hommes célèbres d'Odieuvre, marchand d'estampes, qui, comme Wille aimoit à le raconter, lui payoit six francs, puis douze et enfin vingt livres la planche. Ce fut Rigaud qui déméla le premier la capacité de Wille et qui l'encouragea efficacement, en lui procurant des ouvrages plus capables de fonder sa réputation. Il publia plusieurs portraits généralement approuvés, et montra surtout son intelligence par celui de la Mere de Rigaud, dans lequel il fit voir dès-lors qu'il avoit médité des règles générales de son art et qu'il savoit saisir l'idée de la beauté qui avoit guidé le peintre. Aujourd'hui on recherche avec raison les bonnes épreuves de ses portraits, parmi lesquels on distingue ceux de Massé, du Comte de St. Florentin et du Marquis de Marigny, sa pièce de réception à l'Académie. On admire dans les portraits de cet artiste la grande exécution du burin, la coupe savante du cuivre et la propreté de ses tailles. Mais ce n'est pas aux portraits seuls qu'il a borné ses talens ; il a traité avec la même intelligence les sujets du beau fini des Maîtres hollandois et allemans, tels que Terbourg, Dow, Mieris, Schalken, Metzu, Netscher, Dietrich, et Wille son fils. La beauté de son burin nous offre tout le précieux de leur pinceau : il a su rendre supérieurement les étoffes diverses, et généralement toutes les draperies soyeuses. Indépendamment de ces détails, les travaux du graveur nous mettent sous les yeux ces tons de dégradations, et ces effets de clair-obscur, qui nous charment dans le peintre.

Wille, qui possède dans un degré éminent toutes les vertus sociales, est doué d'une ame faite pour l'amitié. Le souvenir de celle dont il m'a comblé, est parmi mes souvenirs passés celui dont j'aime le plus à me retracer l'image. Il a toujours cherché à être utile aux jeunes artistes, en leur donnant ses conseils et en leur dévoilant les secrets de son art. Parmi le grand nombre d'élèves qu'il a formés, je ne citerai que les plus connus, tels que Rode, Chevillet, Grégori, Vangelisti, Mechel, Zingg, Schmutzer, Dunker, Guttenberg, Weifsbrodt, Romanet,

J. G. WILLE.

Halme, Ingouf, Preisler, et quelques autres dont je ne me rapelle pas les noms.

Basan à Paris possède l'œuvre complet de cet artiste dont la plus grande partie des épreuves est avant la lettre. L'auteur du Catalogue raisonné de Schmidt, prépare aussi un Catalogue de l'œuvre de Wille qui paroîtra incessamment.

A. *Portraits.*

1. Jean-George Wille. Dessiné par P. A. Wille, son fils, et gravé par P. C. Ingouf son éleve, 1771. In 4.
2. Madeleine de Scuderie. Elis. Chéron pinx. J. G. Wille sc. Chez Odieuvre. In 8.
3. Nicolas de Catinat, Maréchal de France. N. pinx. Id. chez Odieuvre. In 8.
4. Henry-Benoist, second fils de Jacques Stuard, né 1725. J. G. Wille sc. In 4.

Rare.

5. Franciscus Chicogneau, Regi a Sanctioribus Consiliis, Archiatrorum Comes. P. le Sueur pinx. Id. sc. 1744. In 4.
6. Bernard Belidor. Peint par Vigé, gravé par Wille. 1750. In 4.
7. Prosper, Cardinalis Columna de Sciarra. Pomp. Battoni pinx. Id. sc. 1754. In 4.
8. C. E. Brisieux, Architecte. J. G. Wille del. et sc. In fol.
9. Marguerite-Elisabeth de Largilliere, fille de N. de Largilliere. N. de Largilliere pinx. Id. sc. In fol.

10. Elisabeth de Gouy, femme d'Hyacinte Rigaud. Peinte par Rigaud. Gravée par Wille. Gr. in fol.

11. Joseph Parrocel. Id. pinx. Id. sc. In fol.

12. Jean de Boullogne, Controlleur général des finances. Id. p. Id. sc. 1758. Gr. in fol.

13. Charles-Louis-Auguste Fouquet de Belle-Isle. Id. p. Id. sc. Gr. in fol.

14. Maurice de Saxe, Duc de Courlande, Maréchal de France. Id. p. Id. sc. 1745.

15. Woldemar de Loevendal, Maréchal de France. Peint par M. Q. de la Tour. Gravé par J. G. Wille 1749. Gr. in fol.

16. Ludovicus, Victor et Pacator, ad Stat. marmor. J. B. le Moyne. J. Gasp. Heilmann pinx. Id. sc. Gr. in fol.

17. Fréderic II. Roi de Prusse, Electeur de Brandebourg. Pesne pinx. Wille sc. Gr. in fol.

18. Hieronymus von Erlach, Schultheifs der Stadt und Republick Bern &c. Gemahlt von dem Ritter Rusca. Gegraben von Will. Gr. in fol.

19. Franciscus Quesnay, in utraque Medicina Magister, Academiae Reg. Chirurg. &c. J. Chevalier p. J. G. Wille sc. 1747. Gr. in fol.

20. Jean-Batiste Massé. Peint par L. Tocqué, en 1734. Id. sc. Gr. in fol.
Belle.

21. Louis Phelypeaux, Comte de St. Florentin, Commandeur des Ordres du Roi, Secrétaire d'Etat &c. Id. pinx. Id. sc. Gr. in fol.
Pièce capitale.

22. Abel François Poisson, Marquis de Marigny. Id. pinx. Id. fec. 1761. Gr. in fol.
Pièce de réception à l'Académie.

J. G. WILLE. 129

B. *Sujets divers d'après différens maîtres.*

23. Bons amis. D'après Ad. Ostade. In fol. faisant pendant avec la Tabagie de Schmidt d'après le même.
24. La Mort de Cléopâtre. Du Cab. du Comte de Vence. Gaspar Netscher pinx. In fol.
25. La Ménagere Hollandoise. Du Cab. de M. L'Empereur. G. Douw pinx. 1757. In fol.
26. La Liseuse. Du Cab. de M. de Julienne. Id. p. Pendant de la pièce précédente.
27. L'Instruction paternelle. G. Terburg pinx. Gr. in fol.
28. La Gazettière hollandoise. Id. pinx. Gr. in fol.
29. La Cuisinière hollandoise. Du Cab. du Comte de Vence. Gabr. Metzu pinx. Gr. in fol.
30. La Tricoteuse hollandoise. Fr. Mieris pinx. 1757. Gr. in fol.
31. L'Observateur distrait. Id. pinx. 1766. Petit in fol.
32. Jeune Joueur d'Instrument. Gottfrid Schalken pinx. 1762. Pendant de la pièce précédente.
33. Le Concert de Famille. Id. pinx. 1762. Gr in fol.
34. Agar présentée à Abraham par Sara. Ch. W. E. Dietrich pinx. Gr. in fol. en t.
35. Les Musiciens ambulans. Id. pinx. Gravé en 1764. et dédié à Frédéric-Auguste, Electeur de Saxe. Gr. in fol.

Les premières épreuves de cette gravure sont sans l'e à fin du mot Electoral.

36. Les Offres réciproques. Id. pinx. Gravé en 1771. Gr. in fol. Pendant de la pièce précédente.
37. La petite Ecolière; jeune fille qui tient un oiseau. J. E. Schenau pinx. P. in fol.

38. La Maîtresse d'école. P. A. Wille pinx. Pendant de la pièce précédente.
39. Les Soins maternels. Id. pinx. Gr. in fol.
40. Les Délices maternelles. Id. pinx. Gravé en 1781. Pendant de la pièce précédente.
41. Le Maréchal-des-Logis. Trait de courage de Louis Gillet, qui délivre une jeune Fille d'entre les mains de deux Brigands. Avec une explication. Gravé par J. G. Wille, d'après le tableau peint par P. A. Wille son fils. Gr. in fol.

Superbe gravure.

42. La Mort de Marc-Antoine. Pompeo Battoni pinx. Gravé en 1778. Gr. in fol. en t.

II. PIERRE-ALEXANDRE WILLE, peintre et graveur à l'eau forte, né à Paris, en 1748. et membre de l'ancienne Académie de Peinture et de Sculpture. Fils unique de Jean-George il fait honneur à son pere et à l'art par ses talens. Il a appris les principes du dessin dans la maison paternelle et en fréquentant les leçons de l'Académie, et ceux de la Peinture chez Greuze et chez Vien. Jeune encore il a eu le plaisir de voir ses ouvrages goûtés par le public. Dans le nombre des pièces de conversation qu'il a peintes, il y en a de très-interessantes, tel que le Maréchal-des-Logis, spécifié ci-dessus, et plusieurs sujets qui peuvent être rangés parmis les historiques. J'ignore s'il s'occupe beaucoup de son art depuis la révolution; depuis longtems je n'ai rien appris de lui, si non qu'il est Officier dans la Garde nationale. Plusieurs habiles graveurs ont travaillé d'après ses tableaux, à la tête desquels nous placerons son pere, puis Lempereur, Vangelisti, Janinet, Chevillet, Avril, Dennel, Ingouf, Halme &c. Lui même a gravé à l'eau forte pour son amusement diverses pièces de sa composition.

1. Scene champêtre où se voit une pauvre famille qui demande l'aumône à un Monsieur et à une Dame à la promenade. Dédié à Monsieur Huber par son Serviteur P. A. Wille. Premier essai à l'eau forte dont il n'a eu que cette épreuve de tirée. P. in 4. en t.
2. Petit Vaux-Hall, sujet galant, grande composition, dessiné et gravé par P. A. Wille fils. 1780. Gr. in fol. en t.

ADAM-FREDERIC OESER, peintre, modeleur et graveur à l'eau forte, né à Presbourg en 1717. et vivant à Leipzig en 1795. Dans sa jeunesse il fréquenta les leçons de l'Académie de Peinture à Vienne, où à l'âge de dixhuit ans il remporta le prix académique. C'est de Raphael Donner, habile sculpteur de cette ville, qu'il apprit l'art de modeler, et c'est aussi chez lui qu'il puisa la connoissance du costume et de l'antique. En 1739. il vint à Dresde, où il s'établit et où il peignit avec succès plusieurs grands ouvrages historiques, tant à fresqu'à l'huile. Dresde étoit alors le séjour des arts; c'est à cette époque que Dietrich et Mengs se formoient. Oeser fréquenta les artistes et les savans. Il se lia particulièrement d'amitié avec Winkelmann; et ce fut l'artiste qui guida les premiers pas du savant dans la connoissance intuitive des arts. Aussi Winkelmann lui en fait-il tout l'honneur. Dans sa première production littéraire sur Imitation des ouvrages grecs dans la peinture et la sculpture, il s'exprime ainsi: „Ces Réfléxions sont le résultat de mes entre-„tiens avec mon ami Oeser, successeur d'Ari-„stide qui esquissoit l'ame et qui peignoit „pour l'esprit„. Oeser ayant été nommé Professeur de la nouvelle Académie des Arts à Dresde, et Directeur de celle de Dessin, de Peinture, de Sculpture et d'Architecture à Leipzig, s'établit dans cette ville en 1764. Dans cet intervalle de tems, il a produit un grand nombre d'ouvrages de tous genres. Grand zélateur de tous les arts, il a visiblement influé sur leurs diverses branches, soit par les modeles qu'il a donnés soit par les disciples qu'il a formés. La librairie, qui est un objet si considérable à Leipzig, lui est redevable d'un meilleur goût dans les ornemens des livres. De plus il a enrichi de ses peintures à fresque et à l'huile nombre d'édifices publics et de maisons de particuliers, tels que les plafonds des salles de la comédie et du concert, et ceux de la maison de M. le Conseiller privé de Guerre Muller, où l'allégorie est traité d'une manière neuve et savante. Parmi ses ouvrages de marbre nous nous contenterons de citer la Statue de l'Electeur, placée sur l'esplanade de la porte de St. Pierre à Leipzig, et le monument de la Reine Mathilde de Dannemarc érigé dans les jardins de Zelle; mais nous ferons une mention plus detaillée du petit monument de Gellert, placé dans le jardin d'un particulier de cette ville. Il offre une colonne tronquée, surmontée d'une urne funéraire, et sur le devant de la colonne le buste de Gellert, orné par les Graces encore enfans, pour caractériser la Poësie Allemande du tems de ce Poëte. Le célèbre Pigalle a vu ce petit monument en 1776. dans son voyage à Berlin. Après l'avoir examiné attentivement, il s'est écrié: „C'est charmant! l'heureuse idée „! Je lui ai demandé en particulier son sentiment sur ce morceau; il me répondit: „Je voudrois l'avoir „fait„! Il ajouta: „Je ne parle pas de la prati„que du marbre, que j'ai plus à mon comman„dement „. — L'âge n'a point influé sur la manière d'Oeser: aujourd'hui presque octogénaire, il étonne toujours par l'originalité de ses conceptions et par la fraîcheur de ses peintures soit a fresque soit à l'huile, dont il embellit et embellit encore l'Eglise de St. Nicolas, Eglise dont le goût des ornemens fait également honneur à l'ordonnateur et aux exécuteurs. Indépendamment de ses talens dans l'art, Oeser pratique toutes les vertus sociales et fait le charme de ses amis par son humeur enjouée. Il a survécu à ses deux fils qui annonçoient du talent, et il jouit de la tendresse de ses deux filles, également instruites dans l'art du dessin. L'aînée par attachement pour son pere, est restée fille et conduit son ménage; la cadette a épousé un disciple de son pere, Christian-Gottlieb Geyser, dont on trouvera l'article ci-après. — Les dessins coloriés de ce maître sont très-recherchés. Il en est de même de ses eaux-fortes, exécutées dans une manière très-pittoresque. Nous spécifirons la plupart des pièces de son œuvre qui nous a été communiqué par son gendre.

1. 2. Deux Vignettes pour les Chants des Amazones, de Ch. Felix Weisse, dont l'une, aux premières épreuves porte pour titre: „Dédié à Mylord „Monrose par F. Oeser„. h. 2. p. 2. l. — l. 2. p. 4. l.

3. 4. Deux Vignettes représentant des Jeux d'Enfans et servant d'ornemens au titre de la nouvelle Bibliothéque des Beaux-Arts et des Belles Lettres. h. 1. p. 11. l. — l. 2. p. 6. l.

5. Vignette représentant la Sagesse debout et la Religion assise, ayant au milieu un écusson d'armes. Sans marque. In 8. en t.

6. Vignette représentant Esope qui donne un nouveau masque à un jeune homme qui repose dans une campagne solitaire. Sans marque. In 8. en t.

7. Vignette représentant la Providence et l'Espérance sur des nues. In 8. en t.

8. Vignette représentant Alcide sur le chemin fourchu, délibérant sur le parti à prendre entre Vénus et Minerve. In 8.

9. Timanthe dessinant le Sacrifice d'Iphigénie. Vignette qui orne la titre des: *Réfléxions sur l'imitation des ouvrages grecs dans la peinture et la sculpture*, de *Winkelmann*. In 4. en t.

10. Socrate sculptant les Graces vêtues. Vignette qui orne le titre de la: *Lettre sur les Réfléxions de l'imitation dans les ouvrages grecs en fait de peinture et de sculpture*, de *Winkelmann*. In 4. en t.

11. Vieillard en prieres, assis auprès d'une pierre funeraire, Vignette sur la mort de Madame Ludwig, avec l'inscription: *S. R. Ludvichiae sacrum. Liberalitati Paupertas illacrumat.* In 4.

12. Paysage, avec quantité de villageois, servant d'ornement au titre du: *Poëme sur une fête champêtre, donnée par la Duchesse de Weymar aux habitans de la Campagne*. In 4. en t.

13—16. Quatre Sujets allégoriques représentant de petits Génies de la nature et de l'art, occupés à apporter leurs tributs pour les Collections de Thomas Richter; 4. pieces dont l'une porte pour inscription: *Memoriae Richterierum.* In 4. en t.

17—26. Dix sujets divers, tirés de l'Histoire de Gilblas, servant d'ornement à une Traduction allemande de ce Roman qui a paru chez Walther à Dresde, avec un frontispice portant pour titre: *Geschichte des Gil Blas von Santilana, durch Herrn Le Sage.* 10 pièces numérotées, outre le frontispice. In 8.

27. Arminius, après la défaite de Varus, dit à Marobod en lui montrant les spolies des Romains: "Marobod, voilà tes idoles"! Frontispice à la tête de la traduction allemande de l'Histoire d'Allemagne de Guthrie. Gr. in 8.

28. L'Histoire assise au pied d'un monument, prend conseil de la Vérité, qui congédie les Fictions. In 8.

29. La Contemplation, assise au pied d'un monument funeraire, dirige la vue sur l'immensité, dont un génie souleve un coin du voile qui la couvre. Allégorie sur l'éternité avec ce vers de Haller: *Hier spannt, o Sterbliche, der Seele Sehnen an!* Ornement pour l'Oraison funèbre de Gottfried Winkler, imprimé au layis. In 4. en travers.

30. La Circoncision. Gerb. van den Eckout pinx. Fried. Oeser incid. Dresdae. 1756. Ex Collection ab Hagedorn. In 4. en t.

31. Saül forçant la Pythonisse d'évoquer l'ombre de Samuel. Rembrandt pinx. Du Cab. de Bachmann à Magdebourg. 1765. In fol.

32. La Famille de Manué prosternée et surprise à la vue de la disparition de l'Ange. Rembrandt del. De la Collection de F. G. Winkler. In fol. en t.

33. La Présentation de l'Enfant Jésus au Temple. Rembrandt pinx. In fol. en t.

34. Psyché et l'Amour. D'après un beau tableau attribué au Correge, et jugé par les connoisseurs être du Guerchin. De la Galerie du Roi de Prusse. In fol. La plus finie des eaux fortes d'Oeser.

43—44. Six Vignettes et quatre Culs-de-lampes servant d'ornement au : *Catalogue raisonné des tableaux du Cab. de Gottfried Winkler, par M. Kreuchauf*. Ces ornemens, gravés à l'eau forte par Oeser et retouchés au burin par Bause, offrent des Allégories relatives aux arts et caractérisent les quatre Ecoles des peintres. 10. pièces in 8. en t.

45. Pallas, Déesse tutelaire de Rome, assise sur un monument dont le bas-relief offre la louve qui allaite Remus et Romulus, présente à un Chef Romain l'image de la Victoire. Au bas l'Histoire écrivant les faits mémorables de Rome. Frontispice d'une Histoire Romaine. Gravé à l'eau forte par Oeser et retouché à la pointe seche par Geyser. In 8.

CHRISTIAN-LOUIS DE HAGEDORN, amateur, dessinateur et graveur à la pointe, naquit à Hambourg en 1717, et mourut à Dresde en 1780. Il étoit frere de Frédéric de Hagedorn, Poëte Allemand, contemporain et émule de Haller, et il s'étoit fait connoître avantageusement par quelques ouvrages sur les arts dont on trouvera les titres à la tête de ce livre. Membre du Corps Diplomatique, il a résidé à plusieurs Cours en Allemagne, où le spectacle des beaux-arts et le commerce des artistes étoient ses plus doux délassemens. Hors d'activité pendant les dernières années du Règne du Roi Auguste III. il fut nommé par Frédéric-Christian, son successeur, Conseiller privé de Légation et Directeur général de l'Académie Electorale des Beaux-arts à Dresde. Cette Académie a encore prospéré sous Frédéric-Auguste, le digne fils et successeur de Fréderic-Christian. Hagedorn étoit un homme dont le zèle pour les arts et les lettres n'avoit point de bornes. Comme artiste il est connu des amateurs par une cinquantaine de petits Paysages et de Têtes de caractere de son invention, gravés d'une pointe spirituelle et d'un effet piquant.

1—6. Six feuilles de Têtes de caractere et de charge, suite de sept pièces publiées en 1744. sous le titre Versuch, (Essai) HD In 12.

7—12. Six feuilles d'Etudes et de Têtes de Caractere, au nombre de 36. dont deux feuilles sont avec de petits Paysages au bas des Têtes. HD Appendix 1744. In 12.

13—24. Douze feuilles de jolis Paysages, datés pour la plûpart de 1744. et 1745. et portant pour titre: Landschaften (Paysages). Id. fec. In 12. en t.

25—36. Douze feuilles de Paysages, la plûpart avec la date de 1744. Id. fec. In 12. en t.

37—48. Douze feuilles de jolis Paysages plus grands, portant pour titre: Landschaften, et pour date 1744. Id. fec. In 8. en t.

49—54. Six feuilles contenant sept Paysages, sous le titre: Neue Versuche, et sous la date 1765. In 12. et in 8. en t.

J. G. SAITER.

JEAN-GOTTFRIED SAITER, ou SEUTER, dessinateur et graveur à l'eau forte et au burin, né à Augsbourg en 1718. Seuter perdit très-jeune son pere, Jean Seuter, habile peintre de portraits et d'histoire. J. E. Ridinger, ayant épousé la veuve, servit de pere et de maître dans l'art au jeune Seuter. Ensuite il se rendit à Nuremberg pour se perfectionner, sous la direction de George-Martin Preisler, dans la gravure au burin. Au bout de deux ans d'assiduité, il fut jugé assez habile pour être envoyé à Florence au Marchese Gerini qui faisoit graver sa Galerie. Après y avoir fait quelques planches, il alla à Rome où il étudia un an et demi. De-là il passa à Venise et travailla quelque tems sous Joseph Wagner. Il retourna ensuite à Florence, où il grava quelques planches pour l'ouvrage de Stosch. De retour dans sa patrie en 1758, il a continué d'enrichir le public de ses estampes, toujours recherchées des connoisseurs.

1. Goethe. Pour la *Physionomique de Lavater*. In fol.
2. Jean Kupetzky. In 4.
3. George-Philippe Rugendas. De même grandeur. Deux portraits placés à la têtes des Vies de ces deux peintres par Fuefslin.
4. Agar répudiée, demi-figures, d'après le Chevalier Celesti, par Seuter. In fol. De la Gal. de Sans-Souci.

5. La Sainte Famille, d'après André del Sarto, Id. sc. in fol. Ibid.

6. Jésus chez Marthe et Marie, demi-figures. D'après Léonard da Vinci. Id. sc. In fol. Ibid.

7. La Femme adultère, demi-figures, d'après J. C. Procacini. Id. sc. In fol. Ibid.

8. Jésus à table aux Noces de Cana, d'après Paul Veronese, par J. G. Saiter, en deux feuilles. Gr. in fol.

Pièce capitale du graveur, faite à Venise.

9. Sainte Famille servie par les Anges dans la fuite en Egypte, d'après l'Albane, par Saiter. Grand in fol.

CHRISTIAN-GEORGE SCHUTZ, peintre qui a gravé à l'eau forte, naquit à Floersheim, dans l'Electorat de Mayence, où il mourut en 1791. Il apprit les élémens de la peinture de Hugo Schlégel, peintre à fresque de Francfort. Instruit dans son art, il travailla à diverses cours, et peignit en cette ville les façades de différentes maisons. Le goût qu'il avoit toujours eu pour le paysage l'emporta enfin et il s'y livra entièrement. Un grand protecteur des arts, le Baron de Heckel, qui avoit un joli Cabinet de Tableaux, sut apprécier les talens de Schütz et l'encourager d'une manière efficace. Les tableaux d'Hermann Sachtleven qu'il trouva dans ce Cabinet fixèrent son goût. Le Landgrave de Hesse-

Cassel l'appela à sa Cour, pour orner sa galerie et son château d'Amélienthal de Paysages et de morceaux d'Architecture. De-là il fit plusieurs voyages pittoresques, en cotoyant les rives du Mein et du Rhin, depuis Francfort jusques à Coblence, et en dessinant les plus intéressantes de ces contrées romantiques. En 1762. il fit un tour en Suisse, et dessina plusieurs vues d'après nature, particulièrement la fameuse Chute du Rhin près de Schafhoufs. Depuis ce tems Schutz jouit de toute sa réputation; ses ouvrages sont recherchés et ils méritent de l'être. Ses dessins frappent aussi agréablement les yeux que ses tableaux. Il les esquisse au crayon noir, ou à la plume, puis il les nuance au bistre où à l'encre de la chine, ce qui suffit pour produire le plus bel effet. Schutz a eu deux fils, tous deux doué des plus rares talens. François, l'aîné, un des plus fiers dessinateurs des grandes vues de la Suisse; mourut à Geneve en 1781. plein de génie et de singularités; Jean-George, le cadet, bon peintre de portraits et d'histoire, a vu avec fruit l'Italie et se distingue dans son art. Parmi les disciples de Schutz le vieux on compte encore Christian-George, son neveu, bon paysagiste, qui marche sur les traces de son oncle et de ses cousins.

J. S. MULLER.

Schütz le vieux, a fait quelques essais à l'eau forte, dont il n'étoit pas trop satisfait, savoir:
1. 2. Deux Paysages, d'après Hausmann. In 4. en t.
3. 4. Deux Paysages montagneux, de son invention. C. G. Schutz fec. 1783. In 4. en t.

JEAN-SEBASTIEN MULLER, dessinateur et graveur à la pointe et au burin, né à Nuremberg vers 1720. et florissant à Londres en 1760. Les circonstances de la vie de cet artiste ne sont gueres connues; tout ce qu'on sait, est qu'il apprit la gravure chez Weigel et Tyroff, et qu'en 1744. il se rendit en Angleterre avec son frere Tobie, graveur d'Architecture. Les Anglois qui font grand cas de ses estampes, l'appellent Millar et Miller. Muller a aussi gravé avec beaucoup d'intelligence une grande partie des Estampes pour l'Ouvrage de Natter.

1. Sainte Famille. F. Baroche pinx. Boydell exc. Gr. in fol.
2. Autre Sainte Famille. Murillo pinx. Id. exc. Gr. in fol.
3. Néron déposant les cendres de Britanicus; ou selon la description dans Boydell, Néron faisant les funerailles de Popée. Eust. le Sueur pinx. Gr. in fol.
4. Clair de lune, beau Paysage. Van der Neer p. Boydell excud. Gr. in fol. en t.
5. Apollon et Marsias. Beau Paysage de Claude le Lorrain. Id. exc. Très gr. in fol. en t.

P. FLODING.

6. L'Intérieur du Panthéon. Giov. Paolo Pannini pinx. Id. exc. Gr. in fol.
7. Vue des Ruines du Panthéon, de la Statue de Marc-Aurele, du Temple des Sibylles et de la Colonne Trajane. Id. p. Id. exc. Gr. in fol.

PIERRE FLODING, dessinateur, et graveur au burin et au lavis, né à Stockholm en 1741. et mort dans la même ville en 1791. Cet artiste Suédois étoit venu à Paris pour se perfectionner dans les arts. En 1760. il s'est annoncé, avec Charpentier, comme l'inventeur de la nouvelle manière de graver sur cuivre dans le goût du lavis. On ne connoit de Floding que les gravures qu'il à faites en France.

1. Aléxandre Roslin, Peintre Suédois. Se ipse pinx. In fol.
2. Sujet allégorique, représentant le Roi de Suède à qui les quatre Etats du royaume présentent les Arts et les Sciences. Cochin inv. Gr. in fol.
3. Apollon et Daphné. Dédié au Baton de Schef fer. F. Boucher pinx. P. Floding 1762. aquatinta. Gr. in fol.
4. Soldats de garde à une prison. Ibid. De même. Gr. in fol.
5. Fille en chemise et endormie ayant un chien à côté d'elle et vue jusqu'aux genoux. Peinte à Rome par J. B. Deshais, et gravée à Paris en 1759. par Floding. Gr. in fol.

J. I. NILSON.

Jean Isai Nilson, peintre en miniature, en émail, dessinateur et graveur à la pointe et au burin, né en 1721. à Augsbourg où il vivoit encore en 1780. chargé de la direction de l'Académie des Beaux-Arts depuis 1769. A la tête d'un commerce d'estampes, il s'occupe depuis longtems plus de la gravure que de la peinture; ce qu'il a donné de mieux dans ce genre, ce sont les ouvrages à fresque de Holzer. Bon dessinateur et graveur agréable, on ne rend peut-être pas assez de justice à ses ouvrages, assez peu recherchés. La quantité fait tort à la qualité, joint aussi à un goût d'ornemens trop lourd et trop chargé. Il a publié une suite très-considérable d'hommes et de femmes illustres de ce siècle avec beaucoup d'accessoires baroques et de figures allégoriques.

1. Clemens XIII. Rezonicus Venet. Pontif. M. Nilson inv. et fec. Petit in fol.
2. Petrus III. Russorum Imperator. Id. f. P. in fol.
3. Catharina Alexiewna, Russorum Imperatrix. P. in fol.
4. Stanislaus Augustus, Rex Pol. et en bas-relief l'histoire du Meunier du 3. Nov. 1771. P. in fol.
5. Fredericus Rex Boruss. P. in fol.
6. Maximilianus Josephus, utriusquae Bavariae Elector &c. P. in fol.
7. Franciscus e Comitibus Nadasti, Colonel d'Hussards. Crediz pinx. J. E. Nilson inv. sc. et ex. P. in fol.

J. A. SCHWEICKERT

8. William Pitt, Esqr. one of his Majestis principal Secretary of State. W. Hoare pinx. J. E. Nilson sc. P. in fol.

9—12. Ornemens d'Architecture dans le goût baroque; 4. pièces: 1) Porte d'un Sallon. 2) Projet d'une Grotte. 3) Invention d'une Cascade. 4) Dessin d'une Fontaine ornée des quatre Elémens. J. E. Nilson inv. et fec. In fol.

13—16. Les quatre Heures du Jour, figurées par des scenes pastorales et champêtres. 4. pièces, in fol. en t.

JEAN-ADAM SCHWEICKART, Dessinateur et Graveur au burin et au lavis, né à Nuremberg en 1722. et mort dans la même ville en 1787. Après avoir appris la gravure sous George-Martin Preisler, il se rendit à Florence, où il travailla au Cabinet des Pierres antiques du Cabinet de Stosch. On attribue à Schweickart l'invention d'imiter par la gravure les dessins au lavis, dont la Collection d'Hugford, contenant les dessins de Gabbiani, nous offre des preuves. Cet artiste, après avoir été reçu Membre de l'Académie des Beaux-Arts de Florence, revint dans sa patrie en 1760. après une absence de dix-huit ans, et y travailla d'après des tableaux et des dessins de grands maîtres. Il a gravé d'un burin ferme plusieurs portraits, qui montrent un peu trop le métal; les connoisseurs désireroient d'y trouver, au lieu de cet

146   J. H. Tischbein, le v.

arrangement compassé des tailles, cette fonte admirable des couleurs d'un Edelinck.

1. Buste d'une Bacchante. *Baccha, Solonis Opus. In Pasta, ut ajunt antiqua. Ex Dactyliotheca Stoschiana.* J. A. Sweicart del. et sc. 1745. In fol.
2. Jupiter sur un quadrige, foudroyant les Géants; beau Camée du Cabinet Farnese. In fol.
3. George-Wolfgang Knorr, Graveur et Naturaliste à Nuremberg. J. C. Jhle pinx. In fol.
4. George Adam, Baron de Varell. J. J. Preisler pinx. In fol.
5. La Vièrge avec l'Enfant Jésus, auquel le Pere éternel montre la Croix. Gabbiani del. au lavis. In fol.
6. Salmacis et Hermaphrodites. D'après Seuter. Dans le goût du Dessin. In fol.

I. Jean-Henri Tischbein, le vieux, peintre et graveur à l'eau forte, naquit à Hayna en Hesse en 1722. et mourut à Cassel en 1789. La famille des Tischbein est une des plus fécondes en habiles artistes. Le pere de celui-ci, boulanger de profession, laissa sept fils qui se sont tous distingusé dans les arts, soit libéraux, soit mécaniques. Notre Tischbein apprit les principes de la peinture chez Fries, peintre de Cassel; puis il alla se perfectionner à Paris sous Carle Vanloo. De-la il passa en Italie où il fit un séjour de deux ans. A Venise il fréquenta avec fruit, pour les sujets historiques, l'école de Piazzeta. A son retour il fut fait Conseiller et nommé Peintre de la Cour de Cassel. Tischbein étoit bon dessinateur, et avoit un coloris plein de fraîcheur. Il n'est pas égal dans ses compositions, et plusieurs de ses tableaux paroissent négligés. On vante beaucoup son Alceste ramenée à Admete par Hercule. En général c'est à Cassel qu'il faut voir les ouvrages de Tischbein, pour apprécier son merite pittoresque; c'est là qu'il a donné l'essor à son génie. Sa fille, Amalie Tischbein, habile peintresse en miniature, fut reçu membre à l'Académie en 1780. Il a gravé d'une pointe légere et facile d'après ses compositions les pièces suivantes:

1. Abraham-Gotthelf Kaestner. Dans le goût du crayon noir. In 12.
2. Vénus et Cupidon endormis sous un pavillon. In 8. en t.
3. Vénus montrant une flèche à Cupidon, piqué par une abeille. In 8. en t.
4. Baigneuses dans un paysage bouché. In 4.
5. Hercule filant auprès d'Omphale. Première idée du beau tableau qui est dans la Galerie de Cassel. In 4.
6. Ménelas et Pâris. Le tableau se trouve dans un château du Weissenstein. 1757. in 4.
7. Thétis et Achille. Ibid. faisant pendant. 1757. in 4.
8. La Résurrection, tableau d'autel dans l'église de

J. H. Tischbein, le j.

St. Michel à Hambourg. J. H. Tischbein pinx. et sc. 1763. In fol.

Plusieurs artistes, tant Allemans que François, ont gravé d'après Tischbein.

II. Jean-Henri Tischbein, le jeune, peintre et graveur à l'eau forte, ainsi qu'au lavis et au crayon, né à Hayna en Hesse en 1751. Il reçut quelques instructions dans le dessin et la peinture; mais il acheva de se former sous ses deux oncles, Jean-Henri de Cassel, et Jean-Jacques de Hambourg. L'objet principal de ses études étoit de peindre des animaux et des paysages. En 1770. il fit un tour à Amsterdam, et visita plusieurs autres villes de Hollande. Après un assez court séjour dans ces pays il retourna à Cassel, où son occupation ordinaire étoit de peindre le portrait et le paysage. En 1777. il se rendit à Berlin, et de là il alla en Italie, où il ne resta qu'un an. A son retour il passa par la Suisse, pays si intéressant pour le paysagiste. Après toutes ces courses il retourna à Cassel, où il fut nommé Inspecteur de la Galerie et Membre de l'Académie des Arts.

Tischbein à publié un Traité sur l'Art de graver à l'Eau forte, au Lavis et au Crayon,

J. H. TISCHBEIN, le j.

accompagné de 82. pièces pour l'instruction des artistes novices et des amateurs.

. Portrait de M. A. de Veltheim, d'après Tischbein l'Oncle. In 4.
. Portrait d'un Anglois, M. Moore. Id. In 4.
. Barde assis au pied d'un arbre. Id. In 4.
. Acis et Galathé. Id. p. P. in fol. en t.
. Bacchus et Ariadne. Id. p. P. in fol. en t.
. Statue de Frédéric II. Landgrave de Hesse, faite par J. A. Nahl. In 4.
. Un Taureau attaqué par un Ours. In fol. en t.
. Un Cerf attaqué par deux Leopards, d'après Ruthhard. In fol. en t.
. Une Léoparde avec ses deux petits qu'elle à mis bas à Cassel le 10. Août 1774. In fol. en t.
10. Plusieurs Cerfs dans un paysage. P. Potter pinx. P. in fol. en t.
11. Trois Vaches dans un paysage. Id. p. De même.
12. Des Chasseurs et des chiens à la poursuite d'un taureau sauvage. Id. p. De même.
13. Piece d'Animaux, d'après H. Roos. In 4. en t.
14. Pièce d'Animaux, d'après Rosa de Tivoli. De même.
15. Paysage montagneux de Rembrandt, d'après un tableau capital de le Gal. de Cassel. Petit in fol. en trav.
16. 17. La Demeure de Démocrite, et la Maison de Campagne de Socrate, 2. paysages, dessinés d'après nature sur le Weissenstein. P. in fol. en t.
18. Reste du vieux château de Hardenberg, à deux lieues de Goettingue. P. in fol. en t.

J. L. ABERLI.

JEAN-LOUIS ABERLI, peintre et graveur à la pointe, né à Winterthur en 1786. Le goût d'Aberli inclinoit pour le paysage. Il apprit les élémens de son art de Henri Meyer, fils du fameux paysagiste, Felix Meyer. Mais Aberli ne se contenta pas de suivre la manière de son maître : il prit la nature pour guide, et elle le conduisit à son but. S'étant établi à Berne, il y peignit aussi le portrait. Il avoit dessiné la ville de Berne de deux cotés, et il la fit graver sous sa direction par son éleve Adr. Zingg. Ce qu'Aberli a fait de plus considérable, et ce qui lui a concilié les suffrages du connoisseur et de l'homme de goût, ce sont ses Vues colorées de la Suisse dont la plûpart ont été levées dans le Canton de Berne. Ces Vues, gravées d'une pointe legere, soit par lui même, soit par d'autres habiles graveurs à l'eau forte, tels que Dunker, Guttenberg, Pfenninguer, sont colorées avec la plus grande délicatesse, surtout celles qu'il a eu soin d'enluminer lui-même. Il a eu depuis un grand nombre d'imitateurs, qui nous ont donné les sites les plus pittoresques de la Suisse et dont il sera fait mention ci-après. Les estampes colorées d'Aberli forment differentes suites, dont voici les principaux morceaux.

J. CH. BRAND.

1. Vue de Nidau près du Lac de Bienne. In fol. en t.
2. Vue prise du Château de Thoun. In fol. en t.
3. Contrée dessinée sur les Remparts de Berne. In fol. en t.
4. La Ville de Berne du côté du Nord. In fol. en t.
5. La Vallée d'Oberhasli. In fol. en t.
6. Vue du Village et du Lac de Brientz. In fol. en t.
7. Vue de Vevai. In fol. en t.
8. Vue de Lausanne. L'eau forte par Dunker. In fol. en t.
9. Vue de Cerlier et du Lac de Bienne. Gr. in fol. en t.
10. Vue du Château de Wimmis et des environs. Gr. in fol. en t.
11. Vue d'Yverdun, prise depuis Clindi. Gr. in fol. en t.
12. Vue dessinée à Mouri près de Berne. Gr. in fol. en t.
13. Chute d'eau appellée Staubbach dans la Vallée de Louterbrunnen. L'eau-forte de Pfenninger. In fol. en hauteur.
14. Une partie des Glaciers du Grindelwald. Par le même. In fol. en hauteur.

JEAN-CHRETIEN BRAND, peintre et graveur à l'eau forte, né à Vienne en 1723. et Professeur de l'Académie Impériale de Peinture de cette ville depuis 1770. Brand le fils a su conserver dans la famille la réputation d'habile paysagiste, que Brand le pere, Christian-Hülfgott, s'étoit si justement acquise. On distingue aujourd'hui ces deux maîtres par la dénomination de Brand le vieux et de Brand le jeune. Les paysages de ce dernier brillent par une infinité des beautés. Il peint à l'huile et en détrempe dans une manière très-soignée qui lui est particulière. Les contrastes y sont bien observés; les jours et les ombres y sont heureusement distribués, le coloris est beau et agréable. Ses figures sont spirituèlement peintes et judicieusement placées. En 1766. il fut chargé par la Cour, de peindre la Bataille de Hochkirchen. Ce tableau, orné de figures assez grandes, lui fit beaucoup d'honneur. Les paysages de Brand sont aussi fort recherchés dans les pays étrangers; plusieurs ont passé en Italie et en Russie, à Paris et à Londres. Parmi les graveurs, qui ont exercés leurs talens sur les paysages de Brand, ceux qui s'y sont le plus distingués, sont Zingg et Dequevauviller. On a aussi d'après lui une suite très-amusante, qui a paru en 1775. et qui offre des études prises dans le bas peuple, et principalement les Cris de Vienne, en 24. feuilles sans l'intitulé. Cette Suite à pour graveurs: Brand le Cadet, Mansfeld, Feigle, Q. Mark, Conti, Schütz et Moefsmer.

Brand a gravé lui même en peintre une assez grande quantité de pièces d'une pointe très spirituelle. Voici les principales:

1—18. Dix-huit pièces numérotées, représentant des

Têtes, des Figures, des Animaux et surtout des Paysages, portant pour titre: *Divers Paysages avec figures d'après nature. Dessinées par Jean-Chrétien Brand 1786.* Gr. et petit in 8.

19—22. Quatre sujets champêtres, représentant des Grouppes de Paysans et de Paysannes. P. in 8. Deux en hauteur et deux en largeur.

Gravés délicatement au trait.

23. 24. Deux Paysages, ornés de chaumières et de figurines occupées au bord de l'eau. In fol. en t. Sans marques.

Pièces gravées légérement en grignotis.

25. 26. Deux Paysages, l'un avec un moulin-à-vent, l'autre avec une vieille tour carrée, et quantité de petites figures en bateaux. Exécutés de même. In fol. en t. Pièces marquées: *Dessiné et gravé par C. Brand l'aîné.*

27. 28. Deux Paysages ornés de chaumières et de figurines en bateaux et au bord de l'eau, marquées: *Brand le jeune pinx et sculp.* In fol. en t.

II. FREDERIC-AUGUSTE BRAND, frère cadet de Jean-Chrétien, peintre, dessinateur, graveur à la pointe et au burin, né à Vienne vers 1730. et maître à dessiner de la Cour en 1754. Il puisa les principes du paysage dans la maison paternelle; ensuite il étudia la peinture de l'histoire sous Troger et Gran. Non content de connoître les procédés de l'eau forte, il apprit aussi ceux de la gravure au burin sous la direction de Schmutzer. En 1774.

Ch. B. Rodé.

il fut reçu Membre à l'Académie Impériale-Royale des Arts de Dessin et nommé Professeur en second dans la Classe du Paysage. Depuis ce tems il a publié un assez grand nombre d'éstampes, tant de son invention qu'après d'autres maîtres.

1. Le Déjeûné. D'après Torenvliet. A Vienne chez de Reuthern. F. Brand f. In fol.
2. Le Miracle des Verges que Jacob mit dans les abreuvoirs du troupeau de Laban. *Ponebat Jacob Virgas — —* Gravé par Brand le Cadet, d'après Brand l'aîné. Gr. in fol. en t.
3. Vue de la contrée de Nuisdorf, d'après un dessin du Général Kettler. Gr. in fol. en t.
4. Vue dans le Jardin de Schoenbrunn, où plusieurs ouvriers sont occupés autour d'un arbre. Gr. in fol. en t.
5. Le Chariot de poste attaqué par des brigands. P. in fol. en t.
6. La Porte de la Ville de Crems, en basse Autriche, porte nommée: *das Viehthor* (la porte du bétail). P. in fol. en h.

I. Christian Bernard Rodé, peintre et graveur à l'eau forte, né à Berlin en 1725. Après avoir étudié quelques années sous Pesne, il se rendit à Paris, où il profita des conseils de Carlo Vanloo et de Jean Restout. De-là il fit un voyage assez court en Italie. De retour dans sa patrie, il a peint le portrait et l'histoire. Les églises de Berlin et celles d'autres endroits offrent un grand nombre de ses tableaux d'autel. Par ordre du feu Roi de Prusse, Rode peignit en 1761. pour l'Eglise de la Garnison de Berlin trois tableaux dans lesquels il représenta, avec de figures allégoriques, les Généraux Schwerin, Winterfeld et Kleist, tués pendant la Guerre de sept ans. Peintre laborieux, il a décoré de ses peintures tant à fresque qu'à l'huile un grand nombre de palais et de châteaux. On cite parmi ses meilleurs ouvrages les plafonds à fresque de la grande Galerie dans le nouveau Palais de Sans-Souci et du sallon attenant. Parmi les peintres modernes, il a singulièrement le mérite de l'invention; la plupart de ses sujets historiques, sont traités d'une manière neuve et absolument à lui. Rode à gravé un grand nombre de ses inventions, et son œuvre est composé d'environ 150. pièces. Pour completter son article comme graveur à l'eau forte, nous emprunterons le précis du jugement critique des Auteurs de la nouvelle Bibliothèque des Beaux-Arts *). La pointe de Rode, disent ces auteurs, est une des plus spirituelles que nous ayons, et les

---

*) Neue Bibliothek der schönen Wissenschaften und der freyen Künste. 51. B. 1. Stück, S 120.

gravures de ce maître portent un tel caractere d'originalité qu'elles méritent à juste titre d'occuper une place dans les collections des amateurs. Toutes ses productions dans ce genre décèlent cette facilité d'expression qu'on pouroit comparer à celle d'une homme qui s'annonceroit facilement dans la conversation. On devine d'abord l'expréssion de la figure ; mais aussi c'est tout, et on a peine à se persuader que les attitudes de ses personnages soient analogues à cette expression. Ses airs de tête sont le plus souvent ni expressifs, ni nobles.

Si Rode ne brille pas par l'invention poëtique dans ses compositions, il montre d'autant plus de génie dans l'invention pittoresque de ses gravures. Les grouppes de ses figures sont très-bien ordonnés, soit pour l'agrément de ses plans, soit pour l'effet piquant de son clair-obscur. D'ailleurs il est monotone et trivial dans le choix des formes de ses personnages individuels. Témoin de cela son estampe d'Antoine et de Cléopâtre, où celle-ci se présente comme une créature vénale de la dernière classe. Rode est manière par le trop d'embonpoint qu'il donne à ses figures et par la petitesse de leurs extrémités. Son clair-obscur est quelquefois excellent et souvent comparable à celui de Dietrich. Ses plans sont bien dégradés. Ses figures du devant avancent fort, et celles du fond fuyent considérablement. Dans quelques morceaux le contraste pouroit bien être trop fort, et le plan du milieu trop indécis.

Selon nous le plus grand mérite de Rode consiste dans le maniement spirituel de la pointe. Avec elle il écrit comme avec une plume, et sait mettre à profit les moindres détails. Pour faire ses ombres il s'est servi dans quelques endroits de la manière du lavis, procédé qui produit un ton très-doux. Sommairement on peut dire, que le principal avantage de notre artiste, comme graveur, consiste dans une extrême facilité à ordonner pittoresquement ses grouppes, à éclairer savamment les parties et à manier avec esprit son outil, tandis que le défaut capital de ses productions consiste dans le manque de la vraie expression, dans l'incorrection du dessin, dans le choix de figures communes et dans la monotonie des physionomies.

A. *Eaux fortes de Rode.*

1. Portrait en médaillon de Bernard Rode. Réclam del. B. Rode fec. In 8.
2. Le Tems couché sur un monument et entouré de trois enfans; pièce qui sert de frontispice à l'Oeuvre de Rode portant pour titre: *Historische Sammlung, gemalt und ein-*

geaetzt *von Bernard Rode. Berlin 1768.* P. in fol. en trav.

B. *Histoire sacrée anciénne et moderne.*

3. L'Ange du Seigneur annonce la mort à nos premiers parens. In fol.
4. Famille qui gravit sur la cime d'une montagne pour se sauver du Déluge. In 4.
5. Joseph veut se faire connoître à ses freres. In fol. en trav.
6. Simeï, au passage du Jourdain, se jette aux pieds de David qui lui sauve la vie. In fol. en t.
7. Triomphe de Saül jaloux de la victoire de David. Grande composition. Gr. in fol. en t.
8. David, auquel on apporte les ornemens royaux de Saul, déchire ses vêtemens. Grande Composition. Gr. in fol. en t.
9. L'Age d'or, selon de texte du Prophète Isaïe. 1748. In fol. en t.
10. L'Homme hypocrite qui distribue l'aumône au son des trompètes. In fol. en t.
11. Les Disciples d'Emaüs, saisis d'étonnement à la disparition du Christ. Demi-figures. 1788. In fol. en t.
12. St. Pierre, sur qui l'Esprit saint descend en traits de feu, ainsi que sur les autres Apôtres, adresse un discours aux juifs des différentes nations. 1775. In fol. en trav.
13. St. Paul prêche aux Athéniens le Dieu inconnu. In fol. en t.
14. La Résurrection de Morts opérée par le Messie au milieu des Anges et des Saints. In fol.
15. L'Ascension de Jésus au milieu des Apôtres. Tableau d'autel pour Rostock. 1782. In fol.
16. Jésus au Jardin des Olives, où l'Ange attendri

détourne la vue. Tableau d'autel pour l'eglise de Ste Marie à Berlin. In fol.

17. Jésus, une main levée vers le ciel dit à ses Disciples: *Je suis la voie, la vérité et la vie.* Tableau peint pour une Eglise grecque à Babay en Ukraine. 1784. In fol.

C. *Histoire profane ancienne et moderne.*

18. Le Roi Sésostris sur un char de triomphe, traîné par quatre Rois. P. in fol. en t.
19. Jugemens sur les Morts chez les Egyptiens. 1777. In fol. en t.
20. Socrate, les jambes dégagées de ses fers, discourt avec ses amis sur la proximité de la douleur et du plaisir pendant qu'on lui prépare la ciguë 1774. In fol. en t.
21. Aristide, à la demande d'un paysan, écrit son nom sur une coquille, et encourt la peine de l'Ostracisme. 1785. In 4.
22. Diogene jette sa tasse comme un objet de luxe en voyant boire un petit garçon dans le creux de sa main. In 4.
23. J. Q. Cincinatus reçoit les marques de la dictature pendant qu'il laboure son champ. Sujet peint à Britz maison de Campagne du Ministre Comte de Herzberg. 1773. In 4.
24. M. Curius, assis devant son âtre, faisant cuire des navets et renvoyant les Samnites avec leurs présens. Peint dans le même endroit. 1773. In 4.
25. L'Empereur de la Chine traçant le premier sillon dans un champ pour honorer l'agriculture. Ibid. In 4. en t.
26. L'Impératrice de la Chine cueillant les premiè-

res feuilles du mûrier pour honorer la culture de la soie. Ibid. Pendant.

27. Châtiment de la perfidie du Maitre d'Ecole de Falere. 1780. Gr. in fol en t.

28. Confusion d'Antoine à la vue d'un poisson cuit qu'il à pris à la ligne en péchant avec Cléopâtre. 1776. In fol. en t.

29. Arminius ordonne de porter la tête de Varus à Marobod. 1781. Gr. in fol.

30. Guillaume Tell s'apprête à tirer la pomme sur la tête de son fils. 1774. P. in fol. en t.

31. Jean Hufs, sur son bucher, attaché à un pilier, sur le point d'être brûlé vif. In fol. en t.

32. L'Empereur Fréderic I. se noie en passant le Cydnus près de Séleucie. 1781. Gr. in fol.

33. Le jeune Empereur Henri IV. enlevé par l'Archevêque de Mayence, se sauve en sautant du vaisseau dans l'eau. 1781. Gr. in fol.

34. Rodolfe de Suabe perd un bras dans une bataille contre l'Empereur Henri IV. 1781. Gr. in fol.

35. Un Charbonnier prend la défense des Princes de Saxe, enlevés par Cuntz von Kaufungen. Gr. in fol.

36. L'Electeur Albert-Achille de Brandebourg enleve l'étendart à un guidon ennemi et se bat seul contre seize hommes. 1785. Gr. in fol. en t.

37. Fréderic Guillaume, le Grand Electeur, conduit son Infanterie en traîneaux au travers du Frisch-Haff. Gr in fol. en t.

D. *Allégories.*

38. Une Chrétienne (la mere de l'artiste) sort du cercueil ouvert par les Anges, pendant que l'Eternité lui mon-

montré la place de sa destination. Sujet peint à l'Eglise de Ste. Marie à Berlin 1771. In fol.

39. L'Espérance au tombeau d'un Chrétien (le pere de l'artiste) regarde un papillon qui s'envole. Ibid. 1777. Pendant.

40—43. Monumens de quatre Heros Prussiens tués dans la derniere Guerre de Silésie, peints dans l'Eglise de la Garnison de Berlin, par B. Rode 1762. et puis gravés à l'eau forte par lui. 4. feuilles petit in fol.

1) Schwerin en tombant embrasse la Victoire qui le couronne. 2) Winterfeld en buste sur une Urne; au pied de laquelle l'Histoire inscrit dans son livre les faits mémorables du Héros. 3) Keith, en bas-relief sur une Urne décorée de lauriers par la Victoire. 4) Kleist, en médaillon sur une Urne placée sur un Sarcophage, pleuré par la Muse de la Poësie.

44—63. Vingt Mascarons de Guerriers mourans; 20. feuilles, exécutés dans la Cour de l'Arsenal de Berlin, dessinés et gravés à l'eau forte d'après les modeles de Schlütter par B. Rode. In 8 en t.

II. JEAN-HENRI RODE, dessinateur et graveur au burin, naquit à Berlin en 1727. et mourut dans la même ville en 1759. Il avoit été destiné à l'orfèvrerie, mais son penchant pour la gravure le décida pour cet art, d'autant plus qu'il y avoit posé de bons fondemens par les principes du dessin. Après quelques heureux essais dans la gravure il se rendit à Paris, où il passa quatre ans comme disciple et pensionnaire de Jean George Wille. Pendant son séjour en cette ville il grava différens morceaux. Après son retour à Berlin, il publia encore quelques sujets d'après son frere, lorsqu'une mort prématurée interrompit ses travaux au milieu de sa carrière.

1. Jean George Wille, dans un petit ovale dessiné par Schmidt et gravé par Rode.

    Rare.

2. Figure d'un Nain, tenant de la main droite un bâton, et de la main gauche son chapeau qu'il tend pour demander l'aumône. Sur le bâton est gravé: W. del. R. sculps. aqua forti. Paris 1752. et sur le chapeau on lit: *Faites la charité à un pauvre homme.* In 4.

    Plaisanterie de société, comme on le voit par l'inscription allemande.

3. La Tête d'Epicure, d'après un dessin de J. M. Preisler. In 8.

    Jolie pièce.

4. Portrait du Roi de Prusse, Fréderic II. en Persée, auquel Minerve présente sur un bouclier la tête de Méduse. B. Rode inv. In 4.

5. Jacob luttant avec l'Ange. Id. inv. In 4.

6. Les Vestales occupées à un Sacrifice. Id. inv. in 4.

7. L'Oracle de Delphe. Id. inv. In 4.

8. Un Ecce Homo. *Exivit ergo Jesus. — — Ecce Homo.* C. B. Rode. Berol. pinx. J. H. Rode fec. Phil. And. Kilian exc. Gr. in fol.

9—24. Seize Sujets tirés des Satyres de Rabener, inventés par B. Rode, et gravés à l'eau forte par H. Rode. In fol.

D. Chodowiecki.

Daniel Chodowiecki, peintre en miniature et en émail, dessinateur et graveur à la pointe, né à Danzig en 1726. et vivant à Berlin en 1797. Fils d'un marchand du lieu de sa naissance, il étoit destiné à entrer dans la même carrière. Son pere, qui avoit appris à dessiner dans la jeunesse, et à peindre en miniature, voyant le goût du fils pour le dessin, eut la complaisance de lui donner des leçons dans cet art, mais en dirigeant toujours ses principales instructions, à le former pour le négoce. Le pere étant mort, sa mere voulut qu'il continuât d'apprendre le commerce. Pour cet effet il fut mis en apprentissage chez un marchand épicier; il n'y resta qu'un an et demi, attendu que ce commerce étoit tombé en décadence. En 1743. il fut envoyé à Berlin chez un oncle maternel, marchand établi en cette ville. Chez ce nouveau maître il finit son apprentissage, et fréquenta avec lui les foires, comme teneur de livre. A ses heures de loisir il peignoit en miniature de petits sujets pour être mis dans des tabatières qu'il trafiquoit à des marchands de Berlin. Son oncle lui fit aussi apprendre les procédés de la peinture en émail, et lui fit exécuter un grand nombre de boëtes émaillées. Mais tout cela ne pouvoit pas former notre artiste: l'essentiel lui manquoit: le dessin, la composition, et la société des artistes. Le hazard lui procura la connoissance d'un marchand d'estampes d'Augsbourg, nommé Haid; il vit chez lui des figures académiques et d'autres dessins; il apprit de cet homme, comment un artiste devoit étudier. Ces paroles ranimerent en lui le feu qui brûloit dans ses veines. Il prit la résolution en 1754 de renoncer entièrement au négoce. Il travailla avec assiduité, et fit connoissance avec d'habiles artistes, Pesne, Falbe, Rode, le Sueur. Il commença par peindre des portraits en miniature; il trouva de l'approbation et de l'encouragement.

Son premier essai dans la gravure est de 1756. et porte pour titre: Le Passe-dix. Il s'amusoit à faire nombre de petites feuilles, la plûpart des sujets empruntés de la vie commune et dessinés d'après nature. Pendant la guerre de sept ans il grava différens sujets qui y avoient rapport, comme les Prisonniers Russes, ainsi qu'une assez grande feuille sur la paix. Vers ce tems-là il parut à Paris une estampe, intitulée: La malheureuse famille de Calas. Cette gravure ne trouva point d'approbation dans le public; mais elle fournit à notre artiste un sujet pour un pendant sous le titre: Les Adieux de Calas. Il

D. Chodowiecki.

choisit le moment que le pere prend congé de sa famille pour être conduit à la place de l'éxécution. Ayant peint ce sujet en détrempe, il avoit si bien réussi, que ses amis lui conseillerent de le graver à la pointe séche. Il l'avoit fini en 1767. et y avoit gravé la date de l'année. Le mariage de la Princesse de Prusse avec le Stathouder, avoit retardé la publication de Calas, parce que dans cet intervalle il avoit peint et gravé la Princesse. En 1768. il publia enfin son Calas, après avoir changé la première date, dont il n'avoit fait tirer que 100. épreuves qui sont regardées aujourd'hui comme autant d'épreuves avant la lettre.

Après ces heureux essais, Chodowiecki reçut tant de demandes pour des dessins et des gravures, qu'il renonça entièrement à la miniature pour ne se vouer qu'à ces deux objets. Il se chargea de l'exécution des gravures qui ornent les Almanachs pour l'Académie Royale de Berlin, aussi que de celle des estampes de l'Ouvrage élémentaire de Basedow. C'est encore lui qui fit une grande partie des dessins pour la Physionomique de Lavater et qui en grava un bon nombre. Depuis ce tems il a été singulièrement occupé par les libraires, et sa réputation est telle qu'il est regardé comme un des plus grands artistes dans

D. Chodowiecki.

son genre, soit pour l'originalité de ses idées, soit pour l'esprit de son exécution. Aussi ses vignettes et ses ornemens dans la typographie ont-ils déja fait la fortune de plus d'un livre. Ses figures, dont les affections sont quelquefois un peu ressenties, mais rarement outrées, sont dans la vérité de la nature, pleines de vie et de mouvement. Cet artiste est aussi laborieux qu'habile, et son oeuvre est composé déja de 700. No. formant environ 3000. pièces.

Avec des qualités si marquées dont notre artiste est doué, on ne sera pas surpris de l'empressement du public à rechercher ses ouvrages. Depuis quelques années il s'est formé un grand nombre de curieux qui se sont fait un plaisir de rechercher et de completer son Oeuvre; mais aujourd'hui ils se plaignent qu'on leur rend cette recherche un peu difficile, parce que M. Chodowiecki (peut-être par un excès de complaisance pour quelques amateurs, qui veulent avoir de certaines préférences sur d'autres amateurs) M. Chodowiecki dis-je, trace d'une pointe légère quelques pensées sur la marge de ses gravures d'almanac; de ces pensées il tire un petit nombre d'épreuves, qu'il vend le double du prix ordinaire. Ce procédé a déja dégoûté plus d'un curieux, qui désireroit d'avoir tout, et qui ne peut y parvenir, de continuer à completer son Oeuvre.

D. CHODOWIECKI.

Dans la liste suivante de ses nombreux ouvrages nous ne spécifions que ses principales pièces. Pour le reste nous renvoyons les amateurs au Catalogue de ses estampes qu'il a dressé lui-même d'apres ses No. et qu'il a fait insérer dans les Miscellanées et dans le Musée de Meusel.

Les Collections les plus complètes de l'œuvre de Chodowiecki se trouvent à Leipzig chez Otto Négociant, chez Bause et Geyser Graveurs; à Dresde chez le Professeur Becker, chez Graff Peintre de la Cour et Zingg Graveur Electoral; en Suisse chés M. M. Lavater & Fussli &c.

A. *Portraits.*

1. J. A. Eberhard 1778. in 8.
2. J. E. Stosch. in 8.
3. J. A. Philippi. in 8.
4. D. W. A. Teller. 1775. in 8.
5. Urb. F. Pruckmann, Médecin. Erich pinx. in 8.
6. P. J. F. Weitsch, Peintre. Id. pinx. in 8.
7. C. W. E. Dietrich, Peintre. Reclam del. in fol.
8. Fredericus Magnus, Rex Borussiae; figure à cheval. in fol.

B. *Vignettes et ornemens de livres.*

9. Le Roi David, pour un Psautier in 8.
10. La Lecture, Frontispice pour le cinquième Volume du Vademecum. in 8.
11. La Vérité, vétue par les Graces. Frontispice pour la Théorie des Beaux-Arts de Sulzer, in 4.

D. CHODOWIECKI.

12. Hercule conduit par la Vertu au Temple du Mérite. Ibid. in 8.
13—20. Huit Sujets de Sebaldus Nothanker, Roman de Nicolaï. in 8.
21. 22. Deux Sujets allégoriques pour un livre sur l'Art militaire, par le Capitaine Tielke. in 8. en t.
23—28. Six Sujets et Vignettes pour la traduction allemande de Candide. In 8.
29—32. Quatres Sujets servant d'ornemens aux Poésies de Mlle Gatterer de Goettingen in 8.
33—37. Cinq Sujets pour la Tragédie de Rolf Krage in 8.
38—40 Trois sujets pour la Mort de Balder, par Ewald. in 8.
41. Feuille de 12. Têtes de Caractere d'hommes fameux des tems modernes pour la Physionomique de Lavater. Gr. in 4.
42. Feuille de 24. petites Têtes de Caractere, anciennes et modernes. Ibid. Gr. in 4.

C. *Sujets d'Almanacs.*

43—54. Douze sujets de Minna de Barnhelm, Comédie de Lessing. in 12.
55—66. Douze sujets tirés de l'Histoire de Don Quichotte. in 12.
67—78. Douze sujets tirés des Idylles de Gefsner in 12.
79—90. Douze sujets tirés du Roland furieux de l'Arioste, in 12.
91—102. Douze sujets tirés des Fables et Contes de Gellert, in 12.
103—114. Douze sujets tirés du Vicaire de Wakefield. 1777. in 12.
115—126. Douze sujets du Roman des Voyages de Sophie, 1788. in 12.

D. Chodowiecki.

127—138. Douze sujets tirés du Hamlet de Shakespeare, 1779. in 12.

139—150. Douze pièces représentant la Vie et la Mort d'un Libertin 1773. in 12.

Belles et rares.

151—162. Douze scenes de la Vie d'une Femme mal élevée, 1780. in 12.

163—174. Douze figures représentant le Naturel et l'Affectation 1780. in 12.

175—186. Douze sujets, les Progrès de la Vertu et du Vice, en 22. physionomies d'hommes et de femmes, in 12.

187—198. Douze sujets des Coutumes et Cérémonies dans les Mariages chez les différens peuples de la terre, 1780. in 12.

199—210. Douze sujets des Avantures de Pérégrine Pickel. 1786. in 12.

D. *Sujets divers.*

211. Conversation sérieuse de Paysans. 1757. In 8. en t.

Rare, et une des plus anciennes eaux fortes de l'artiste.

212. Les Prisonniers Russes à Berlin, secourus des habitans, 1758. in 4. en t.

Rare.

213. Un jeune Peintre assis et dessinant une Compagnie de Femmes, dont trois jouent à l'hombre dans le fond, 1758. in 4. en t.

214. Les Adieux de Calas à sa famille. 1767. in fol. en trav.

Pièce rare avec cette date.

G. M. KRAUS.

215. Action près de Choczim. Gr. in 4. en t.
216. Victoire remportée sur les Turcs le 1. Août 1770. in 4. en t.
217. Cabinet d'un Peintre. La Famille de l'Artiste autour d'une table. Gravé par D. Chodowiecki à Berlin en 1771. petit in fol. en t.
218. Première Promenade de Berlin, la Place des Tentes au Parc. Gr. in fol. en t.
219. Revue faite par le Roi de Prusse. In fol. en trav.
220. Guillaume Tell. Gr. in fol. en t.
221. La Mort du Duc de Brunswic. Gr. in fol. en t.
222. Le Général Ziethen assis devant le Roi. Gr. in fol. en t.
223. Apothéose de Fréderic II. Allégorie. Gr. in fol. en t.
224. Avénement au Trône de Fréderic-Guillaume II. Gr. in fol. en t.

Deux sujets destinés pour un éventail.

GEORGE-MELCHIOR KRAUS, peintre et graveur à l'eau forte, ainsi que dans le goût coloré né à Francfort sur le Mein en 1727. et établi depuis nombre d'années à Weymar, où il est Conseiller et Professeur de l'Ecole graduite de Dessin, fondée par le Duc régnant. Kraus apprit les principes de son art de Jean-Henri Tischbein à Cassel. De-là il se rendit à Paris et étudia sous J. B. Greuze. Il a peint de petits tableaux de genre dont quelques uns sont gravés. Ses paysages des-

G. M. KRAUS.

...inés et ornés de jolies figures, sont recherchés des connoisseurs. Depuis quelques années il a gravé plusieurs sujets de paysages qui représentent des contrées de Weymar. Il a aussi publié d'heureux essais en estampes colorées.

1—6. Suite de six Paysages de Weymar et de ses environs. G. M. Kraus aqua forti. In fol en t.

7—12. Autre suite de six Paysages représentant des contrées et des châteaux dans le Duché de Weymar. Id. f. In 4. et in fol. en t.

13. Vue de l'entrée dans le Parc ducal de Weymar. Pièce colorée, in fol. p. en t.

14. Vue de l'Hermitage dans le Parc ducal de Weymar. Pendant.

15. Vue de Wilhelmsthal, Château de Chasse du Duc de Weymar près d'Eisenach. G. M. Kraus fec. Pièce colorée, in fol. en t.

M. Kraus est intentionné de publier des Vues intéressantes dans le goût coloré de différens pays de l'Europe, à Weymar, au Comptoir de l'Industrie.

Première Livraison.

Vue de l'Ile de Staffa en Ecosse, du Côté du sud, avec l'entrée de la Grotte de Shag. C. Horny sc. G. M. Kraus dir. Gr. in fol. en t.

Vue de l'Ile de Staffa du côté du Nord-Ouest, avec l'entrée de la grotte des Cormorans et de celle de Fingal. De même.

Vue de l'Ile de Boo Shala, à côté de celle de Staffa,

vis-à-vis de laquelle se trouvent les colonnes courbes de Basalt. De même.

Seconde Livraison.

Vue de l'Ile et de la Ville de Lipari, prise de l'Orient, sur la côte de Sicile. C. Horny sc. G. M. Kraus dir. Weimar 1795. Gr. in fol. en t.

Vue de la Ville de Palerme et du Mont Pelegrino. Promenade du Marino. De même.

Vue de l'Etna, des Monts de Taormine et des côtes de la Calabre. De même.

JOSEPH ROOS, ou ROSE, peintre et graveur à l'eau forte, né à Vienne en 1728. et aujourd'hui Directeur de la Galerie Impériale dans la même ville. Fils de Joseph Rose, il soutient la réputation de ses aïeux. Il apprit les principes de la peinture de son pere et étudia d'après les tableaux de Philippe son grandpere, sans négliger l'étude de la nature, ni celle d'après les ouvrages de Jean-Henri, son aïeul. On trouve dans ses paysages un coloris clair et agréable. Membre de l'Académie Electorale de Dresde, il a travaillé plusieurs années dans cette Résidence. De-là il fut appellé à Vienne et chargé de la Direction de la Galerie. Depuis son séjour à la Cour Impériale, il a orné quelques appartemens du château de Schoenbrunn de très-beaux paysages. Joseph a donné quelques suites de Pay-

...sages et d'animaux qui ne le cédent en rien aux eaux fortes de Henri Roos.

1--6. Première Suite de 6. pièces de différens Animaux. Joseph Roos inv. et fecit, aqua forti 1754. In fol. en trav.

7--16. Suite de Chèvres et de Moutons, 10. pièces, p. in 4. en tr.

JUSTE CHEVILLET, graveur au burin, né à Francfort sur l'Oder en 1729. vivoit à Paris en 1795. Il a puisé les premiers principes de la gravure à Berlin auprès de George-Frèderic Schmidt; puis il est allé se perfectionner à Paris chez Jean-George Wille, dont il devint le beaufrere. On a de lui un assez bon nombre d'estampes exécutées d'un burin soigné et agréable.

1. Jean Baptite Siméon Chardin. Se ipse pinx. In fol.

2. Portrait de M. le Noir, Lieutenant-Général de Police. Peint par Greuze. Gravé par Chevillet. In fol.

3. 4. Deux pièces d'après G. Terburg, portant pour titre: La Santé portée & la Santé rendue. In fol.

5. 6. Deux pièces d'après Heillmann. Deux jeunes Femmes assises, dont l'une coud et l'autre file au rouet, portant pour titre : Le bon exemple. Mlle. sa Soeur. Gr. in fol.

7. La jeune Angloise, touchant le Piano-forté. D'après Baader. Gr. in fol.

8. Amusement du jeune âge; jeune fille qui caresse un oiseau. D'après un dessin de Wille, fils. In fol.

J. A. B. NOTHNAGEL.

9. L'Amour maternel, d'après Peters de Bruxelles. Gr. in fol.
10. La Tentation de St. Antoine. Du Cab. du Comte de Vence. B. Beschey pinx. In fol.
11. La jeune Coquette, d'après Jean Raoux. Gr. in fol.
12. La Beauté dangereuse, d'après J. B. Santerre. Gr. in fol.
13. Le Charme de la Musique, d'après de la Hyre. Wille excud. Gr. in fol.
14. La Mort du Général de Montcalm, d'après Watteau. Gr. pièce en travers.

JEAN ANDRE-BENJAMIN NOTHNAGEL, peintre, dessinateur, graveur à l'eau forte et fabriquant de tapisseries peintes, né à Buch, Principauté de Saxe-Cobourg en 1729. et demeurant à Francfort sur le Mein depuis 1747. A cette époque il travailloit en cette ville, en qualité de peintre à une fabrique de tappisserie. Le Principal de la fabrique étant venu à mourir, il épousa sa veuve et mit tout sur un meilleur pied. Il est un de ces hommes actifs qui, par la sagesse de ses mesures, influe sur la prospérité de nombre de ses concitoyens. Quant à l'art, il peint de jolis petits tableaux de cabinet dans le goût de Teniers, dont la variété ingénieuse fait le charme des connoisseurs. Ce qui l'a le plus fait connoitre dans la république des arts, ce sont ses esampes gravées à l'eau forte, dont le nombre monte à 60. pièces et dont H. S. Husgen de Francfort*) nous a donné le Catalogue. En Allemagne et en Hollande, cet artiste ou cet amateur est estimé un des heureux imitateurs de Rembrandt, surtout pour les têtes et les bustes. Voici les morceaux qu'on cite de préférence.

1. L'Ange du Seigneur apparoit à Corneille. *Erster Versuch* (premier Essai.) J. A. B. Nothnagel sc. P. in 8.
2. St. Pierre délivré de prison par l'Ange. 1772. N. fec. In 8.
3. St. Philippe baptisant l'Eunuque de la Reine de Candace. Sans marque. In 8.
4. Buste d'un Vieillard à barbe carrée et en calotte, lisant dans un livre, dans le goût de Rembrandt. N. fec. 1776. In 8.
5. Buste d'un Homme fait, tenant d'une main un singe et de l'autre un bâton surmonté d'une hache. Rembrandt pinx. Avec une dédicace 1772. In 8.
6. Buste d'une Vieille vue de profil, des lunettes dans la main et assise devant une petite table couverte de sacs d'argent. Avec une dédicace. 1772. Pendant.
7. Buste d'un Turc, coiffé d'un Turban orné de plumes et à grande barbe, une main appuyée sur une petite table où est écrit: A. B. Nothnagel fecit 1764. In 8. Bel effet dans le goût de Rembrandt.

---

*) V. Artistisches Magazin &c. von Heinrich Sebastian Hüsgen, Frankfurt am Mayn 1790. 8.

J. A. B. NOTHNAGEL.

8. Portrait en médaillon du Docteur Senkenberg, fondateur de l'hopital des Bourgeois de Francfort. In 12.
9. Portrait en buste, portant pour titre: Adam Grimmer, Pictor, Civis Francfurtensis 1600. N. fec. In 8.
10. Portrait en buste du Docteur Orth. Quatre vers latins. N. fec. 1774. In 8.
11. Portrait en buste d'Aly Bey, Roi d'Egypte. 1773. N. fec. In 8.
12. Portrait du Juif Baer, de Francfort. Avec une inscription hebraïque et allemande. N. fec. 1774. In 8.
13. Radzivil, Prince de Pologne. Sans marque. In 8.
14. Seigneur Polonois, la tête nue, en pelisse et décoré d'un ordre. Sans marque. In 12.
15. Paysan assis, tenant d'une main un pot, de l'autre sa pipe. N. fec. 1772. In 12.
16. Artiste, tenant un dessin dans le goût de Rembrandt. Id. f. 1771. In 12.
17. Tête d'un Vieillard à grande barbe et à large chapeau. Nothnagel fec. 1764. In 8.
18. Tête d'un vieux Turc, avec un turban. Sans marque. In 8.
19. Tête d'un jeune Homme, avec un chapeau orné de plumes.
20. Tête d'un vieux homme barbu portant une barrette. N. 1771.
21. Paysage, avec un monument sur lequel on lit: *Paysages gravés d'après des tableaux originaux.* A Francfort chez Nothnagel l'aîné 1771. In 8. en t.
22. Paysage orné de Ruines, avec trois petites figures dans le goût oriental. Schirnagel à Vienne.
- Pendant de la pièce précédente.

Jean

J. R. HOLZHALB.

JEAN-RODOLPH HOLZHALB, graveur à l'eau forte et au burin, né à Zurich vers 1730. et jouissant de la reputation d'un homme laborieux et d'un artiste soigné. Il apprit les principes de son art de David Herrliberger, et les enseigna à son tour à Adrien Zingg. Sa gravure plait par la propreté de sa pointe et par la finesse de son burin. Il a gravé plusieurs portraits dans les Vies des meilleurs artistes de la Suisse de Fuefslin et dans la Physionomique de Lavater, parmi lesquels on distingue les suivans:

Le Médaillon d'Adrien Zingg, tenu par le Génie du dessin. In 8.

Le Portrait en profil de Louis Pfiffer, Lieutenant général des armées du Roi de France. In 8.

R... tête de caractere d'un des Freres Moraves. Pfenninger del. Holzhalb sc. P. in 4. Lavater. T. I. p. 263.

J. H. Blatter de Krynau. H. Pfenninger ad naturam del. J. R. Holzhalb sc. Gr. in 4. Lavater. T. I. p. 263.

Tête de Caractere d'une belle exécution.

Portrait en profil d'une jeune personne; tête de caractere. Balay pinx. Holzhalb sc. in 4. Lavater. T. III. p. 325.

Johann George Zimmermann, Königlich Grofsbrittanischer Leibartzt in Hannover. Gegraben von J. R. Holzhalb in Zurich 1768. In 8.

G. L. CRUSIUS. C. L. CRUSIUS.

I. GOTTLIEB LEBRECHT CRUSIUS, dessinateur et graveur, né près de Zwickau dans le Vogtland en 1730. Il apprit les élémens de son art à Leipzig, où il dessinoit et gravoit pour les libraires. En 1764. il fit un voyage d'une couple d'années à Paris. De retour dans sa patrie, il a continué de travailler dans le genre des ornemens.

1—12. Douze sujets pour un Almanach françois, représentant des Traits de Vertu et Vice; tout de son invention, dessin, gravure et texte. In 16.

Quelques Portraits, nombres de Frontispices, et de Vignettes, la plupart de son invention.

II. CHARLES LEBRECHT CRUSIUS, frere cadet du précédent, dessinateur et graveur, naquit en 1740. et mourut à Leipzig, en 1779. Il arriva jeune à Leipzig, étudia le dessin sous Oeser et apprit la gravure de son frere aîné. Affligé d'une maladie douloureuse qui contractoit tous ses membres, il supportoit ses maux avec une résignation et une patience admirable. Les intervalles que lui laissoient ses souffrances, il les employoit au travail; de-là cette quantité d'ouvrages, qui ont servi d'ornemens au livres du tems et qui sont gravés avec beaucoup de goût. Telles sont ses gravures pour l'Ami des enfans de Weisse, pour les l'Oeuvres de Wieland, pour la Vie champêtre de Hirschfeld, pour les Poësies de Goeking, pour les Voyages de Yorick, plusieurs sujets pour l'Histoire de Schroeckh, à l'usage des enfans, et pour une quantité d'autres ouvrages. Nombre de ces Vignettes son d'après les dessins d'Oeser; plusieurs sont de son invention.

PHILIPPE-JACQUES LOUTHERBOURG, peintre et graveur à l'eau forte, né à Strasbourg vers 1730. et aujourdhui retiré en Suisse. Son pere, peintre en miniature, mourut à Paris en 1768. Le fils, élève de Casanova, se distingua de bonne heure par son génie à peindre des batailles, des chasses, des paysages. Ses tableaux sont recherchés et estimés égaux à ceux de Berghem. On y admire l'esprit de sa composition, la force de son exécution et la fraîcheur de son coloris. On lui reproche toutefois d'avoir plus étudié les maîtres que la nature. Il a gravé à l'eau forte plusieurs de ses inventions; on y remarque un effet agréable, un bon goût d'éxécution et une facilité qui n'est le partage que des grands maîtres. Loutherbourg avoit été reçu à l'Académie de Peinture de Paris dès 1763. Il a fait un séjour de plusieurs années à Londres, d'où, selon les papiers publics, il a passé en Suisse avec le fameux Cagliostro.

F. Ed. Weirotter.

1. 2. Deux petits Cahiers de Soldats. Ph. Jac. Louterbourg fec.
3. Scene angloise, in the Shool for Vives. P. J. Loutherbourg inv. et sc. G. in 8.
4. Les Travaux rustiques, ou la Fénaison. Id. fec. dans le goût du bistre. In 4.
5—8. Quatre Paysages, les quatre Heures du Jour. Id. fec. In 4. en t.

FRANCOIS - EDMOND WEIROTTER, peintre et graveur à l'eau forte, naquit à Inspruck en 1730. et mourut à Vienne en 1773. Cet artiste, né avec le penchant naturel pour les arts d'imitation, vint jeune à Vienne où il apprit les élémens du dessin. De-là il alla à Mayence et travailla quelque tems pour l'Electeur Comte d'Ostein. Il se rendit ensuite à Paris, où J. G. Wille prit ses intérêts à coeur et lui enseigna la méthode de dessiner le paysage d'après nature, en quoi il réussit supérieurement. Il a aussi gravé à l'eau forte un grand nombre de petits et de moyens paysages dessinés d'après nature et rendus d'une pointe légère. Weirotter fit un voyage en Italie, et revint à Paris, riche en études d'après nature et en beaux sites de ce pays des paysagistes, excellens matériaux pour sa pointe spirituelle. En 1767. il fut appelé à Vienne et nommé Professeur de l'Académie de Dessin. Depuis son voyage d'Italie il a agrandi sa

F. ED. WEIROTTER.

manière et lui à donné plus de noblesse. A cette époque il a gravé à l'eau forte plusieurs suites d'après les antiquités de plus piquantes de Rome et de ses environs, surtout de Tivoli. Son goût de gravure est facile, la lumière est bien distribué et les parties sont dans un bel accord. Ses compositions, sans être riches, charment par de jolies figures et de belles fabriques. Ses dessins, ordinairement au bistre, méritent les mêmes éloges; aussi sont-ils fort recherchés des connoisseurs. Weirotter a eu plus d'un rapport avec Rosa de Tivoli pour les talens de la nature: faut-il qu'il ait eu encore tant de ressemblance avec lui pour les travers de l'esprit et du coeur?

1—12. Douze petits Paysages ornés de figurines, de fabriques et d'eaux; premiers essais de l'artiste. P. in 8. en t.

13—24. Douze Paysages numérotés, représentant des chaumières, des ruines, des marines &c. dont six de 2. p. de haut et 3. p. 4. l. de large, et six de 2. p. de haut sur 6. p. de large.

25—30. Six différentes Vues d'après nature, dédiées à M. Peters, représentant des Paysages et des Marines, dont plusieurs avec de beaux effets de nuit. Frises de 2. à 3. p. de h. sur 7. p. 10. l. de large.

31—42. Douze Vues de la Normandie. Avec une Dédicace. In 4. en t.

43. 44. Deux Vues de Vernonnet en Normandie, prises de deux différens côtés, dédiées à Ph. Jac. Loutherbourg. In fol. en t.

J. A. RIEDEL.

45. 46. Deux Vues, l'une la Fontaine de Méulant, l'autre les Ruines de l'Abbaye de St. Maur, d'après les dessins de J. G. Wille, avec un dédicace. In fol. en t.

47. 48. Deux Paysages montagneux: 1) Pont rustique. 2) Chute d'eau. Dédiés à Adr. Zingg, par son ami Weirotter. A Paris chez Wille. Gr. in fol. en t.

49—60. Première Suite de Vues d'Italie, dédiée au Prince de Kaunitz. 12. pièces représentant diverses Ruines de Rome et d'autres endroits d'Italie. P. in fol. en trav.

61—72. Seconde Suite de Vues d'Italie, dédiée au Prince de Starémberg. 12. pièces représentant des Ruines et des Edifices des environs de Rome. In 4. en t.

73—80. Troisième Suite de Vues d'Italie, dédiée au Duc Albert de Saxe-Teschen. 18. pièces, représentant des Vues, des Ruines et des Edifices de différentes contrées d'Italie. In 8.

81—102. Quatrième suite de Vues d'Italie, dédiée à l'Archiduchesse d'Autriche.

Cette suite composée de 12. morceaux se distingue par les sites pittoresques, surtout par les beaux effet de clair-obscur des quatre premiers numeros. 1) Vue de Jardin. 2) Vue hors du Port de Marseille. 3) Vue de Civita Vecchia. 4) Vue de l'intérieur du Colysée. In 4. en t.

I. JEAN-ANTOINE RIEDEL, peintre et graveur à l'eau forte, né a Prague en 1732, et aujourd'hui Inspecteur de la Galerie de Dres-

F. A. RIEDEL.   183

de. Il vint en cette résidence en 1739. avec son pere qui y fut appelé en qualité de Peintre de la Cour et chargé ensuite de l'inspection de la Galerie des Tableaux. A la mort du pere, qui arriva en 1755. le fils fut nommé Inspecteur. Dans sa jeunesse Riedel s'est appliqué avec succès à graver à l'eau forte dans le goût de Rembrandt, d'après quelques tableaux de la galerie, et il a exécuté dans ce genre une quarantaine de morceaux. Dépuis nombre d'années il ne s'occupe plus que de l'inspection de la Galerie et de la conservation des tableaux pour laquelle il a une intelligence particuliere.

1. La Vierge Marie, assise dans un paysage, donnant à boire à l'Enfant Jésus. F. Barocci pinx. Gr. in 8.
2. Buste d'un homme, portant des moustaches, de longs cheveux et un haut bonnet. Bauditz pinx. P. in 4.
3. Buste d'un vieux homme à tête chauve et vu de profil. F. Bol pinx. Gravé en 1755. In 4.
4—11. Les sept Sacremens. Joseph-Maria Crespi pinx. 8. feuilles gravées en 1754. in fol.
12. Buste d'un homme tenant une lettre de la main droite. A. v. Dyck pinx. Gravé en 1755. In 4.
13. Buste d'un vieux homme, avec un bonnet et une barbe blanche, vu de profil. G. Flink pinx. Gravé en 1755. In 8.
14. Portrait d'une Dame, coiffée d'un bonnet orné de plumes. P. de Grebber p. Gravé en 1755. In 4.

15. Tête de St. Jerôme, avec une grande barbe, et vu de profil. J. Lievens pinx. In 4.
16. Portrait de Rembrandt, un porte-crayon à la main, pour dessiner dans un livre. Au bas de la planche on lit: Riedel. D. Rembrandt pinx. Première eau forte du peintre. In 4.
17. Une Vieille, demi-figure, pesant de l'or. Id. p. Gravé 1754. In 4.
18. Un Guerrier, avec un chapeau à plumet, tenant un grand verre de la main gauche et ayant la main droite passée autour d'une femme assise sur ses genoux. Id. p. Gravé en 1764. In fol.
19. Portrait d'une Fille, qui arrange des perles sur sa main. Id. pinx. Gravé en 1772. Gr. in 4.

II. ANTOINE-HENRI RIEDEL, peintre et graveur à la pointe et au burin, né à Dresde en 1763. fils et élève de Jean-Antoine Riedel. Ce jeune artiste se distingue singulièrement dans la gravure; il a déja gravé plusieurs petits morceaux, la plupart d'après les tableaux de la Galerie, qui offrent un travail très-précieux et montrent des dispositions particulières pour l'art.

1. La Vierge Marie, avec l'enfant Jésus, d'après le Baroche. La même pièce qu'a gravée son pere. In 8.
2. Buste d'un Homme avec une moustache et un haut bonnet, avec cette inscription: „Portrait de Christ. „Pandiz„. Tableau de la Galerie Electorale de Dresde. A. H. Riedel j. f. 1783. In 12.
Pièce gravée aussi par son pere.
3. Grotte habitée par un Magicien et un Alchymiste. H. Both pinx. 1631. Petite pièce en travers.

4. Une Vieille, chez un Chirurgien, panse une plaie au côté d'une autre femme. A. Brouwer pinx. In 12.

5. Petite Tête de Christ, d'après A. Carrache. In 8.

6. Abraham prêt à sacrifier Isaac son fils. Peint par Dietrich 1745. L'original appartient à Adr. Zingg. In 4.

7. Buste d'un jeune Anglois, en ovale, d'après Holbein. In 12.

8. Philosophe lisant dans un livre, d'apres Hondhorst. Gravé en 1783. In 8. L'original appartient à Riedel.

9. Buste d'un Rabbin, avec un bonnet et une barbe blanche, d'après Rembrandt. Gravé en 1783. In 4.

10. Une Femme, demi-figure, lisant un billet à une fenêtre ouverte, et dont le carreau reflechit son image. In 4.

Jean-Guillaume Meil, dessinateur et graveur à la pointe, né à Altenbourg en 1732. et établi à Berlin depuis 1752. Meil n'a eu que de foibles principes dans le dessin, mais chez lui l'impulsion du génie a suppléé à tout. A Berlin il a commencé à dessiner pour les orfèvres, les jouailliers, les brodeurs &c. par-là il acquit une grande pratique dans l'invention. Il a aussi beaucoup travaillé pour les libraires: le nombre de ses vignettes et de ses ornemens de livres est très-considérable. Toutes ses petites estampes sont gravées d'une pointe légere et spirituelle. Rival de la Belle on y admire la tournure agréable de ses figu-

J. G. MEIL.

res et la gentillesse de son travail. Son frere aîné, Jean-Henri, l'égale pour l'invention, mais il lui est inférieur pour le goût. Il a travaillé à Leipzig, où entre autres il a gravé 112. sujets des Fables de Gellert.

1—7. Sept très-petites pièces, avec un frontispice portant pour titre: Musenalmanach 1777. Goettingen, et six Antiques d'après des pierres gravées, ovales d'un pouce de diamètre.

8—15. Huit sujets composés de Têtes et de Figures de charge; petites Frises in 12. et in 16. Rares.

16—18. Sept sujets numismatiques, sur trois feuilles, dont deux fois le Médaillon de Frédéric le grand. Frises.

19—21. Huit sujets numismatiques, sur trois feuilles, dont deux fois le Médaillon de Marie-Thérese d'Autriche. Frises.

22—25. Quatre sujets comiques, représentant de quatre manières un Chanteur rustique sur ses traiteaux, expliquant aux paysans son tableau d'histoires tragiques. In 8. en t.

26—29. Quatre Frontispices, ornés des médaillons d'Hipocrate, de Pope, d'Algarotti et du Monument de ce dernier. In 8.

30—39. Dix Vignettes d'autant de sujets tirés du Poëme de Joseph reconnu par ses freres, par Bitaubé. In 8.

40—51. Douze sujets d'Almanach, les douze signes du Zodiaque, avec des génies et des attributs. P. in 12.

52—55. Quatre Vignettes, savoir: 1) Figure allégorique de la Médecine, où un petit Génie repousse la Mort avec une seringue. 2) Le Médecin Japis tire une flèche du corps d'Enée. 3) Aléxandre et son Médecin Phillippe. 4) d'Hipocrate sur un piedestal. Sujets pour le Catalogue de portraits des fameux Médecins, par Moesen. Berlin, chez Himburg 1771. In 4.

56—64. Neuf Vignettes et Cul-de-lampes représentant des Génies, des Figures allégoriques et des Monumens. In 8.

65—76. Douze Vignettes, représentant des Amours; des Figures allégoriques.

77. Hercule Musagette, assis sous une roche percée, touchant la lyre. P. in fol.

78—81. Quatre Paysages: 1) Jardinière qui présente un bouquet à un Monsieur. 2) Chasseurs à pied et à cheval à la lisière d'un champ de bled. 3) Le Blocksberg, avec les sorcières qui se rendent au Sabbat. 4) Fête et Danse champêtre dans un Parc. P. in 4. en t.

82—133. Cinquante deux sujets empruntés de la nature et de l'art, servant d'ornement et d'explication à l'ouvrage intitulé: Spectaculum Naturae et Artium, en quatre langues. Berlin chez G. L. Winter 1765. In 4. en t.

V. l'Article de Meil dans la Catalogue raisonné du Cab. d'Estampes de Brandes.

Jean Jacobe, graveur en manière noire, né à Vienne en 1733. et travaillant dans la même ville en 1795. Les premières études de Jacobé eurent pour objet la peinture, qu'il quitta ensuite pour s'appliquer à la gravure, principalement à celle de la manière noire. Une pension obtenue de la Cour lui facilita les moyens de passer quelque tems à Londres pour se perfectionner dans le genre de gravure qu'il avoit embrassé. Les pièces de toute grandeur qu'il a gravées sont assez nombreuses.

1. Anton Stoerck. J. Jacobé fecit. In 8.
2. Carl Anton Martini. F. Moesner pinx. In 8.
3. Christophorus Sonnleithner. H. Maurer pinx. In 8.
4. Franciscus Ferd. Schroetter. Donat pinx. In 8.
5. Joseph-Adam, Prince régnant de Schwarzenberg. Peint par Ch. Kollonitz. Gravé à Vienne par J. Jacobé. In fol.
6. Elisabeth Princesse de Wurtenberg Stuttgardt. Vienne 1783. Gr. in fol.
7. L'Académie de Vienne; grande composition, avec les portraits de tous les Académiciens de cette résidence, gravée en manière noire d'après Guadal, résident à Londres.

Pièce faisant pendant avec l'estampe d'après Zofani, gravée par R. Earlom, et difficile à trouver bonne d'épreuve.

8. Lord George Germain on of his Majesty's principal Secretaries of State. G. Romney pinx. Gr. pièce.
9. Un Taureau furieux en pleine campagne attaque des chiens et fait fuir les gens. N. Rhein pinx. T. g. p. en h.
10. Prise du Cerf au clair de la lune, grande chasse, effet de nuit. Fr. Casanova pinx. T. gr. Pièce en travers.
11. Tigre furieux tué en Amérique par le Prince de

Nassau-Siegen dans son voyage autour du monde avec Bougainville. Id. pinx. 1787. De même.

Ces trois dernières pièces, gravés d'après les tableaux, faits pour l'Impératrice de Russie, sont très-rares, n'étant pas dans le commerce.

FREDERIC RECLAM, peintre et graveur à l'eau forte, naquit à Magdebourg en 1734. et mourut à Berlin en 1774. Son pere, qui étoit jouaillier, l'envoya fort jeune à Berlin et lui fit apprendre la peinture chez Pesne. Dès l'âge de dix-huit ans il se rendit à Paris avec des lettres de recommendation à M. Lempereur Jouallier de la Cour et grand amateur des arts; l'accès qu'il eut dans son Cabinet da tableaux et auprès de sa personne, lui fut très-utile pour ses études. Pendant son sejour à Paris il fréquenta l'école du peintre Pierre. En 1755. il fit un voyage en Italie, et après avoir vu Rome et les autres villes en artiste avide de connoissances, il revint à Berlin en 1762. riche d'un grand nombre d'études. Réclam a peint le portrait et le paysage. Il commençoit aussi à manier la pointe lorsque la mort interrompit ses travaux à la fleur de son âge.

1—8. Suite de Paysages montagneux, representant différentes Vues d'Italie, des Chûtes d'eau et toutes sor-

S. GESSNER.

tes de Fabriques, en 8. pièces portant pour titre: *Suite de Paysages, dédiée à M. le Comte de Carnitz par son t. h. Serviteur Fréderic Réclam.* 1765. P. in 4.

9. 10. Deux Paysages représentant des Vues d'Italie et portant pour titre: Le Matin. Le Soir. Le premier d'après Moucheron, le second d'après Dubois. In fol. en t.

11. 12. Deux Paysages des environs de Paris. F. Réclam ad viv. del. et sc. 1754. Paris chez la Veuve Chereau. In fol. en t.

13. Vue d'une Carriere aux environs de Rome, avec des Cascades. F. Réclam, ad viv. pinx. et sc. Gr. in fol. en t.

SALOMON GESSNER, peintre à gouache, dessinateur et graveur à la pointe, naquit à Zurich en 1734. et mourut en 1788. dans la même ville, où il occupoit une place de Sénateur. Sans nous étendre sur le mérite de l'auteur du Poëme de la Mort d'Abel et de plusieurs autres ouvrages poëtiques qui ont rendu le nom de Gefsner immortel dans la République des Lettres, nous nous contenterons de l'annoncer ici comme un artiste qui s'est élevé à un assez haut degré de perfection dans les arts de dessin. Libraire de sa profession, le goût a toujours présidé aux impressions des livres de son fond. La nature l'avoit formé pour être poëte bucolique et peintre de sujets champêtres: les premières productions pastoraes qu'il a publiées sont ornées d'inventions analogues à son genre. Ce qu'il a fait de plus considérable dans le goût des ornemens de livres, et ce que lui a fait aussi le plus d'honneur, quant à l'art, ce sont les deux volumes in 4. de ses Idylles, qu'il a donnés par souscription. Rien de plus ingénieusement pensés, rien de plus spirituellement touchés que les grands et les petits sujets dont il a décoré ces deux ouvrages. Il paroît seulement à quelques unes des grandes planches, qu'il y a trop fait mordre l'eau forte, sans doute pour livrer un plus grand nombre de bonnes épreuves.

Indépendamment d'un grand nombre de vignettes et de cul-de-lampes dont il a orné les différentes éditions de ses ouvrages, il a aussi gravé divers paysages de son invention, dans lesquels on remarque une étude judicieuse de la nature et des ouvrages des plus fameux paysagistes, d'un Claude, d'un Swanevelt, d'un Waterloo &c. Gefsner, simple amateur, n'a dû ses talens pittoresques qu'à son génie, n'y ayant employé que ses heures de loisir. Cependant on trouve dans ses paysages la perfection d'un maître exercé, soit pour le goût dans le maniement de son outil, soit pour l'intelligence dans la composition de ses sujets.

Dans sa Lettre sur le Paysage, adressée à J. C. Fufslin et inserée à la suite des Nouvelles Idylles, il nous trace la marche de ses études et nous esquisse le caractere des paysagistes qu'il a choisis pour ses modeles. Les jeunes artistes, qui courent la même carriere, ne sauroient trop méditer ses préceptes, ne sauroient trop suivre ses conseils. Envisagé comme artiste, Gefsner a été un des plus laborieux; ses peintures à gouache et ses dessins divers sont très-recherchés des connoisseurs.

Gessner n'a pas moins brillé dans le monde par ses vertus sociales que par son génie dans les lettres et dans les arts. — — Mais je m'apperçois, qu'entraîné par la nature de mon sujet, cette notice tient déja plus de l'éloge que de l'exposé historique. L'on me pardonnera cet écart en faveur de mes liaisons avec l'artiste et de l'amitié dont il me combloit. Ses amis savent de quel prix elle étoit cette amitié, dont le souvenir m'est encore si doux!

1. Der Frühling, le Printems. Zurich bey Gefsner 1753. In 8. Sa premiere gravure.

2—13. Douze pièces de Vignettes et de Cul-de-lampes pour ses Pastorales.

14—25. Douze petites pièces de Vignettes et de Cul-de-lampes pour la Mort d'Abel.

26—35.

AD. ZINGG.

26—35. X. Paysages, dédiés à M. Watelet, Auteur du Poëme sur l'Art de peindre, par son ami S. Gefsner. 1764. In fol.

36—47. Suite de Paysages dans le goût antique, ornés de bergeries, de monumens et de fabriques. 12. feuilles numérotées. 1767. 1768. Gr. et p. in 4. en t.

48—57. Autre Suite de Paysages dans le goût antique, ornés de figures mythologiques. 10. feuilles numérotées. 1769—1771. In 4.

58. Paysages de la Suisse, gravés à la pointe par S. Gefsner, et dessinés pour la plupart par le graveur, pour servir d'ornemens à l'Almanach helvétique depuis 1781. jusqu'en 1788. 6. feuilles dans chaque Almanach. P. in 4. en t.

L'Almanach helvetique a trouvé un bon continuateur dans la personne de J. H. Meyer, Compatriote de Gefsner.

ADRIEN ZINGG, dessinateur, graveur à la pointe et au burin, né à Saint-Gall en Suisse en 1734. et établi à Dresde depuis 1766. Il est aussi membre des Académies de Vienne et de Berlin. Le lieu de sa naissance ne pouvant satisfaire son goût pour les arts d'imitation, il se rendit à Zurich où il apprit les élémens de la gravure et du dessin chez Rudolphe Holzhalb. De-là il alla à Berne et profita des conseils et des instructions de Louis Aberli, artiste qui possédoit à fond les règles du paysage. Zingg, sous un tel maître, fit de grands progrès, et dans le dessin et dans la gravure. Au bout de deux ans de séjour à Berne, toujours avide d'acquérir de nouvelles connoissances dans son art, il se rendit à Paris en compagnie de son maître et se mit sous la direction de Jean-George Wille, pour le fond duquel il grava des paysages et des marines qui ont établi solidement la réputation du graveur. Voulant apprendre les procédés de l'eau forte il avoit gravés dès son arrivée en France, les Vues des Glaciers de la Suisse pour l'ouvrage de M. Gruner de Berne. Il y avoit sept ans que Zingg travailloit avec succès à Paris, lorsqu'il fut appellé à Dresde, où il se rendit en qualité de Graveur de la Cour et de Membre de l'Académie Electorale. Depuis son séjour en cette Résidence, il a gravé plusieurs planches, soit d'après les tableaux de la Galerie, soit d'après les dessins de différens maîtres, mais il a différé jusqu'ici d'en publier les estampes. — Indépendamment de la gravure, Zingg est aussi connu comme un excellent dessinateur, ayant traité le Paysage avec beaucoup d'intelligence. Ses Vues dessinées d'après nature sont lavées à l'encre de la chine, au bistre, ou colorées, et offrent un travail d'un beau fini. Depuis quelque tems il a agrandi sa manière, en donnant plus d'étendue à ses Vues et en traitant le Paysage dans un plus haut style.

AD. ZINGG.

A. *Pièces d'Ad. Zingg gravées à Berne.*

1—12. Douze petits Paysages représentant des Vues de la Suisse du Canton de Berne, d'après Aberli. In 8. en t.

13. 14. Deux grands Paysages représentant la Ville de Berne des côtés du levant et du midi. D'après le même 1758. Gr. in fol. en t.

15. 16. Deux moyens Paysages héroïques, ornés de figures dans le goût antique, de Ruines, de Temples et d'autres Fabriques. E. Ritter, Archit. inv. et del. Ad. Zingg sc. 1759. In fol. en t.

B. *Pièces gravées par le même à Paris.*

17. 18. Deux Marines: La Pêche heureuse. L'Ecueil dangereux. J. Vernet pinx. Gr. in fol. en t.

19. 20. Deux Paysages: Première et seconde Vue de l'Autriche, d'après J. Ch. Brand. Gr. in fol. en t.

21. 22. Deux Paysages: Première et seconde Vue du Mein, d'après Ch. G. Schutz. Petit in fol. en t.

23. Les Bergeres sorties du bain, Paysage montagneux, dédié à Jacques Aliamet, par son ami Adrien Zingg. Ch. W. E. Dietrich pinx. 1763. Gr. in fol.

24. La Lune cachée, Pendant du Lever de la Lune par Aliamet, d'après A. van der Néer. In fol. en t.

25. 26. Deux Marines, représentant: l'une le Port, l'autre le Golfe près de Naples, d'après P. Mettay. Gr. in fol. en t.

C. *Pièces du même, gravées à Dresde.*

27. Frontispice de l'Histoire de l'Art de Winkelmann, pour la traduction de M. Huber. Oeser inv. In 4.

28—31. Quatre Paysages montagneux représentant des Vues

de la Saxe et surtout des environs de Dresde. Ad. Zingg del. et sc. P. in fol. en t.

32—35. Quatre Paysages montagneux, dans le goût héroïque, ornés de Bergeries, de Temples et de Fabriques antiques, d'après les dessins de S. Gefsner. Gr. in fol. en t.

36—39. Quatre Paysages montagneux, ornés de Figures rustiques et de Bestiaux. Gravés d'après les dessins de Ch. W. E. Dietrich, par A. Zingg. Gr. in 4. en t.

40—43. Quatre Paysages montagneux, représentant des Vues d'Italie, ornées de villageois, de bestiaux et de toutes sortes de fabriques. Id. del. Id. sc. In fol. en t.

44. Le Coup de Tonnere, Paysage où la foudre tombe sur une voiture de foin. D'après le même. In fol. en t. **D'un grand effet.**

45. Paysage dont le fond est bouché par une vaste forêt et le devant occupé par des bucherons qui chargent un chariot attelé de deux boeufs. Ch. L. Agricola pinx. In fol. en t.

46. Paysage montagneux, avec des roches et des voyageurs rustiques. J. Both pinx. De la Gal. de Dresde. Gr. in fol. en t.

47. Paysage, représentant une grande Forêt, où se voit une chasse au cerf, avec de belles eaux. Jac. Ruysdael pinx. De la Gal. de Dresde. Gr. in fol. en t.

48. Deux Vues du Château de Stoesitz, prises de deux côtés, dédiées au Chambellan, Hans-Adolphe de Carlowitz par Adrien Zingg. Gr. in fol. en t.

J. Ph. Hackert.

I. Jacques-Philippe Hackert, peintre et graveur à l'eau forte, né à Prentzlau dans le Brandebourg en 1734. Fils d'un peintre de portraits, il apprit les principes de son art à Berlin chez N. B. le Sueur, et devint un habile paysagiste. De Berlin Hackert passa à Stralsund, et se rendit de-là en Suéde. Dans ses voyages du Nord, il dessina plusieurs contrées qu'il grava ensuite à l'eau forte. En 1765. il se rendit à Paris, où il travailla avec beaucoup d'approbation. En 1766. il partit pour l'Italie avec son frere puîné, Jean Gottlieb, qu'il eut ensuite la douleur de perdre à Rome. Arrivé dans le pays de l'art ancien et moderne, et frapé des sites pittoresques si piquans pour le paysagiste, il agrandit sa manière et donna plus de vivacité à son coloris. Sa nouvelle manière de peindre, soit à l'huile, soit à gouache, établirent solidement sa réputation d'habile paysagiste. Il a beaucoup travaillé à Rome et à Tivoli, où il avoit une maison. A Livourne il a peint pour l'Impératrice de Russie la Destruction de la Flotte Turque à Tschesme. On sait que le Comte d'Orloff, pour donner au peintre l'idée d'un vaisseau qui saute en l'air par l'explosion de la poudre, offrit ce spectacle au public. Comblé déja des faveurs du Pape et du Grand-Duc de Toscane, il fut appellé en 1786. à Naples par le Roi de Deux Siciles en qualité de Peintre de Paysages, de Marines et de Chasse avec une Pension de 1200. Ducati, ses ouvrages payés selon sa propre taxe, un palais à la ville et un logement à Caserte. Philippe, sur qui la fortune s'est plu à répandre ses dons, se fait honneur de son aisance en recevant chez lui les étrangers, amateurs des arts, et en leur procurant dans sa maison toutes sortes d'agrémens. Depuis son séjour en Italie il a peint un grand nombre de paysages qui ont été répandus dans le public par la gravure.

Les principaux graveurs de Philippe en général sont les suivans: George Hackert, Jac. Aliamet, B. A. Dunker, Is. Lacroix, Fr. Morel, G. Eichler, J. Volpato, John Barnes, Lorieux, Gmelin &c. Lui même a gravé à l'eau forte en différens tems quelques suites recherchées.

1—21. Vingt-une Vues de la Poméranie et de l'Ile de Rugen. J. Ph. Hackert fec. 1763. 1764. In 4. en trav.

22—27. Six Vues de Suéde. Id. fec. In 4.

28—33. Six Vues de Normandie. Id. fec. In 4.

34—37. Quatres Vues dessinées dans le Royaume de Naples, et gravées par Jac. Philippe Hackert à Rome, 1779. N. I. à Vietri. N. II. à la Cava. N. III. à Vietri. N. IV. à Sorriento. Gr. in fol.

G. HACKERT.

II. GEORGE HACKERT, dessinateur et graveur à la pointe et au burin, né à Prenzlow, en 1744. établi depuis 1786. à Naples où il est à la tête d'un grand commerce d'estampes. Frere cadet et éleve de Philippe George, dès son arrivée en Italie s'est attiré l'attention des amateurs. Depuis ce tems il n'a fait que confirmer les idées avantageuses qu'on s'étoit formées de ses talens et de son discernement, soit par l'exécution soit par le choix de ses sujets. George participe à la munificence du Roi des Deux-Siciles; il jouit d'une pension de 800. Ducati à la charge d'instruire toujours deux éleves dans la Gravure. George et Philippe sont inséparables et vivent à Naples dans une concorde fraternelle, aimés et considérés des citoyens et des étrangers. Les Disciples qu'il a formés s'annoncent par des talens et sont déja au nombre de quatre, savoir: D. Guerra, G. Bartoli. V. Aloja. Gio. de Grado.

Les principales estampes de George Hackert; la plupart d'après Philippe Hackert.

1. Vue des Environs de Carpentras. Gr. in fol. en t.
2. Vue des Restes de l'Aqueduc de Fréjus. Pendant.
3. Première Vue des Ruines du Pont d'Auguste sur la Nera à Narni. Gr. in fol. en t.
4. Deuxième Vue, prise d'un autre point de vue. Pendant.

5. Vue du Temple de la Sibylle à Tivoli, prise au dessus de la grande Cascade. Gr in fol.
6. Vue du Tombeau de Plautius, en allant à Tivoli. Pendant.
7. Vue de Caserte, prise au Couvent des Récollets en allant aux Aqueducs. Avec une dédicace au Roi. Très Grand in fol. en t.
8. Vue de Rome, prise de la Villa Mellini sur le Monte Mario, d'ou cette fameuse Capitale se présente dans le centre sur sept montagnes avec toute sa magnificence. Id. pinx. Très-grande pièce en travers.
9. Vue de Castellamare, grande composition. Id. pinx. Très-gr. pièce en t.
10. Vue de la Rade de Naples. Même grandeur.

Ce sont les deux premiers Ports qui ont paru et qui seront suivi de ceux des deux Royaumes.

11—21. Suite d'onze feuilles, y compris une Carte générale de la partie de la Sabine où étoit situé la Maison de Campagne d'Horace, avec dix Vues de ces contrées chantées par Horace, savoir: I. Une de Vicovaro. II. Vue du Couvent de St. Cosimato. III. Vue d'une partie du Couvent de St. Cosimato. IV. Vue de Cantalupo et de Bardello. V. Vue de Rocca Giovine. VI. Vue du Village de Licenzza. VII. Vue de la Maison d'Horace. VIII. Vue de Campaniles, ou Mons Lucretilis. IX. Vue de Fonte Bello. X. Vue de la Grotte des Chevres. Sujets peint par Phil. Hackert. Gravés à l'eau forte par B. A. Dunker, et terminés au burin par G. Hackert, G. Eichler et Lorieux.

22. Le Matin; paysage avec des Pêcheurs et des Bergers. Gasp. Dughet pinx. Gr. in fol. en t.

C. HACKERT.

13. Le Soir, paysage avec des Voyageurs et des Villageois 1 d. p. Pendant.

III. CHARLES HACKERT, frere des précédens, peintre et graveur à la pointe et en couleur, né à Prenzlow, vers 1740. a voyagé en France et en Italie. Les contrées pittoresques de la Suisse paroissent être aujourd'hui les principaux objets de ses études et de son imitation. Son séjour le plus ordinaire est à Lausanne et à Geneve. Ses estampes, qui se débitent dans ces deux villes, sont exécutées dans le goût d'Aberli.

1. Paysage de la Suisse, dessiné à Evian par C. Hackert, pièce en couleur. In fol. en t.
2. Paysage de la Suisse, du même endroit. Pendant.
3. Vue de la Vallée de Chamouny prise près d'Argentiére. Dessinée d'après nature et gravée à l'eau forte par Charles Hackert. Pièce coloriée. Gr. in fol. en trav.
4. Vue de la Mer de glace et de l'Hôpital de Blair, prise du sommet du Montanvert, en Août 1781. Pendant de la pièce précédente.
5. Vue de la Ville de Geneve. Par le même, dans le même goût. Gr. in fol. en t.
6. Vue de la Ville de Geneve, prise d'un autre côté. Pendant.
7. Vue de Nyon, dans le Canton de Berne. Par le même dans le même goût. Gr. in fol. en t.
8. Vue de la Source de l'Arveron. Pendant.

CHRETIEN, ou CHRISTIAN DE MECHEL, graveur à la pointe et au burin, né à Bâle en 1737. et vivant dans sa patrie, à la tête d'un commerce considérable d'objets de curiosités et surtout d'estampes. De Méchel avoit été destiné à l'état ecclésiastique, et pour cet effet on lui avoit fait faire des études en conséquence. Mais son goût pour les arts de dessin prévalut, et ses parens, loin de gêner d'avantage son inclination, l'envoyerent à Nuremberg, puis à Augsbourg, pour y apprendre la gravure. Après un certain nombre d'années de séjour en Allemagne, il se rendit à Paris pour se perfectionner dans son art, et il jouit dans cette ville des instructions du célèbre Wille. Il y mit au jour différens ouvrages. Celui qui lui fit le plus d'honneur, c'est son estampe allégorique, d'après le dessin de Heilmann, sur le troisième Jubilé centenaire de la fondation de l'Université de Bâle, célébré en 1760. A cette occasion le Sénat et l'Université lui marquerent leur approbation en le nommant leur Graveur par une Patente. De retour à Bâle, il prit possession de sa place de Membre du Grand Conseil, et y fit un mariage avantageux. Un voyage en Italie avoit été de tout tems l'objet de ses désirs. Il l'entreprit en 1766. et parcourut en observateur exercé cette superbe patrie des arts. A Rome il jouit du commerce et de l'amitié du célèbre Winkelmann, et à Florence il fut reçu Membre de l'Académie Ducale. Revenu dans sa patrie, enrichi de nouvelles connoisances, il reprit ses fonctions et acheva différens ouvrages commencés antérieurement. Ce fut alors que de Méchel établit dans sa ville natale ce beau magasin d'estampes, de dessins et de tableaux, admiré des connoisseurs et de tous les voyageurs. Esprit entreprenant, il a su former dans son établissement un attelier de dessin et de gravure, en y attirant des jeunes artistes de tous les pays. C'est à l'aide de ces jeunes gens et sous sa direction qu'il a pu entreprendre et exécuter ce grand nombre d'ouvrages, dont la plupart ont paru sous son nom: tels que les Médailles de Hedlinger, l'Oeuvre de Holbein, la Galerie figurée de Dusseldorf, et nombre de pièces séparées. L'Empereur Joseph II. en passant par Bâle, visita le Magasin de Mechel; il fut si enchanté de l'ordre qui y regnoit, qu'il invita l'ordonnateur de venir à Vienne, et d'arranger dans le même goût sa Galerie de Tableaux. M. de Méchel s'étant rendu à cette invitation, fut reçu avec l'accueil le plus flatteur de la part du Monarque. Après plusieurs années de travail, Il publia enfin son ouvrage sous le titre: *Catalogue des Tableaux de la Galerie Impériale et Royale de Vienne, composé par Chrétien de Méchel, d'après l'arrangement qu'il a fait de cette Galerie, par ordre de sa Majesté L'Empereur*. Vol. in 8. avec de planches.

Quant à son institut de gravure, les jugemens qu'on en a porté ont été divers : il a eu ses approbateurs et ses desapprobateurs. On ne peut nier qu'il n'en soit sortis d'habiles gens qui n'ont pas regrété le tems qu'ils y ont passé ; mais on ne peut pas disconvenir non plus, que plusieurs artistes se sont plaint amerement du Directeur, en lui reprochant de songer bien moins au progrès de l'art qu'à son intérêt personnel.

1. Christianus à Mechel, Chalchographus Basiliensis, Academiae Artium lib. Imp. et Reg. Vien. nob. Florent. Venet. aliarumque Sodalis. Scr. Elect. Bav. Palat. ut et Patriae Urbis ac Univers. Chalc. et Reipubl. Ducentumvir. — *In signum gratitudinis mentisque dudum devotae vultum Patroni ad viv. aerique incidit Barth. Hubner. A. V. Basileae.* 1784. P. in 4.
2. François-Joseph-Antoine Hell, Grand-Bailli et Membre de la Société économique de Berne. De Mechel exc. In 8.
3. Le Général George-Auguste Elliot, gravé d'après le dessin de G. F. Koehler, Aide-de-Camp, et publié à Bâle par Ch. de Méchel. In 8.
4. Portrait d'Etienne Schultz de Halle, Mission-

CH. DE MECHEL. 205

naire au Levant. Gravé d'après Ant. Graff par Ch. de Mechel. In 8.

. Portrait de Michel Schuppach, fameux Médecin de Langnau dans le Canton de Berne. Gravé d'après Locher. In 8.

. Michel Nostradamus, fameux Prophète, assis à une table et taillant une plume. Gravé d'après Metzu par de Mechel. In fol.

. L'Amour menaçant prêt à décocher une flèche. Gravé d'après C. Vanloo par Ch. de Mechel. In fol.

—11. Quatre Vues du Rhin. Gravées d'après Brinckmann et Weirotter, par de Mechel. P. in fol. en t.

1. Tombeau de Madame Langhans, inventé et éxécuté par J. A. Nahl, dans l'Eglise paroissiale de Hindelbank à deux lieues de Berne. Chez de Méchel. In fol.

3. Sollicitude d'une Mere dans l'éternité, sujet peint par H. Freudwiller en 1786. pour adoucir la douleur d'un Mari désolé de la perte de sa Femme, morte en couche à Zurich d'un premier enfant qui lui a survécu. Gravé sous la Direction de Ch. de Mechel, par B. R. Comte. In fol.

4. Louis Pfyffer, Auteur du fameux modele en relief d'une grande partie de la Suisse, représenté sur une éminence du Mont Pilate, en face de la ville de Lucerne et occupé à dessiner. Gravé d'après Jos. Reinhardt, en aquatinta, chez Ch. de Mechel. P. in fol.

5. Vue perspective de la partie la plus élevée de la Suisse, où l'on découvre tout le Canton de Lucerne, une partie des Cantons d'Uri, Schwitz, Unterwalde, Zoug et Glaris, avec une lisière de Zurich et de Berne &c. Vue dessinée d'après le fameux modele en relief de Louis Pfyffer, ouvrage

unique que les voyageurs vont admirer chez lui à Lucerne &c. publié à Bâle en 1786. par Ch. de Méchel. Pièce gravée au trait et enluminée. Gr. in fol.

16. Vue perspective de la Vallée de Chamouni, du Mont-Blanc et des Montagnes adjacentes dans le haut Faucigny en Savoie, où l'on a indiqué la route qu'a tenue au mois d'Août 1787. le Professeur de Saussure pour parvenir à la fameuse cime du Mont-Blanc. Estampe exécutée d'après le relief de M. Exchaquet, faisant pendant avec la précédente.

17. L'Empereur Joseph II. à cheval passant des troupes en revue, accompagné des Princes de sa maison et des Généraux de ses armées. Gravé d'après J. Ch. Brand et présenté à Marie-Thérese par Ch. de Mechel. In fol. en t.

18. Fréderic II. Roi de Prusse à Cheval et faisant la revue du Regiment de ses Gardes, accompagné de ses Généraux. Estampe gravée d'après celle de Chodowiecki, chez Sayer, et faisant pendant avec la précédente.

19. Les trois Graces du Gouguisberg, ou costume des paysannes du bailliage médiat de Schwarzenbourg en Suisse. Gravées d'après Locher chez Ch. de Mechel, en couleurs. P. in fol.

20. Les trois Bacchus, ou costume des paysans du territoire de Morat en Suisse. Gravés d'après le même chez le même. Pendant.

Ces deux estampes offrent chacune un grouppe de trois figures dont la composition ingénieuse est analogue au caractere et au moeurs de ces paysans.

21—40. Suite de Figures colorées des Paysans de la

Suisse et des environs, réprésentées au naturel dans leur costume. 20. feuilles avec une explication au bas de chacune. A. Bâle chez Ch. de Méchel. In 4. Suite amusante.

11. Halte de Guerriers, Grand Paysage dans le goût de Salvator Rosa, dédié à sa Majesté Impériale Joseph II. Gravé d'après Loutherbourg, par Chrétien de Méchel. T. gr. p. en t.

BARTHELEMI HUBNER, graveur au burin, né à Augsbourg en 1737. et établi graveur à Bâle. Il apprit les principes de la gravure dans le lieu de sa naissance, et commença sa carrière par travailler pour les libraires. Attiré à Bâle par Christian de Méchel, il a beaucoup gravé pour le fond de cet entrepreneur qui a publié sous son nom plusieurs pièces du burin de Hübner.

1. Josué Hoffer, Chancelier de Muhlhouse. Ant. Hickel pinx. In 8.
2. Jsaac Iselin, Secrétaire d'Etat de Bâle, né en 1728. mort en 1788.
3. Léonard Euler, né à Bâle en 1707. et mort à Pétersbourg en 1783. Em. Handmann pinx. In 8.
4. L'Archiduchesse Elisabeth, Princesse de Wurtenberg, Epouse de l'Archiduc François. Mettenleitner pinx. Gr. in 4.
5. La Pharmacie rustique, ou Chambre de Michel Schouppach, connu sous le nom de Médecin de la montagne. Gravé d'après Locher. In fol. en carré.
6. La Sainte Céne, gravée d'après le superbe tableau

original de Jean Holbein qui se trouve à la Bibliothéque publique de la ville de Bâle. Gr. in fol.

JEAN-ERNEST MANSFELD, graveur au burin, né à Prague en 1738. A l'âge de seize ans il vint à Vienne avec son pere, fréquenta l'Académie Impériale-Royale des arts d'imitation et s'appliqua à la gravure sans autre guide que son amour pour le travail. Entre autres sujets il a gravé d'un très-bon goût et avec des accessoires ingénieux plusieurs petits portraits des personnes illustres à Vienne, dont il augmente encore le nombre, conjointement avec le graveur Adam.

1. Marie Thérese, Impératrice-Reine. J. Mansfeld sc. In 8.
2. Josephus Secundus, Romanorum Imperator. J. Mansfeld fec. In 8.
3. Pius V. Pontifex Maximus. Hagenauer fec. 1782. In 8.
4. Wenceslaus, Princeps a Kaunitz-Ritberg. Vinazer fec. In 8.
5. Franc. Ant. Comes a Kollowrat. Id. fec. In 8.
6. Mauritius Comes a Lacy. C. Kollonitz fec. 1776. In 8.
7. Frederic Baron de Trenck. J. E. Mansfeld fec. In 8.
8. Joseph. Haydn. Id. Fec. In 8.
9. Anton Stoerk. Id. fec. 1773.
10. Tobias Philippe Freyherr von Gebler. Id. fec. In 8.

II.

11. Gerard van Swieten. Id. fec. In 8.
12. Murrai Keith, Envoyé d'Angleterre à la Cour de Vienne. Graff pinx. In 8.
13. Le Tournant d'eau dans le Danube vers l'Est, et le Gouffre dans le même fleuve vers le Sud. Dessiné d'après nature par Ant. de Wenzely. Gr. in fol. en t.
14. Pie VI. donnant publiquement la bénédiction au peuple le jour de Pacques 1782. Mansfeld fec. In fol.
15. Solemnités à l'occasion de l'Empereur Léopold couronné Roi de Hongrie; avec beaucoup de figures colorées dans leur costume. C. Schutz del. J. Mansfeld sc. Gr. in fol. en t.

JEAN BALZER, graveur à la pointe et en couleur, né à Kukus en Bohème, en 1738. et établi à Prague, où il fait le commerce d'estampes. Cet artiste laborieux, aidé de son frere, Matthieu Balzer, a publié plus d'un millier d'estampes de différens genres. Les Freres Balzer ont mis au jour les ouvrages suivans :

1—50. Cinquante feuilles de paysages, de batailles et de sujets de conversation, d'après Norbert Grund, ancien peintre de Bohème, en divers formats.

51. 52. Deux parties de Portraits des Savans et des Artistes de Bohème et de Moravie. A Prague 1773-1775. in 8.

53. François-Edmund Weirotter. Peint par du Creux, gravé par Jean Balzer, le fils 1791. in fol. D'un beau burin.

J. F. BAUSE.

JEAN-FRÉDÉRIC BAUSE, graveur au burin, au lavis &c. né à Halle en Saxe en 1738. et établi depuis 1767. à Leipzig où il jouit de toute sa réputation. Bause est une nouvelle preuve de ce que peut l'amour pour la profession qu'on a choisie, lors qu'on y joint la persévérence dans le travail. Sans maître il est parvenu dans son art à un haut degré de perfection. A l'âge de dix-huit ans il se décida pour la gravure, et dès-lors il commença à travailler pour les libraires. Dans l'intention de s'y perfectionner, il entreprit un voyage à Augsbourg, où il ne fit pas un long séjour; au bout d'un an il revint dans sa patrie et étudia avec assiduité les ouvrages des habiles graveurs. Parmi ces derniers il s'attacha préférablement aux estampes de Wille. Basan dit que Bause vint passer quelques années à Paris pour se perfectionner chez Wille. Le vrai est, que Bause n'a jamais été à Paris; mais Wille peut bien avoir contribué à son perfectionnement, lui ayant donné ses conseils par écrit. Bause a donné des preuves qu'il avoit des idées nettes de toutes les manières de graver; mais c'est particulièrement dans la gravure au burin qu'il a montré sa grande force. On ne sauroit joindre plus de fermeté à plus de pureté qu'il n'en a mis dans l'exécution de ses portraits et de ses sujets historiques. Toujours laborieux il ne cesse d'enrichir le public de ses productions. Juliane Wilhelmine Bause sa fille unique, femme de M. Loehr, Banquier à Leipzig, mérite à juste titre d'occuper une place dans cet ouvrage. Elle joint à toutes les qualités du coeur, les talens les plus décidés pour l'art du dessin, ainsi que pour celui de la musique. Elle a publié pour ses amis une suite de huit paysages, d'après Kobell, Bach, Hodges, Wagner, Sachtleben et Both, d'une exécution très-agréable, sous le titre modeste: *Versuche im Radiren:* Essais à l'eau forte. Juliane Bause 1791. aq. fort. In fol. en t.

L'Oeuvre de Bause est composé d'environ 160. pièces. En 1786. il en a paru un Catalogue dans l'ordre chronologique de leur composition, dont nous allons extraire les plus marquées.

A. *Portraits.*

1. Médaillon de Gellert d'après une miniature de Mlle. Dinglinger, avec les ornemens d'Oeser; le portrait gravé par Bause et les accessoires par Geyser. Frontispice. In 8.
2. Gottfried Winkler: *Sibi, arti, amicis.* Tischbein pinx. In 8.
3. Jean-George Wille. Halm del. In 8.
4. Charles-Christian Gärtner. In 8.
5. Jean-Friedrich Tiede. In 8.

6. Nicolas-Louis, Comte de Zinzendorf. In 8.
7. Jean-André Segner, d'après Fuger. In 4.
8. Jacques Brucker, Frontispice pour l'Histoire de la Philosophie. In 4.
9. Jean-Thomas Richter, d'après Graff. In fol.
10. Jean-Henri Küstner, d'après le même. In fol.
11. Jean-Gottlob Quandt. Id. pinx. In fol.
12. Christian-Gottlob Frege. Id. p. In fol.
13. Charles-Guillaume Muller. Id. p. In fol.
14. Henri, Prince de Prusse. Id. p. In fol.
15. Louise-Auguste, Princesse de Dannemark. Id. p. In fol.
16. Dorothée, Duchesse de Courlande. Id. p. In fol.
17. Carle Wouter Visscher, Pensionaire de la Ville d'Amsterdam. Schmidt pinx. 1787. Gr. in fol.
18. D. Rudolphus Augustus Schubartus. Adam Oeser pinx. Gr. in fol.
19. Gottfried Winkler, le pere. Ant. Graff p. A. Oeser ornav. Gr. in fol.
20. Pierre I. le Roy pinx. Paris 1717. Gr. in fol.
21. Fréderic II. Ant. Graff pinx. Gr. in fol.
22. Fréderic-Auguste, Electeur de Saxe. Id. p. Gr. in fol.

B. *Suite des Gens de lettres allemands, dont les portraits originaux, la plupart peints par Graff, se trouvent dans le Cabinet de Madame Reich à Leipzig. Petit in folio.*

23—46. 1) Christian Furchtegott Gellert. 2) G. W. Rabener. 3) Salomon Gefsner. 4) Chr. Felix Weisse. 5) G. E. Lessing. 6) Moses Mendelsohn. 7) J. George Sulzer. 8) Albrecht von Haller. 9) Carl Wilhelm Ramler.

J. F. BAUSE.

10) Christian-Louis de Hagedorn. 11) G. W. B. de Leibnitz. 12) Jean Pierre Uz. 13) Jean Winkelmann. 14) Jean-Auguste Ernesti. 15) Jean Joachim Spalding. 16) G. J. Zollikofer. 17) J. F. W. Jérusalem. 18) J. R. Forster. 19) C. M. Wieland. 20) J. J. Bodmer. 21) Ernest Platner. 22) J. Bernard Basedow. 23) S. F. N. Morus. 24) Immanuel Kant.

C. Sujets divers.

47. La bonne Ménagere, d'après G. Douw. Dédié à J. G. Wille à Paris. In 4.

48. La vieille Confidente, d'après J. Kupetzky. In 4.

49. La Reine Artémise, d'après le Guide. Gr. in fol.

50. Vénus et l'Amour, d'après Carlo Cignani. Gr. In fol.

51. Michel Ehrlich, d'après Balth. Denner, gravé en manière noire. P. in fol.

52. Les trois Apôtres, d'après Michel-Ange de Caravage. A l'eau forte. Gr. in fol. en t.

53. Damon et Musidoro, sujet tiré de l'Eté de Thomson, gravé d'après un dessin de Bach, dans le goût du bistre. Gr. in fol. en t.

54. Le Soir d'Eté, d'après Bach, dessiné par Juliane Bause, et exécuté en aquatinta en 1787. Gr. in fol. en t.

Beau Clair de Lune.

55. Le Repentir de St. Pièrre. D'après Dietrich. Imprimé dans le goût du bistre. In fol.

56. Le Sacrifice d'Abraham, d'après Oeser. Imprimé au lavis. In 4.

J. G. PRESTEL.

57. Une Tête du Christ, d'après un dessin d'Oeser, fait sur un tableau du Guide. Gr. in fol.

Pièce imprimée en brun, dont il y a des épreuves avec la draperie en verd ou en bleu.

58. La Madeleine de P. Battoni, d'après un dessin de Bach, gravure pointillée. Gr. in fol. en t.
59. Serena, buste d'une jeune personne, d'après Greuze, imprimé en points rouges. Gr. in 4.
60. Rosetta, buste d'une jeune fille tenant une corbeille de roses, d'après Netscher. P. in fol.

D'un beau burin.

61. La petite Rusée, d'après Reynolds. In fol.
62. L'Amour essayant la pointe d'un trait qu'il vient d'aigniser. Peint en pastel par Mengs, dessiné par Seidelmann, et gravé au burin par Bause, pour le troisième Volume de la Galerie de Dresde. P. in fol.

I. JEAN GOTTLIEB (THEOPHILE) PRESTEL, peintre, dessinateur, graveur à la pointe, au burin, au lavis &c. né à Grunebach dans l'Etat de Kempten en Suabe en 1739. Membre de l'Académie des Beaux-Arts de Dusseldorf. Prestel apprit les principes de son art de deux peintres à Fresque de Reuten en Tyrol, de Jacques et de François Zeiler. A l'âge de vingt ans il passa à Venise où il eut l'avantage de jouir de l'amitié et des conseils de Joseph Wagner et de Joseph Nogari. Celui-ci le prit en affection, parce qu'il le trouva un jour dans une église, copiant un de ses tableaux d'autel. Admis dans sa familarité, il lui donnoit tous ses soins. Non content de ces marques de distinction il voulut fixer le jeune artiste à Venise, et lui proposa en mariage une jeune cousine qu'il avoit élevée et qui devoit être son héritière. Prestel refusa ce parti, et Nogari en colere le chassa de chez lui avec ces mots d'indignation: *Ingrato Tedesco!* — — De Venise il fut à Rome où il s'arrêta quelques années, occupé à étudier l'art antique et moderne, sans négliger de voir les artistes, tels que Pompée Battoni, Augustin Rosa et Joseph Bottani. En 1766. il vit Florence et Bologne, puis il retourna à Venise qui fut le terme de ses courses en Italie. Il se rendit d'abord à Augsbourg, ensuite à Nuremberg, où il résolut de se fixer. Il y peignit avec succès à l'huile et en pastel, en donnant aussi des leçons dans la peinture et dans le dessin. Parmi ses éleves, il se trouva une jeune personne très-intéressante, Marie-Catherine Hoell; il conçut de l'amour pour elle et l'ayant demandé en mariage, il en fit sa femme. Cette personne, qui auroit fait le bonheur d'un homme moins singulier que Prestel, eut a essuyer bien des chagrins qu'elle supporta longtems avec constance. Au bout de quelque tems, le mari alla faire un voyage en Suisse et passa six mois à Zurich presque toujours chez Lavater, qui l'avoit mis en vogue et qui lui faisoit gagner beaucoup d'argent à peindre le portrait. Mais l'inconstance de son caractere lui fit abandonner ce genre de peinture au moment qu'il y réussissoit le plus. Il a souvent regretté depuis de n'avoir pas suivi les conseils de Lavater, avouant que le tems qu'il a passé chez cet homme de mérite, étoit le tems le plus heureux de sa vie. — De retour à Nuremberg il quitta entierement le pinceau pour prendre le burin. Sa première manière, qui n'offroit que les contours sans ombres, ne fut pas du goût des amateurs; il l'abandonna pour en prendre une plus généralement goûtée. Il faut rendre cette justice à Prestel; il est aussi industrieux qu'entreprenant. Grand dessinateur il se mit à graver à l'eau forte et y ajouta la manière du crayon. Il combina les différentes manières de graver et exécuta enfin dans celle du lavis ces belles planches qui rendent si parfaitement les dessins finis et qui surpassent tout ce qu'on a fait de mieux dans ce genre, et en France et en Angleterre. Pour prouver ce qu'on avance ici, il suffira de citer les quatre morceaux suivans, auxquels Madame Prestel a eu grande part: La Forêt de

Schütz, le Pont de Dietrich, le Matin de H. Roos, le Temple du Soleil à Palmire de Moretti. Malheureusement la position du lieu et l'humeur récalcitrante de l'artiste, ne furent pas favorable au débit, et Prestel, malgré ses talens, se trouva dans l'embarras. Pour en sortir il changea de séjour et, quittant Nuremberg, vint s'établir avec toute sa famille à Francfort sur le Mein, où il continua ses travaux sous des auspices un peu plus favorables.

A. *Voici les principales pièces de Prestel, gravées dans ses différentes manières.*

1. Jean Theophile Prestel, assis à son chevalet, peint par lui même et gravé à l'eau forte pointillée. In fol. Pour la Physionomique de Lavater.
2. Sainte Famille, d'après Alb. Durer 1519. à l'eau forte. In fol.
3. Descente de Croix, d'après un dessin de Raphael, gravé en clair-obscur. In fol. Hugo de Carpi a gravé la même pièce.
4. Une Mere de douleur: la Vierge avec le Corps de Jésus, d'après van Dyck, gravé dans le goût du crayon. In fol.

L'Original se voit à l'Eglise de St. Gille à Nuremberg et passe pour le plus beau tableau de cette ville.

5. Une femme dans un forêt, ou plutôt Ste. Thérese, d'après F. X. Wiser. Dans le goût du lavis. In fol.

J. G. PRESTEL

6. St. Pierre consacrant prêtre le Diacre de St. Etienne, d'après un maître italien. Dans le goût coloré. In fol. en t.

B. *Les pièces suivantes, exécutées dans la grande manière du dessin coloré, ou au bistre, sont gravées par les deux époux, dont quelques unes portent le nom de la femme.*

7. Vue du Strahlenberger-Hof, près du Village d'Oberrode aux environs de Francfort sur le Mein. D'après Ch. G. Schutz. 1784.

8. Le Pont, d'après un beau Paysage de Dietrich. Gr. in fol. en t.

9. Paysages avec du bétail, intitulé le Matin, d'après Henri Roos. Gr. in fol. en t.

10—13. Quatre Vues du Château de Heidelberg en comptant une vue à vol d'oiseau de la ville, sans le noms des artistes. Chez Schlicht à Mannheim. In fol. en t.

14. Tempio del Pace, d'après du Cros. Gr. in fol. en trav.

15. Les Ruines du Temple du Soleil à Palmire d'après Moretti. Tr. gr. pièce en t.

16. Le Grand Bain Romain dans la Pouille, englouti par le dernier tremblement de terre, d'après le même. T. Gr. p. en t.

17. La Femme adultere, d'après Pietro di Cortona, tableau de la Gal. de Dusseldorf. Gr. in fol.

18. Paysages avec un grand rocher, d'après Wagner. Gr. in fol.

19. Le Midi, Vue d'une forêt, avec des bergeries, d'après Ruisdael, du Cab. du Comte de Stadian à Mayence. T. gr. p. en t.

20. Le Soir, Paysage montagneux, avec des bergeries au pied d'une hauteur et un moulin à-vent sur la crête. Id. pinx. Ibid. T. gr. p. en t.
21. Vue du Rhin près de Bâle. Fr. Schütz pinx. Gr. in fol. en t.
22. Vue d'Untersee dans le Canton de Berne. Fr. Schütz pinx. Gr. in fol. en t.
23. Grand Paysage montagneux, offrant une Cascade en Westphalie, peint par Ald. van Everdingen.

C. *Ouvrages entiers.*

1) *Dessins des meilleurs Peintres d'Italie, d'Allemagne et des Pays-Bas du Cabinet de Paul Braun à Nuremberg, gravés d'après les originaux de même grandeur, par Jean Théophile Prestel, Peintre et Membre de l'Académie des Beaux-Arts de Dusseldorf. 1780.*

Cette Collection est en grand in fol. et renferme 48. feuilles, en y comptant la Dédicace à l'Electeur Palatin-Bavière.

2) *Dessins des meilleurs Peintres des Pays-Bas, d'Allemagne et d'Italie, du Cabinet de Gerard Joachim Schmidt à Hambourg, gravés d'après les Originaux de même grandeur. Par le même. 1779.*

Cette suite, composée de 30. feuilles grand in folio, renferme des pièces intéressantes de quelques autres cabinets, entres autres celles du Cabinet du Prince de Lignes à Bruxelles.

3) *Dessins des meilleurs Peintres d'Italie, d'Allemagne et des Pays-Bas, tirés de divers célèbres Cabinets. Gravés d'après les Originaux de même grandeur, par le même. 1782.*

Ces Recueils divers n'ont pas eu le succès qu'ils méritoient d'avoir par les pièces intéressantes qu'ils renferment, un peu par la faute de Graveur qui n'a pas toujours été assez délicat sur le choix de ses sujets. Cette fausse spéculation entre assez souvent dans les vues des artistes, de compter plus sur la quantité que sur la qualité: ils ne songent pas, que dans ce cas-là le médiocre nuit toujours au bon.

II. Marie-Catherine Hoell, femme de Jean-Théophile Prestel, peintresse et graveuse à la pointe et au lavis, naquit à Nuremberg en 1747. et mourut à Londres en 1794. Nous avons vu dans l'article précedent comment Catherine devint d'abord l'éleve, puis la femme de Prestel. Douée par la nature de ce tact fin pour l'art, elle y avoit fait des progrès rapides, et s'étoit mise en état de seconder efficacement son mari dans ses entreprises de différens cabinets, qu'il publia successivement. Prestel trouvoit dans sa femme non seulement une excellente aide dans ses travaux, mais aussi une personne très-entendue dans ses affaires domestiques. Elle a quitté sa patrie pour suivre son mari à Francfort, où elle a travaillé avec la même assiduité. Tous ceux qui l'ont connue, ont admiré sa constance dans le malheur et sa persévérence dans le travail; à l'exception de son mari qu'on accuse de ne l'avoir jamais payé que d'indifférence. A la fin, forcée par les circonstances, elle a quitté en 1786. l'Allemagne sa patrie, pour se réfugier en Angleterre, la patrie des arts de nos jours. Etablie à Londres elle jouit de la satisfaction de voir ses ouvrages goûtés par une nation éclairée. Pendant son séjour en cette capitale, elle a publié un vingtaine de planches, dont les épreuves sont aujourd'hui recherchées dans toute l'Europe. Elle a partagé ses enfans avec son mari, et elle a fait venir les deux plus jeunes à Londres, où elle partagea son tems entre les devoirs de mere et les travaux d'artiste. Enfin cette femme avantagée des vertus de son sexe, et des talens de l'art, ne fut pas heureuse avec tant de droits de l'être, et mourut l'année passée à Londres à la fleur de son âge.

Estampes au lavis, que Catherine Prestel à publiées à Londres.

1. Cérès, piece en ovale, d'après Cipriani. In 4.
2—5. Quatre Paysages Indiens pour le troisième Voyage de Cook, d'après les dessins de Webber, Artiste Suisse qui avoit accompagné Cook dans son dernier voyage. In 4.
6. 7. Deux autres Paysages, avec des Scenes barbares

relatives à la Traite des Négres, d'après le même. In 4.

8. 9. Deux pièces de Chevaux, d'après Casanova. In 4.

10. 11. Deux autres pièces de Chevaux, d'après Wouverman. Gr. in 8.

12—15. Quatre Vues de diverses contrées d'Angleterre. In fol. en t.

16. Vue d'une Mine d'étain, d'après Loutherbourg. Gr. in fol. en t.

17. Hobimas, Village, d'après Hobema. Gr. in fol. en t.

18. Evening with de Repose of Cattle. Rosa de Tivoli pinx. Mary Catherine Prestel sc. Tr. gr. in fol. en t.

19. 20. Deux Vues agrestes, dont l'une, ornée de Ruines gothiques, se distingue singulièrement, d'après Gainsborough. Gr. in fol. en t.

MATTHIEU PFENNINGER, dessinateur et graveur, né à Zurich en 1739. où il continue, de publier des vues intéressantes de la Suisse. Après avoir appris les élémens du dessin et de la gravure dans sa patrie, il se rendit en 1757. à Augsbourg et se mit sous la conduite du graveur Emanuel Eichel. De-là il alla à Paris et se lia avec Ch. de Méchel. Il fit aussi connoissance avec Loutherbourg, qui commençoit d'avoir de la réputation, et grava quelques planches d'après ses dessins. De retour en Suisse il entra en liaison avec Aberli et grava à l'eau forte différens morceaux de ses premières livraisons. Il a eu aussi grande part aux Vues de la Suisse de Wolf, publiées d'abord par Wagner et continuées ensuite à Paris. Pfenninger employa plusieurs années à parcourir en artiste les contrées les plus remarquables de la Suisse, à en dessiner les Vues les plus intéressantes, et à les publier successivement dans le goût coloré d'Aberli.

1. Cataracte du Rhin de Schafhaufs. In 4.
2. Chute d'eau de Balstal, Canton de Soleure. Gr. in fol.
3. Passage et ouverture du Hauenstein, même Canton. Gr. in fol.
4. Vue du Château de Baden. Gr. in fol. en t.
5. Vue du Château de Regensperg. Gr. in fol. en t.
6. Vue du Château de Kybourg. In fol. en t.
7. Vue du Château de Greiffensée. In fol. en t.
8. Vue de la Ville de St. Gal. Gr. in fol. en t.
9. Vue de la Ville de Constance. Gr. in fol. en t.
10. Vue de Rapperschweil. Gr. in fol. en t.
11. Vue de Stans-Staad, près du Lac de Lucerne. In fol. en t.
12. Vue d'une partie du même Lac. In fol. en t.
13. Les bon Vivans du Canton de Berne. P. in fol.
14. Portrait de Schottenseps de Geis à Appenzell. P. in fol.
15. Portrait de Kleinjogg, ou le Socrate rustique H. Wuest pinx. Gr. in fol.
16. Glacier de Rheinwald, au Pays des Grisons. Gr. in fol. en t.
17. Le Tombeau de Virgile, près de Naples. Brandoin pinx. Gr. in fol. en t.

18. L'Arc de Marc-Aurele à Rome. Id. pinx. Gr. in fol. en t.

BENOIT ALPHONSE NIKOLET, ou NICOLET, graveur à la pointe et au burin, né à St. Imer, village dans l'Evêché de Bâle en 1740. Malgré son penchant pour les arts du dessin qui s'étoit manifesté dès sa plus tendre jeunesse, il se vit obligé, par la volonté de son grandpere, de s'appliquer à l'écriture. Après la mort de ce grandpere, il quitta la plume pour prendre le crayon et la pointe, & se rendit à Paris, où il travailla, avec de Longueil, aux Marines de Vernet. Il a encore gravé diverses vignettes et plusieurs portraits en médaillons d'après Cochin. Nicolet à aussi travaillé aux embellissemens du superbe ouvrage de l'Abbé de St. Non: *Voyage pittoresque du Royaume de Naples*. Le trois morceaux suivans se distinguent par la beauté de l'éxécution.

1. Première Vue de la Ville de Naples, prise du Faubourg de Chiaija; dessinée par Berteaux d'après le tableau de Vernet, gravée par Nicolet. Gr. in fol. en t. No. 16.
2. Vue de l'Intérieur de l'Eglise cathédrale de St. Janvier à Naples, prise dans le moment du Miracle de la liquefaction du sang. Dessiné par Desprès, gravé à l'eau forte par Martini et Germain, terminé au burin par Nicolet. Gr. in fol. en t. No. 33.
3. Vue du Lac Averne, des restes du Temple d'Apollon

J. R. SCHELLENBERG.

lon et de l'entrée de la Grotte de la Sibylle de Cumes. Dessiné par Chastelet, gravé par Nicolet. Gr. in fol. en t. No. 49.

4. Nicolas de Monthonon. C. N. Cochin del. In 4.
5. François de Paul Jacquier, Professeur de Mathématiques à la Sapience à Rome. Id. del. 1750. In 4.
6. Thomas le Sueur, Professeur de Mathématiques à la Sapience à Rome. Id. del. 1750. In 4.
7. Noël Hallé, Peintre du Roi. Id. del. 1775. In 4.
8. Le Désastre de la Mer. Jos. Vernet pinx. Gr. in fol. en t.
9. Vue de Naples. Id. pinx. Gr. in fol. en t.
10. La Résistance, ou Susanne se défendant contre les deux vieillards. J. B. Deshais pinx. In fol. en t.
11. Milon le Crotoniate, d'après le Georgion, de la Gal. d'Orléans.
12. Sainte Apolline, d'après le Guide. Ibid.

JEAN-RODOLPHE SCHELLENBERG, peintre, dessinateur et graveur à la pointe, né à Winterthour en 1740. Fils d'un peintre de portraits, il apprit les élémens de l'art dans la maison paternelle. Son éducation fut des plus soignées et elle eut tout le succès; son goût favori étoit le dessin et les arts dont il est le fondement. Dans la jeunesse il avoit donné aussi mainte heure à l'étude de l'histoire naturelle. Ce qui l'avoit mis en liaison avec deux célèbres physiciens de Zurich, Jean Gefsner et Jean-George Sulzer qui publièrent en 1761. un ouvrage portant pour titre :

J. R. SCHELLENBERG.

Les caractères des Insectes, suivant le système de Linnée, expliqués en 24 planches. Ces planches dessinées d'après nature, gravées à la pointe et enluminées, sont toutes de Schellenberg. L'amour du travail l'emporte chez lui sur la foiblesse de sa constitution, témoin le nombre assez considérable d'ouvrages de tout genre qu'il laisse. Il a gravé plusieurs planches pour le *Livre élémentaire de Basedow* et pour les *Fragmens physionomiques de Lavater*, d'après les dessins de Chodowiecki. Schellenberg a gravé lui-même son portrait qui se trouve à la tête de sa vie, par J. C. Fuefslin, dans le troisième volume des meilleurs Artistes de la Suisse, de même qu'un grand nombre d'autres portraits et vignettes qui décorent cet ouvrage.

1. Klyogg, paysan du Canton de Zurich, connu sous le nom de Socrate rustique. In 8.
2. Henri Waser, Théologien de Zurich, exécuté en 1780. J. T. Brunschweiller del. In 8.
3. Mosès Mendelsohn. Chodowiecki del. In 8.
4. Jean-Bernard Basedow. J. R. Schellenberg fec. In 8.
5. Daniel Chodowiecki, verfertiget durch seinen Freund Schellenberg. In 8.
6. Tête de Henri Pfenninger, en profil. Schellenberg fec. G. in 4. Lavater T. II. p. 225.
7. Tête de Madame Graff, née Sulzer, en face. Ant. Graff pinx. Schellenberg sc. Gr. in 4. Lavater T. III. p. 303.

8—19. Sites pittoresques de la Suisse sous le titre: *Studien für geübtere Anfänger*. 12. feuilles in 8.
20—79. Soixante sujets de l'ancien Testament pour l'instruction des enfans, gravés à l'eau forte par J. R. Schellenberg, tant de son invention que d'après d'autres maîtres. In 4.

J. FERDINAND KOBELL, peintre et graveur à l'eau forte, né à Mannheim en 1740. et nommé Peintre de Paysage de l'Electeur Palatin-Bavière en 1795. L'imagination ardente du jeune Kobell et son goût décidé pour les arts du dessin, ne s'accordoient nullement avec les vues de son pere qui avoit résolu d'en faire un homme d'affaires. Forcé d'étudier, il prit l'auditoire académique en aversion et dessinoit en cachette le plus qu'il pouvoit. A son retour de Heidelberg son pere eut l'adresse de lui faire obtenir une place de Secrétaire à la chancellerie. Le pere charmé de voir son fils entré dans la carrière, ne fut occupé que d'étouffer entièrement en lui ce penchant pour le dessin et la peinture; pour y réussir il consulta ses bons amis qui ne trouverent rien de plus efficace que d'accabler le jeune homme sous le faix des paperasses. Il sentit tout le poids de la violence qu'on lui faisoit; mais à force de persévérance il sortit victorieux de cette lutte. Ayant trouvé occasion de s'ouvrir à un protecteur des talens, il en reçut des encouragemens. Une vue rustique qui portoit l'empreinte du sentiment et de l'esprit créateur, fut présenté à l'Electeur, qui l'agréa comme l'essai d'un génie naissant. L'artiste reçut une pension, et entra en 1762. dans la vocation que la nature lui avoit marquée. Bientôt il acquit l'estime de tous les amis de l'art et dans sa patrie et dans l'étranger. L'Electeur l'ayant fait voyager, il a passé dix-huit mois à Paris. On vante ses paysages peints pour le choix des sites et pour la fraîcheur de son coloris. Ses dessins sont nombreux et très-recherchés des connoisseurs, et cela depuis les esquisses jusques aux morceaux les plus terminés. Il a gravé d'une pointe spirituelle des sujets champêtres de petite et de moyenne grandeur. Son oeuvre est composé d'un soixantaine de pièces d'un effet très-pittoresque. Indépendamment de ses talens pour l'art Kobell se fait également estimer par son caractere, qualité qui met le sceau au mérite de l'artiste.

1—6. Six Etudes de Jeux d'Enfans d'après nature. F. Kobell 1769. aq. forti. Très-petites pièces en t.

7—10. Quatre jolis Paysages ornés de ruines, d'un clair de Lune et d'un maison rustique. F. Kobell, à Mannheim 1770. De même.

11. 12. Deux Paysages bouchés ornés de chaumières et de figures rustiques. Sans marques. P. in 4. en t.

13. 14. Deux Paysages ornés de maisons rustiques et de figures en voyage. F. Kobel f. in 4. en t.

15. 16. Deux Paysages montagneux, ornés de fabriques et de figurines. Id. fec. 1767. In 4. en t.

17. 18. Deux Paysages dont l'un avec un moulin et l'autre avec des bestiaux aux paturages. Id. 1770. P. in 4. en t.

19. 20. Deux Paysages, avec des châteaux ruinés, et des voyageurs à pied et à cheval. P. in 4. en t.

21—24. Quatre Paysages montagneux, représentant des effets de nuit. F. Kobell fec. 1772. P. in 4.

25—28. Quatre Paysages ornés de ruines et de maisons rustiques. Id. f. 1772. In 4.

29—32. Quatre Paysages, dont deux avec des sites champêtres et deux avec des vues de jardins. Id. f. in 4. en t.

33—36. Quatre Paysages ouverts, dont deux petits, et deux moyens. F. Kobell à Paris 1770.

37. Agar dans le Désert, paysage bouché. F. Kobell f. à Mannheim 1775. P. in fol.

II. GUILLAUME KOBELL, peintre et graveur au lavis, ou en aqua tinta, né à Mannheim vers 1766. et digne fils de Ferdinand. Les circonstances les plus favorables ont présidé à l'éducation de notre jeune artiste, étant né avec le génie de l'art et ayant le bonheur d'être formé par un père comme le sien. Delà on concevra facilement les progrès rapides qu'il a faits: aussi ses essais sont-ils des coups de maître. Sans appuyer sur les procédés mécaniques et sur les effets qui en sont résultés par le goût de l'artiste, le jeune Kobell a un mérite plus essentiel, c'est d'avoir rendu parfaitement le caractère de ses originaux dans toutes les parties de l'art. En considérant ses estampes d'après Berghem, Wouverman, Roos, on croit voir des originaux. Voici la liste de quelques pièces qu'il a déja publiées.

1. Paysage avec des chevaux chargés et des voyageurs sur une hauteur avancée. D'après Wilh. Romeyn. P. in fol.
2. Paysage avec du bétail et des laveuses dans un Paysage montagneux, d'après Berghem. P. in fol.
3. Paysage plus grand, avec un homme qui charge du sable sur une charette, d'après Berghem. In fol.
4. Paysage avec des chevaux et des cavaliers devant une écurie, d'après Wouvermann. In fol.
5. Paysage, orné de bestiaux et de figures, dont un homme endormi et une femme avec son enfant, d'après H. Roos. In fol.
6. Autre Paysage d'après le même, avec des bestiaux et de belles ruines au milieu de hauts arbres. In fol.
7. 8. Deux Paysages, ornés de grands arbres, avec des eaux et des lointains, l'un avec un clair de lune; d'après Kobell le Pere. In fol.
9. Paysage, où se voit sur le devant une femme avec un agneau sur le bras, à côté un boeuf couché et des moutons sous les arbres, d'après J. W. Ducq. In fol.
10. Paysage, où se voit sous un arbre une bergère qui allaite son enfant, avec une vache debout et des brebis couchées. D'après Theod. van Bergen. In fol.

Deux jolies Pastorales faisant pendans.

H. KOBELL.

11. Paysage, orné de hauts arbres et d'eaux; à gauche une femme qui conduit des bestiaux. D'après J. Both. Gr. in fol.

12. Paysage, orné de trois grands arbres, et sur le devant de diverses plantes. D'après J. Wynants. Gr. in fol.

13. Paysage, sur le devant une eau courante ombragée de hauts arbres, sur le plan du milieu un berger entouré de bestiaux et jouant de la flûte, avec une bergere reposant au pied d'un monument. D'après Adr. van de Velde. In fol.

14. Paysage, avec un Fauconier couché sous un arbre devant son cheval, et à côté de lui un jeune garçon avec des chiens. D'après K. du Jardin. In fol. en t.

III. HENRI KOBELL, peintre et graveur à l'eau forte, né à Mannheim en 1741. Les circonstances de la vie de cet artiste ne nous sont pas connues; mais comme il a marqué une de ses eaux fortes: H. Kobell junior nous présumons qu'il est frere de Ferdinand. Pendant son séjour en Angleterre il a peint de beaux effets de nuit et de superbes Marines, supérieurement bien gravés, en manière noire par Brookshaw et Watson. Il a gravé à la pointe dans le bon style des peintres les pièces suivantes:

1. Marine hollandoise, ornée de figurines, avec une jetée dans la mer et une grande église. H. Kobell junior 1768. fec. In fol. en t.

2. Paysage avec une grande Métairie sur le devant et la vûe sur la mer. Id. f. In fol. en t.
3. Le même Paysage plus chargé de travaux et orné d'un clair de lune.

Bel effet de nuit.

JEAN-ÉLÉAZAR SCHENAU, ou SCHOENAU, peintre et graveur à l'eau forte, né à Schenau près de Zittau en Lusace en 1741. Schoenau, après quelques études préliminaires faites presque sans maître, se rendit jeune à Paris, avec le germe du talent et la persévérence pour le développer. Par sa prévenance et son application il se fit des amis, parmi lesquels Jean-George Wille fut un des plus actifs. La manière de peindre qu'il choisit de préférence, fut celle que les François appellent la Peinture de Genre, alors dans sa grande vogue. Il composa un grand nombre de jolis tableaux, dont les sujets étoient empruntés de la vie privée des Parisiens, outre une quantité des portraits historiés et allégoriques de personnes de distinction. Sa manière fut assez généralement goûtée; et sa réputation reçut encore un surcroît, par les estampes qui parurent d'après ses inventions. En 1770. il fut appellé dans sa patrie avec une pension de la Cour. Le tableau qu'il fit peu de tems après son retour à Dresde, représentant la Convalescence de l'Electrice douairière, très-riche composition, est regardé comme son chef-d'œuvre. Cependant celui de la Famille de M. de Ferber peut lui être comparé. En 1774. Schoenau fut nommé Professeur de l'Académie Electorale, et à la mort de Hutin en 1777. il eut la direction de l'Académie, conjointement avec Jean Casanova, faisant à tour de rôle d'une année à l'autre la fonction de Directeur Académique. Depuis quelque tems il s'est aussi exercé dans le genre historique; mais avec moins de succès, selon les assertions de ses Critiques.

En 1774. la nouvelle Bibliothèque des Belles-Lettres et des Arts libéraux, publia un Catalogue de toutes les estampes gravées d'après Schoenau, et dès-lors le nombre se montoit à 87. morceaux *).

Lui-même a gravé, d'une pointe facile, une Suite de pièces de fantaisies, avec un Frontispice portant pour inscription: *Acheter mes petites eaux fortes à la 12aine*. 1765. à Paris chez la Veuve Duchêne. 12. feuilles, dont six de figures et six de têtes.

(* V. *Neue Bibliothek der schoenen Wissenschaften und freyen Künste: Sechzehnter Band*. S. 122.

J. V. KAUPERZ.

JEAN-VITE KAUPERZ, graveur au burin, et en manière noire, né à Grätz en Stirie 1741. Professeur de Dessin au grand Collège Impérial de sa ville natale, Membre de l'Académie Impériale à Vienne &c. Il apprit les élémens de la gravure de son pere, puis il se perfectionna chez Schmutzer. Les pièces qu'il a mises au jour ont paru à Vienne et font honneur à son talent.

A. *Au burin.*

1. Minerve tenant le portrait en miniature de l'Impératrice.
2. Marie Thérese, avec des figures allégoriques. Ant. Maulpersch pinx. Frontispice du *Codex Thérésianus*. Première pièce du graveur. In fol.
3. Médée qui rajeunit Eson par art magique. Ascanius, ou Dom. van Wynen pinx. Gr. in fol.

B. *En manière noire.*

4. Le Flûteur, dédié au Baron de Fries, d'après G. Douw. In fol.
5. Jeune garçon qui se gratte sous le bras avec une mine douloureuse, d'après J. Kupetzky. Pendant.
6. Paysan, assis sur un tonneau renversé, ayant à côté de lui un verre de bierre et fumant tranquillement sa pipe. D. Teniers pinxit. P. in fol.
7. Femme assis sur une chaise de bois et coiffée d'un bonnet de pelisse, avec une cruche de vinaigre appuyée sur le genou. J. Graf pinx. Pendant.
8. Ste. Maria Magdalena, d'après le Guide, tableau du Palais Pamphili à Rome. In 4.

G. Verhelst.

9. Artemise, d'après Anne Dorothée Therbusch; le tableau à l'Académie de Vienne. Gr. in fol. en t.
10. Venus endormie, guettée par un satyre, d'après Weifskircher. Pendant.

GILLE ou AEGIDIUS VERHELST, dessinateur et graveur au burin, né à l'Abbaye d'Etal en Bavière en 1742. Professeur de l'Académie Electorale de Dessin à Mannheim et Membre de celle de Dusseldorf. Dans le lieu de sa naissance il apprit la sculpture de son pere, et à Augsbourg il prit des leçons de gravure de son beau-frere, Rodolphe Staerkel. Après un séjour de dix-huit mois à Stouttgard, il revint à Augsbourg où il grava le portrait de feu l'Electeur de Bavière et celui de l'Electrice Douairière. Ces portraits lui valurent le titre de Graveur de la Cour de Munich. En 1765. il se rendit à Mannheim avec le même titre et celui de Professeur de l'Académie de Dessin. Peu de tems après il fit un voyage à Paris pour se perfectionner encore sous la direction de Jean-George Wille. A son retour à Mannheim, il a beaucoup contribué, par son zèle pour les progrès des arts, à les mettre en vigueur dans cette ville. Ses petits portraits sont gravés d'un burin ferme et délicat; mais il réussit également dans les autres genres de gravure.

G. VERHELST.

1. A. W. Ifland. Aeg. Verhelst inv. Médaillon dans une bordure ornée. P. in 12.
2. Melchior Adam Weickard. Aeg. Verhelst, Graveur de la Cour Palatine. In 8.
3. Ulrich von Hutten. *Ich habs gewagt.* Au bas la figure de la Liberté. *Libertas.* Id. fec. In 8.
4. Franz von Sickingen. Id. fec. 1778. In 8.
5. Axel Oxenstierna. *Rebus angustis animosus atque fortis appare.* Horat. Id. fec. In 8.
6. Carl Theodor, Freyherr von Dalberg. *Ingenium Coeleste suis reloesus annis surgit.* Ovid. In 8.
7. Gerlach Adolph von Munchhausen. *Quicquid in eo amavimus.* Tacit. Ziesenis pinx. 1760. In 8.
8. Joh. Daniel Schoepflinus, Regius Franciae Historiographus. Dessiné et gravé à Mannheim par E. Verhelst. In 8.
9. Charles Théodore Electeur Palatin-Bavière, en habit militaire, avec de beaux accessoires. Ovale in fol. 1790.
10. Elisabeth-Auguste, Electrice Palatine, avec des ornemens de bon goût et une exécution ingénieuse. Pendant.
11. Allégorie sur la retraite de Maximilien-Joseph Comte Palatin du Rhin. In fol.

Sujet historié, d'une noble invention.

12. Portrait de l'Electeur de Trèves, avec une Allégorie sur le Château neuf de Coblence. In 4.
13. 14. Deux belles têtes qui caractérisent l'Innocence et la Naïveté. G. Verhelst fec. à Mannheim. In 8. Lavater. T. IV. p. 397.
15—19. Cinq belles gravures servant d'ornement à la traduction de la Jérusalem delivrée du Tasse par Heinsius. 1) Le Tasse en frontispice. 2) Sophro-

nié. 3) Godfroi de Bouillon. 4) Renaud. 5) Tancrede. Les quatre dernières pièces servent de vignettes.

20. Fréderic Matthisson. In 8.

MARIE-ANGELIQUE KAUFFMANN, peintresse et graveuse à l'eau forte, née à Coire dans le Pays des Grisons en 1742. et vivant à Rome en 1795. Son pere, Joseph Kauffmann, natif de Bregentz sur le lac de Constance et peintre de portrait, lui enseigna la peinture et la musique. Dans sa première jeunesse elle pratiquoit plus ce dernier art que le premier; elle se faisoit entendre des voyageurs distingués, qui passoient par Coire; elle chantoit et s'accompagnoit de son clavecin. Angélique accompagna son pere à Constance. De là elle passa avec lui en Italie, et s'arrêta d'abord à Milan, où elle fit des études sérieuses de la peinture, aidée par les contributions généreuses de quelques amateurs allemans qui l'avoient connue dans sa ville natale. Là elle copia une infinité d'ouvrages d'après les plus grands maîtres d'Italie. De Milan elle se rendit à Naples en 1763. puis elle vint à Rome, où elle fit connoissance avec le célèbre Winkelmann. Voici comme celui-ci s'exprime, dans une lettre à son ami Franck, écrite en 1764. »Je viens

„ d'être peint pour un étranger, par une jeune
„ personne d'un rare merite. Elle est très-forte
„ dans les portraits à l'huile ; le mien est en
„ demi - figure assise et elle l'a gravé à l'eau
„ forte pour m'en faire un cadeau. La person-
„ ne dont je parle est native de Suisse. Son
„ pere qui est aussi peintre l'a amenée jeune en
„ Italie, ce qui fait qu'elle parle aussi bien
„ italien qu'allemand. Pour l'allemand elle le
„ parle comme si elle étoit née en Saxe. Elle
„ s'exprime également bien en françois et en
„ anglois ; ce qui fait qu'elle peint tous les An-
„ glois qui viennent à Rome. Elle chante
„ de façon qu'elle peut se mesurer avec nos
„ meilleurs virtuoses. Son nom est Angéli-
„ que Kauffmann„.

En 1765. elle passa en Angleterre, déjà
précédée par une réputation méritée. Sa manière, libre de toute afféterie, plut beaucoup
aux Anglois, de sorte qu'en 1769. elle fut
reçue Membre à l'Académie de Peinture à Londres et jouit de toutes les considérations que
méritoient ses talens. Angélique, avec un
coeur comme le sien, ne pouvoit manquer de
former un engagement ; par malheur elle se
méprit dans son choix et se prépara par-là de
cuisans regrets. Voici le caractere que nous
en a tracé Sturz, un de nos écrivains, mort
trop tôt pour les lettres allemandes :

„Dans sa figure et dans ses tableaux, dans ses discours et dans ses actions, il ne règne constamment qu'un ton: une douce dignité virginale. Elle peut avoir vingt-sept ans, et sans être une beauté accomplie, elle est intéressante dans sa forme et dans toute sa préstance. Le caractere de sa physionomie est du genre de ceux qu'a peint le Dominiquin, qui avoit atteint Raphael: noble, timide, expressif, intéressant. On ne l'observe jamais d'un oeil fugitif, toujours elle captive le regard de l'observateur, et il est des momens où elle fait de plus profondes impressions. Lorsqu' assise à son Harmonica, elle chante le Stabat de Pergolesi, et leve religieusement ses grands yeux langoureux, *pietosi a riguardar, a muover parthi*, et qu'elle suit d'un regard fixe l'expression touchante du chant, elle devient l'image animée de Sainte Cécile. Avec tant de talens, mon ami, quel droit d'être heureuse! — Angélique ne l'est pas présentement. Sa mélancolie visible est le fruit d'un amour mal conçu, qui s'est terminé par un mariage malheureux, et aujourd'hui par une séparation absolue. Toutes les jouissances de la gloire et de la vie, se trouvent empoisonnées par les souffrances du coeur,,.

M. Ang. Kauffmann.

En 1782. Angélique est retourné à Rome, où elle a formé un second engagement avec Joseph Zucchi, et où elle travaille toujours avec le même succès. A son premier voyage à Rome elle avoit commencé à peindre l'histoire. Ses figures de moyenne grandeur, sont sveltes et gracieuses; ses compositions, toutes poëtiques, sont ingénieuses, et ses expressions sont pour la plupart heureuses et spirituelles. Son coloris est harmonieux et moëlleux; il est dans la meilleure manière moderne des Italiens. Depuis quelque tems elle a donné plus de force à son coloris, en étudiant les Maîtres Vénitiens. Elle entend l'antique, elle a cherché et trouvé la beauté grecque dans les figures de femmes; mais dans les figures d'hommes elle dévoile son sexe. Hector, dans ses Adieux d'Andromaque, n'est plus un héros d'Homere, c'est une fille déguisée.

Angélique a gravé aussi en différens tems diverses pièces à l'eau forte dans une manière facile et spirituelle. La plupart de ces pièces ont été réimprimées à Londres par Boydell au bistre avec de nouvelles dates. L'oeuvre de cette femme habile est considérable, et les plus habiles graveurs de l'Europe ont exercé leurs instrumens sur ses productions, comme W. W. Ryland, V. Green, Th. Burke, James

Watson, F. Bartolozzi, G. Scorodoo-
moff, W. Dickinson, Jonath: Spilbury,
Les Facius, P. Dawe, H. Sintzenich,
J. M. Delattre, Ch. Taylor, J. F. Martin, J. Hogg, J. K. Sherwin, D. Fen-
kins, F. Lorieux, R. Wilkinson, R. Mar-
cuard, T. Watts, T. Rider, P. W. Tom-
kins, Pastorini, J. B. Michel, J. Ogbor-
ne, M. Picot, W. Elliot, J. R. Smith.

Eaux fortes d'Angélique Kauffmann.

1. Angelica Kauffmann, ex Academia Regali Artium Londini. Joshua Raynold pinx. F. Bartolozzi sc. en points noirs. J. Boydell exc. 1780. Gr. in 4.
2. Jean Winkelmann, demi-figure assise. Ang. K. fec. 1764. P. in fol.
3. Mariage de Ste. Catherine, à mi-corps, d'après le Correge. M. A. Kauffmann incid. in 4. en t.
4. La Vierge et l'Enfant Jésus. Id. fec. 1776. P. in 4.
5. Jeune Femme à mi-corps occupée à lire. Id. fec. Lond. 1770. In 4.
6. Jeune Homme à mi-corps, assis, la tête appuyée sur sa main et en méditation. A. K. f. In 8.
7. Buste d'un Vieillard à grande barbe, un bâton à la main. M. A. Kauffmann fec. 1762. Pièce avec de la manière noire, in 8.
8. Buste d'un Vieillard lisant. M. A. K. f. à Ischia 1763. J. Boydell exc. 1781. In 8.
9. Buste d'un Homme en négligé, un crayon à la main et livré à la réflexion. Id. f. Ischia 1763. Boydell exc. 1781. In 8.

10. Jeune Fille debout à mi-corps occupée à une lecture. Id. fec. 1767. J. Boydell exc. 1781. In 8.
11. Deux Philosophes, un grand livre ouvert devant eux, discutant une matière. Id. f. In 8.
12. L'Espérance à mi-corps, appuyée sur un ancre. Dédié à l'Académie de St. Luc. Ang. Kauffmann inv. dipinx. et incid. in Rom. 1763. J. Boydell exc. In 4.
13. Jeune Personne embrassant une Urne, monument à la Mémoire de la Fille du Général Stanwick qui périt à son trajet d'Irlande. Avec huit vers anglois. Ang. Kauffmann fec. London 1767. J. Boydell exc. 1781. In 4.

La même pièce se trouve gravée par Ryland en points.

14. L'Allegro, sujet emprunté de Milton. Id. f. 1779. exécuté au bistre. P. in fol.
15. La Penserosa. De même. Pendant.
16. Uranie. *Urania Cœli motus scrutatur, et astra.* Id. pinx. Joseph Zucchi sc. 1776. P. in fol.
17. La Simplicité. *Estote. — simplices sunt Columbae.* Ead. Id. 1776.
18. Calypso. Calling heaven and earth to witness her sincere affection to Ulisses. A. Kauffmann pinx. Joseph Zucchi sc. 1781. J. Boydell. exc. In fol.

CHRISTIAN GOTTLIEB GEYSER, graveur à la pointe et au burin, né à Goerlitz en Lusace en 1742. Membre de l'Académie Electorale des arts de Dresde et de Leipzig, où il est établi depuis 1768. Geyser étoit venu faire ses études dans le Droit à l'Université, mais le goût des arts prévalut bientôt chez lui sur celui des sciences. Comme l'amour du dessin avoit été la passion de son enfance, il profita avec ardeur des leçons de la nouvelle Académie, érigée en cette ville sous la direction de Fréderic-Adam Oeser. Après les succès de ses premiers essais, il quitta entièrement l'étude des sciences juridiques pour suivre assiduement celles des arts libéraux. Geyser fut un des premiers élèves d'Oeser, et devint ensuite son gendre, digne à tous égards d'avoir un tel maître et un tel beau-pere. On admire en lui l'intelligence avec laquelle il traite l'eau forte, dont il sait tirer le plus grand parti. Il fut aussi un des premiers graveurs à Leipzig qui répandit un meilleur goût dans les ornemens typographiques. C'est d'ailleurs un des artistes les plus laborieux: déja le nombre des portraits, des vignettes, et des sujets divers passe celui de 2000. Actuellement il est occupé à graver les ornemens pour une superbe édition de Virgile que donne le célèbre Heyne de Goettingue d'après les dessins de Jean-Dominique Fiorillo, artiste déja avantageusement connu. Ces ornemens, toujours analogues aux sujets, seront composés de cent cinquante pièces. De plus Geyser, cédant aux sollicitations des amis de l'art, prend l'engagement avec le public de graver et de mettre au jour la belle et ingénieuse composition allégorique de son beau-pere, peinte sur la toile de la Salle du Spectacle de cette ville, peinture qui commence à menacer ruine par son usage fréquent et le peu de soins des entrepreneurs. L'estampe sera exécuté dans un format raisonnable; et on à lieu de s'attendre, que le graveur se montrera le digne fils du peintre et que l'ouvrage sera fait *con amore*. — Nous ne devons pas oublier qu'il a presqu'achevé de graver un beau paysage de Berghem, destiné pour le troisième Volume de la Galerie de Dresde.

Frédéric-Auguste Geyser, fils de Christian Gottlieb, marche sur les traces de son pere, et s'applique à la gravure à l'eau forte et au lavis, manière dans laquelle il a déja donné d'heureux essais. —

A. *Portraits*.

1. Joh. Mich. Boeck, Geyser fecit. in 16.
2. C. Eckhof. Id. fec. in 16.
3. C. Mastalier. Id. fec. in 12.
4. C. M. Wieland. Fuger pinx. in 12.
5. Daniel Chodowiecki. Zingg del. in 8.
6. Matthias Donner. P. Troger del. in 8.
7. Christian Seybold. Se ipse pinx. in 8.
8. Ant. Raphael Mengs. Se ipse del. in 8.

Ch. G. Geyser

9. Aléxandre Thiele. Friedler pinx. in 8.
10. J. G. Zimmermann. J. H. Schroeder p. in 8.
11. Christ. Gottl. Heyne. J. H. Tischbein pinx. in 8.
12. Michel Huber. Graff pinx. in 8.
13. P. D. Lippert. Id. pinx. in 8.
14. C. E. Gellert, Capitaine des Mines. Id. pinx. in 8.
15. Ch. F. Gellert, Professeur, portrait historié, à la tête de ses œuvres. Dinglingerinn pinx. Oeser, ornav. in 8.
16. Fr. Gottl. Klopstock. Juel pinx. in 4.
17. J. A. Hiller. Fuger del. in 4.
18. Johann Daniel Donat. Oeser del. in 4.

B. *Sujets divers.*

19. Le Bagage d'après Ph. Wouverman, in 4. en t.
20. Sara amenant Agar à Abraham. S. de Bray p. Du Cab. de Winkler, in fol.
21. Les Enfans de Netscher. Netscher p. Du Cab. de Richter. In fol.
22. Le Bain des Nymphes, Paysage, d'après Fr. Moucheron. In fol.
23. La Fête de la St. Jean. D'après N. Knupfer, in 4.
24. Agar renvoyé par Abraham. Dietrich pinx. In fol.
25. Paysage, portant pour titre: Le Lever du Soleil. D'après Pynacker. In fol.
26. Marine, portant pour titre: Le Clair de Lune. D'après le même. In fol.
27. La Fontaine sur le chemin, paysage d'après Ferg. Du Cab. de Winkler. In fol.
28. Le Repos à la Fontaine, paysage d'après le même. Ibid. In fol.

29. L'Amour vendu, paysage héroïque, d'après le dessin d'Oeser, sujet tiré du Grec de Méléagre. In fol. en t.

30. Statue équestre du Czar Pierre le Grand, érigée à St. Peterspourg par l'Impératrice Catherine II. fondue par Falconet, dessinée par Muller et gravée par Geyser. Gr. in fol. en t.

31. L'Esplanade devant la Porte de St. Pierre à Leipzig avec la Statue pédestre en marbre de l'Electeur Frédéric-Auguste, par Oeser. Reinhardt del. In fol. en t.

32—37. Décorations de Jardins, six feuilles dont deux pavillons avec leurs coupes; et quatre monumens à ériger à Gessner, à Haller et aux deux Hagedorn, pour la Théorie des Jardins de Hirschfeld. Schnrich inv. In 4.

38—49. Douze feuilles de Vignettes, servant d'ornement au Roman des Voyages de Sophie. D. Chodowiecki del. In 8.

50—61. Douze sujets d'Almanach, représentant des traits frappans de l'histoire moderne d'Europe. D. Chodowiecki del. In 16.

62—73. Douze sujets d'Almanach tirés du Poëme d'Oberon de Wieland. Id. del. In 16.

ANDRE-LOUIS KRUGER, peintre, dessinateur et graveur, né à Potsdam en 1743. Neveu d'André Kruger, habile architecte, il devoit apprendre l'architecture; mais comme il montroit plus de goût pour la peinture, il en étudia les principes sous B. Rode. Les pièces suivantes sont de la Galerie de Sans-

Souci, dessinées et gravées par lui à l'eau forte en in fol. ordinaire.

1. Le Portrait de Rembrandt. D'après Rembrandt.
2. Un Patriarche, demi-figure, d'après le même.
3. Moïse, demi-figure. D'après le même.
4. Marie-Madeleine, demi-figure, d'après A. van Dyck.
5. La Bénédiction d'Isaac, d'après Jean Livens.
6. Agar congédiée par Abraham, d'après G. Flinck.
7. Tête d'une vieille Femme, d'après G. Douw.
8. Un Hermite, d'après le même.
9. Plusieurs sujets pour la Physionomique de Lavater. In 4.
10—13. Quatre Vues des environs de Potsdam, d'après J. F. Meyer. Gr. in fol. en t.
14—19. Six Vues de Potsdam, d'après les dessins du même. Gr. in fol. en t.
20, 21. Deux petites Vues de Potsdam, de l'intérieur de la Ville et de Sans-Souci. In 4. en t.

DANIEL BERGER, dessinateur, graveur à la pointe, au burin et aux points, né à Berlin en 1744. où il remplit depuis 1787. la place de Recteur et de Professeur de la gravure à l'Académie de cette ville. Son pere, Frédéric Gottlieb Berger, qui est aussi graveur et de qui on a quelques portraits, s'est principalement occupé à graver des Plans et des Cartes géographiques. Berger le pere, ne trouvant pas sa profession fort lucrative, destinoit son fils au commerce, mais par le conseil d'un ami il changea de résolution, et lui enseigna les premiers élémens dans la gravure. En même tems le jeune Berger fut fort assidu aux leçons de dessin à l'Académie sous la direction de B. N. le Sueur. A l'âge de vingt ans il jouit pendant six mois des instructions de George Frédéric Schmidt. Obligé dès-lors à travailler pour sa subsistance, il entreprit différens petits ouvrages et fut en grande partie aux gages des libraires, ce qui retarda ses progrès dans une plus grande manière. Dans la suite il a beaucoup travaillé d'après Chodowiecki pour les Almanacs de Berlin et de Lauenbourg. Berger, dans ses nombreuses productions, s'est accoutumé à une manière légère et expéditive, qui a son agrément. Cet artiste, non content de graver à la pointe et au burin, a mis au jour plusieurs estampes dans la manière pointillée des Anglois et a été le premier à Berlin qui en a tiré des épreuves en couleur. Le nombre des pièces gravées par Berger va dans les milliers. On peut s'en former une idée par le Catalogue de son Oeuvre composé de plus de 800. Numeros, dont la plupart sont de plusieurs feuilles, surtout les Almanacs, toujours de douze sujets.

A. Portraits.

1. Buste de Daniel Berger, né le 25. Octob. 1744. Frédéric Berger fec. Ovale en points. In 8.

D. BERGER.

1. Susanne Mécour, née Preisler. Rosenberg del. 1782. In 8.
3. Sophia Niklas. D. Berger del. et sc. 1779. pointillé. In 8.
4. Moses Mendelssohn, en buste et on de profil. Sahler del. In 8.
5. Lavater, vu de profil dans une bordure en ovale, d'un côté une chenille, de l'autre un papillon. Schellenberg del. In 8.
6. Ewald-Fréderic de Herzberg, Ministre du Roi de Prusse &c. Bardon pinx. In 4.
7. Jean-François Réclam, Jouaillier de la Cour. Médaillon en rond. Fréderic Reclam del. P. in fol.
8. Bernard Rode, Médaillon en rond. Id. del. Pet. in fol.
9. Fréderic-Guillaume, Prince de Prusse, en buste. Id. del. P. in fol.
10. Fréderice de Darmstadt, Princesse de Prusse. Id. del. Pendant.
11. Fréderic-Guillaume de Seydlitz, Général de la Cavalerie Prussienne. Statue érigée par ordre du Roi et exécutée en marbre par Tassaerd 1781. Dessiné par J. C. Frisch, et dédiée à toute la Cavalerie Prussienne par D. Berger. Gr. in fol.
12. Fréderic-Hermann-Louis Muzell, Conseiller privé et premier Médecin de Fréderic II. Roi de Prusse. A. Graff pinx. 1773. In fol.
13. Monument érigé à Berlin à la mémoire de Muzell, sculpté par Moser, et exécuté aux frais du Prince Ferdinand de Prusse. In fol.
14. Madame la Marquise de Sabran, portrait tiré du Cabinet du Prince Henri de Prusse, peint par L. E. Vigée le Brun, et se vend chez D. Berger. In fol.

D. BERGER.

15. Catherine II. Impératrice de Russie, et sa Famille, Anting ad vitam del. Gr. in fol. en t.

B. *Sujets historiques.*

16. David assis, la couronne sur la tête, devant lui la femme de Thécoa à genoux, et à côté d'elle un homme dans son armure. D'après le Sueur. D. Berger Filius fecit Berol. 1764. In 4. en t.

17. David assis sur son trône, les yeux baissés, et Nathan debout devant lui. Id. del. Pendant du morceau précédent.

18. Buste d'un homme de moyen âge portant des moustaches et une chaîne d'or avec un médaillon, Gerbrand van den Eckhout pinx. Gr. in 4.

19. La Vierge avec l'Enfant Jésus. De la Gal. de Sans Souci. Ant. Allegri, dit le Correge pinx. In fol.

20. Humilité religieuse manquée, figure de la Vierge Marie, d'après Raphael, dessinée par Chodowiecki. Inséré dans la Physionomique de Lavater 1778. Gr. in 4.

21. Servius Tullius. D'après un tableau d'Angélique Kauffmann. Les figures dans la manière pointillée des Anglois. Gr. in fol. en t.

22. Confédération des Princes allemans, *Deutscher Fürstenbund.* Sujet modelé à la Manufacture de Porcelaine à Berlin. In fol. en t.

23. Monument de Frédéric le Grand, grouppe modelé à la Manufacture de Porcelaine à Berlin. Gr. in 4.

24. Le même Grouppe, vu de l'autre côté. On lit au bas sur un cartouche: *Suum cuique.* M. D. CCLXXXV. Gr. in 4.

25. Le Major de Kleist, étendu sur le champ de Bataille de Kunersdorf, le 12. Aug. 1759. et assisté par

des Housards. D. Chodowiecki del. F. Berger fec. 1789. Gr. in fol. en t. pointillée en noir.

16. La Mort de Schwerin tué à la Bataille de Prague le 6. Mai 1757. Peint par J. C. Frisch 1787. Gravé au burin par Daniel Berger. Gr. in fol. en t. Pièce capitale du peintre et du graveur.

I. CHARLES GUTTENBERG, dessinateur et graveur à la pointe et au burin, né à Nuremberg en 1744. Il vint jeune en France, déja instruit dans les élémens de son art et se perfectionna sous la direction de Wille. Il a gravé d'après différens maîtres et d'après son dessin. Ce qu'il a fait de plus considérable en France, ce sont les belles Vues qu'il a gravées pour le Voyage pittoresque du Royaume de Naples de l'Abbé de St. Non. Pendant la Revolution, il s'est retiré dans sa patrie, où il est mort depuis peu.

1. L'Impératrice de Russie, Catherine II. Buste en profil d'après Rotari. P. in fol.
2. Le petit Boudeur. Greuze pinx. P. in fol.
3. L'Invocation à l'Amour. Théolon pinx. In fol.
4. L'Ecrivain public. P. A. Wille del. Gr. in fol.
5. Monument érigé à Genève à J. J. Rousseau Barbier pinx. Gr. in fol.
6. Guillaume Tell. Fuefsli pinx. Gr. in fol.
7. La Suppression des Ordres monastiques dans toutes les Villes de la Domination de l'Empereur. C. de France Peintre de Liege, pinx. T. gr. in fol. en t.
8. John Paul Jones, combattant le Sérapis, Fregatte angloise. C. J. Notté del. Gr. in fol.

9. Tempête exéitée par l'Impôt sur le Thé en Amérique. Gr. in fol. en t.

Il y a des épreuves avec le coq; mais elle sont rares, parce que le graveur s'est vu obligé d'effacer cet emblême.

10. Allégorie sur le Compte rendu par Necker. In fol.

11. Le Rendez-vous pour Marli. Moreau pinx. In fol.

12. La Troupe ambulante. J. F. Meyer pinx. In fol. en t.

13. La Mort du Général Wolf. B. West pinx. In fol. en t.

Jolie copie de la belle estampe de Woollet.

14. Vue de la Suisse, prise sur le Lac de Thun, Canton de Berne. F. Schutz pinx. Gr. in fol.

15. Vue de la Suisse, prise sur le Lac de Brientz, du même Canton. Id. p. Pendant.

C'est par une erreur du graveur qu'on lit sur ces deux estampes: Peint d'après nature par C. G. Schutz. Elles sont de François fils aîné de Christian-George.

16. Vue de la Sommité et du Crater du Vésuve, au moment de la dernière éruption, arrivée le 8. d'Août 1779. à 9. heures du soir. Dessiné par Robert, gravé par Ch. Guttenberg. Gr. in fol. Voyage de Naples p. 208.

17. Vue des Laves anciennement sorties du Vésuve et amoncelées sur le bord de la mer, près du palais de Portici. Dessiné par J. B. Tierce, gravé

par Carl Guttenberg. Gr. in fol. en t. N. 117.
R. de Naples.

8. Vue du riche Vallon de Sybaris, prise de dessus les hauteurs de l'Apennin. Dessiné par Chastelet, gravé à l'eau forte par Marilier, terminé au burin par Guttenberg. Gr. in fol. en t. N. 79. Grande Grece.

9. Vue générale des Ruines de l'ancien Théâtre de Taorminum. Dessiné par Després. Gravé par Ch. Guttenberg. Gr. in fol. en t. N. 14. Sicile.

II. HENRI GUTTENBERG le jeune, graveur à la pointe et au burin, natif de Nuremberg, frere cadet et éleve du précédent, a gravé à Paris, d'après différens maîtres, nombre de pièces qui lui ont mérité l'approbation des connoisseurs.

1. Aglée sauvée. Jos. Vernet pinx. Gr. in 4.
2. Nanette effrayée. Id. pinx. Pendant.
3. Rendez-vous de chasse de Henri IV. Borel. del. Gr. in fol. en t.
4. Les derniers paroles de J. J. Rousseau. Moreau del. Gr. in fol. en t.
5. Perette. Baudouin pinx. P. in fol.
6. Famille rustique. Bega pinx. P. in fol.
7. Repos en Egypte, d'après Fréderic Baroche. Gal. du Palais royal. In fol.
8. Eruption du Mont Vésuve du 14. Mai 1771. Peint d'après nature par Volaire à Naples. Gravé par H. Guttenberg. Gr. in fol. en t. N. 32.
9. Paysage montagneux, orné de bergeries. Dietrich pinx. H. Guttenberg. Gr. in fol. en t.

G. F. GMELIN.

GUILLAUME - FRÉDÉRIC GMELIN, dessinateur, graveur à la pointe, au burin et au lavis, né à Badenweiler dans le Brisgaw en 1745. Cet artiste, après avoir travaillé quelque tems à Bâle pour le fond de Christian de Méchel, s'est rendu à Rome pour se perfectionner dans les différentes branches de l'art. Pendant son séjour en Italie il a encore agrandi sa manière, en dessinant et en gravant les sites les plus pittoresques de ce pays.

1. Michel Ignace Schmidt. Urlaub pinx. In 4.
2. L'Empereur Joseph II. en buste. Jos. Hickel pinx. In fol.
3. L'Archiduc Maximilien, Electeur de Cologne. Id. p. Pendant.
4—9. Suite en six feuilles de la Solitude romantique d'Arlesheim, à une lieue de Bâle, composée des Vues suivantes: 1) Vue de l'entrée principale de la Solitude. 2) Monument érigé à S. Gefsner dans la cavité d'un rocher. 3) Vue de la maison de l'Hermite. 4) Vue des Grottes d'Apollon. 5) Vue du Rocher sur lequel est taillé l'inscription destinée à conserver les noms des deux ordonateurs de ces jardins. In 4. en t. Enluminée et en bistre.
10. Vue de la petite Ile d'Altstadt sur le Lac de Lucerne, avec le Monument que l'Abbé Raynal y a fait ériger à la gloire des trois premiers Fondateurs de la liberté helvétique. Dessiné et gravé par G. F. Gmelin. A Bâle chez Ch. de Mechel. In fol. en t.
11. Plan et Coupe des Bains romains, découverts en 1784. à Badewiller dans le Margraviat de Bade

à sept lieues de Bâle, tels qu'on les voit actuellement hors de terre. Levés et gravés par G. F. Gmelin. In fol. en t.

12. **Vue de la fameuse Chûte du Rhin à Lauffen**, près de Schaffhouse. Gravée d'après le tableau de J. J. Schalch, par G. F. Gmelin. Gr. in fol. en t.

13. **Vue du Rhin à Lauffenbourg**, où ce fleuve se précipite entre un amas de roches. Gravée d'après un dessin de G. F. Gmelin, par B. R. Comte. Pendant de la pièce précédente.

14. **Le Monument de Salomon Gesner à Zurich.** H. Wuest pinx 1791. Gr. in fol. en t.

15. **Vue des Cascatelles de Tivoli.** Dédiée au Margrave de Bade. Dessinée et gravée par Gmelin. Tr. gr. p. en t.

16. **Vue des petites Cascatelles**, avec la Maison de Mécène. Dédiée à l'Electeur de Mayence. Pendant.

17. **La Grotte de Neptune**, avec le Temple de Vesta et de la Sibylle. Tr. gr. p. en h.

18. **La Cascade de Terni.** Pendant de la Grotte de Neptune.

JEAN-PHILIPPE GANZ, dessinateur, graveur à la pointe, au crayon et au lavis, né à Eisenach en 1746. Revêtu du titre de graveur de la Cour d'Hanovre, il a travaillé en cette ville et à Goettingue. En 1784. il a été élu Membre de l'Académie de Peinture et de Sculpture de Cassel.

1. **Essai de Gravure dans la manière du crayon.** In 12.
2. **Portrait de Kersting**, Professeur de l'Ecole vétérinaire à Hanovre. J. F. Winkelmann del. au lavis. In 8.

J. Ph. Ganz.

3. Portrait de Jacobi, Superintendant général de Zelle. In 8. De même.
4. Portrait de Dorothée Schloezer, de Goettingue. In 8. De même.
5. Portrait de Sidonia de Bork. In 8. De même.
6. Portrait du Baron de Knigge. In 8. De même.
7. Fréderic, Prince de Grande-Bretagne, Evéque d'Osnabruck. In fol.

Beau portrait, qu'on a aux crayons rouge et noir.

8. Buste antique d'Apollon. P. in fol. Au crayon.
9. Buste antique d'un Enfant. P. in fol. De même.
10. Tête du Laocoon, dédiée à M. Heyne de Goettingue. P. in fol. De même.
11. Tête de Méduse. *Medusa.* In fol. De même.
12—24. Douze Statues de la Galerie de Wallmoden; 13. feuilles avec le frontispice, pour l'Almanac de Lauenbourg. In 16.
25. Monument de la Reine Caroline-Mathilde de Danemark, érigé à Zelle, dessiné et gravé d'après le marbre d'Oeser, par Ganz.
26. Vue de Hübichenstein, rocher calcaire près de la Ville de Grund au Harz. Dessiné d'après nature, gravé à l'eau forte et coloré par Ganz. In fol.
27. Vue des Schnarchers, deux rochers de granit au Barenberg près des forges d'Elend. Exécutée de même. Pendant.
28. Vue d'un Rocher calcaire sur la Soese. De même.
29. Vue d'une Pointe de rocher de granit sur le Kahberg. De même.

Sigis-

S. FREUDENBERGER.

SIGISMOND FREUDENBERGER, ou FREUDE-BERG, peintre et graveur à l'eau forte, né à Berne en 1745. et vivant dans sa patrie en 1795. Freudenberger apprit les principes de la peinture d'Emanuel Handmann, bon peintre d'histoire de Bâle. En 1765. il se rendit à Paris, où il fréquenta les artistes, tels que Halle, Wille, Boucher, Greuze, Roslin; tous ces hommes contribuèrent, chacun pour sa part, à le perfectionner dans ses études. Il peignoit des portraits et des sujets de conversation, en soumettant avec franchise ses ouvrages aux jugemens de ses amis et aux critiques motivées des juges de l'art. Comme la peinture à l'huile exige beaucoup de tems, et qu'il avoit beaucoup de tableaux de commande, il essaya une manière plus facile, en exécutant ses inventions en dessins coloriés. Dans ses tableaux à l'huile il imitoit la composition, la couleur locale, le clair obscur et la fonte séduisante du coloris d'Adrien van Ostade; mais ses sujets sont beaucoup plus nobles que ceux de ses modèles. De retour dans sa patrie, Freudenberger a soutenu la réputation qu'il s'étoit acquise: toutes ses productions, d'une exécution soignée, respirent le bon goût. Un grand nombre de graveurs, tant François qu'Allemans, ont travaillé d'après ses ouvrages.

Pièces gravées et colorées par Freudenberger d'une belle exécution.

1. Le Villageois content. In fol.
2. Les Soins maternels. Pendant.
3. La Propreté villageoise. In fol.
4. La Toilette champêtre. Pendant.
5. La petite Fête imprévue. In fol.
6. Les Chanteuses du Mois de Mai. Pendant.
7. La Fileuse villageoise. Gr. in fol.
8. La Devideuse rustique. Pendant.
9. L'Intérieur d'un Chalet, cabane des Alpes où se fait le fromage, dans le pays d'Oberhasli. Gr. p. en t.
10. La Visite au Chalet.

BALTHASAR - ANTOINE DUNKER, peintre dessinateur et graveur à l'eau forte, né à Saal grand village dans la Poméranie Suédoise près de Stralsund en 1746. et demeurant à Berne en 1795. Dunker a écrit lui-même les Mémoires de sa vie qui vont jusqu'en 1780. et qui se trouvent imprimés dans le Supplément de l'Histoire des meilleurs Peintres de la Suisse, par J. C. Fuesslin. On se flatte que l'extrait qu'on en donne ici, pourra être utile aux jeunes artistes qui courent la même carrière. Dunker est fils du Pasteur de Saal, qui vivoit encore lors de l'impression de ces mémoires. Sa première éducation fut confiée à son grandpere du côté maternel, homme d'un caractere solide qui avoit vécu dans le grand monde et qui vivoit retiré en philosophe. Il aimoit les arts, et il n'eut pas de peine d'inspirer le même goût à son petit-fils, sans négliger le reste de son éducation. Après la mort de ce grandpere, le sort du jeune Dunker fut attaché à celui de son oncle maternel qui résidoit à Stralsund et qui redoubla de soin pour son neveu. Tous les artistes de réputation avoient accès dans cette maison. Hackert l'aîné fut de ce nombre. Cet artiste qui fournit aujourd'hui une si belle carrière en Italie, prit le jeune Dunker en affection et guida ses premiers pas.

En 1765. son oncle jugea à propos d'envoyer le jeune homme à Paris, en la compagnie de Hackert. Arrivé dans cette grande ville le premier soin de Dunker fut d'aller voir Wille. Cet ami en titre des Artistes *allemans* le reçut avec le plus grand intérêt et lui fit faire les connoissances les plus utiles. Non content de lui donner les meilleures instructions, il le recommanda à Vien, et lui conseilla de fréquenter son école de dessin. Quelque tems après il quitta cette école pour s'attacher à celle de Hallé au Luxembourg; sous la direction de ce maître il étudia pendant plusieurs années, dessinant d'après les tableaux, la bosse et le modele. Le plus grand plaisir du maître étoit de voir les progrès des élèves. Ses leçons devoient d'autant plus fructifier, que travaillant au Palais du Luxembourg, ils avoient devant les yeux les chef-d'oeuvres de la Galerie. Il s'empressa également de faire connoissance avec les amateurs qui avoient des Cabinets de Dessin et d'Estampes, tels que Huquier, Mariette, et Basan; il se loue surtout de l'accueil amical d'Haquier, dont le Cabinet lui étoit ouvert toutes les soirées. Les fêtes et dimanches il se rendoit chez Wille, où il trouvoit ses amis rassemblés, et où l'on passoit gaiment la soirée. A cette époque il y avoit à Paris un essaim de jeunes artistes allemans, qui depuis, dispersés dans le monde, se sont fait une réputation méritée. De ce nombre étoit Dunker, Freudenberger, Grimm, Hackert, Kraus, Schmutzer, Zingg et quelques autres. Le redacteur de cet article se rappelle avec plaisir d'avoir passé bien des soirées agréables avec ces jeunes gens à talens chez son ami Wille.

Ce fut vers ce tems que Dunker apprit la fâcheuse nouvelle du renversement de la fortune de ses parens occasionné par les banque-

routes de quelques grandes maisons d'Angleterre et de Hollande. Obligé désormais de
songer à sa subsistance, il abandonna l'étude de
la peinture de l'histoire pour se livrer entièrement à celle du paysage. Dès-lors il fit nombre de dessins coloriés et autres, qu'il vendoit
ce qu'il pouvoit; il en fit surtout plusieurs pour
le Chevalier de Damery qui lui permit de
plus l'accès de son Cabinet. Boucher dont il
avoit fait la connoissance chez Huquier,
s'intéressa vivement pour lui et l'encouragea
de toutes les manières. Par le conseil d'Aliamet il essaya de graver à la pointe d'après
des eaux fortes de Laurent; mais ses premiers essais ne furent pas des plus heureux.
Sa situation ne lui permettant pas alors de
suivre ce travail, il continua de dessiner et de
peindre des paysages pour les vendre. Cependant ayant fait quelque tems après un dessin
orné de beaucoup de figures, il lui prit encore fantaisie de le graver; l'eau forte ayant re-
pondu à son attente, il eut le plaisir de voir
son dessin imprimé et multiplié. D'abord en
suspens s'il montreroit sa production, il eut
enfin le courage de porter quelques épreuves
chez Huquier qui les distribua à plusieurs
artistes, et ceux-ci parurent contens de son
travail. A cette occasion Huquier lui pro-

posa de graver dans le même goût différentes figures d'après différens maîtres, des animaux d'après Roos, d'après van der Does et d'autres, dans l'intention de les publier par suites. Dunker ravi de trouver cette occasion d'acquérir la pratique dans les procédés de l'eau forte accepta la proposition et se mit avec ardeur à l'ouvrage. Il grava vers le même tems quelques paysages pour Wille d'après Weirotter et Schütz: Secondé par les conseils de l'ordonnateur, il se perfectionna de plus en plus dans ce genre.

Basan ayant entrepris de faire graver, dans un format commode, le Cabinet de tableaux du Duc de Choiseuil, proposa à Dunker de se charger de la gravure de la plus grande partie des planches. La proposition fut acceptée avec joie, attendu que ces tableaux précieux offroient un beau champ pour ses études ultérieures. Le plaisir qu'il prit à ce genre de travail, fit qu'il acheva en peu de tems, à la grande satisfaction de Basan, la majeure partie des planches. L'ouvrage fut conduit à sa fin, malgré l'exil du ministre, dont la disgrace influa moins sur l'entrepreneur que sur l'artiste, qui avoit des droits fondés à une récompense.

Parmi tous les amateurs, dont Dunker

avoit fait la connoissance à Paris, celui qu'il goûta le moins fut feu Mariette, si connu d'ailleurs dans la république des arts. Il avoit commandé quelques ouvrages à notre artiste; mais celui-ci avoit toujours éludé de travailler pour lui. Choqué de son ton magistral avec les jeunes artistes, il avoit remarqué que son goût étoit tout-à-fait exclusif, n'aimant que les esquisses qu'il préféroit constamment aux ouvrages finis et dont les plus insignifians étoient toujours son non plus ultra.

Dunker venoit de finir une des grandes planches que le Roi de France envoyoit en présent à l'Empereur de la Chine, lorsque de Mechel de Bâle arriva à Paris, pour engager plusieurs artistes à travailler chez lui à la confection de son Catalogue figuré de Dusseldorf. Dunker fut du nombre des enrôlés, gagné par la promesse qu'on lui fit qu'il travailleroit à loisir d'après les originaux. Il quitta Paris en 1772. et arriva a Bâle, où il se mit aussitôt à l'ouvrage. Mais au lieu des originaux, on ne lui présenta que des dessins, ou pour mieux dire des croquis. Il ne se délassoit de ce travail, qui commença bientôt à l'ennuyer, que par la contemplation des contrées pittoresques des environs de Bâle. Résolu de retourner incessamment à Paris, il voulut voir auparavant ses connoissances de Berne, et surtout son ami Freudenberger. A Berne il fut très-fêté, et il fit quantité de dessins pour les amateurs de cette ville. Le célèbre Aberli l'engagea à graver au contour quelques unes de ses Vues de la Suisse pour les publier enluminées de sa façon. Enfin Berne le captiva entièrement. Il s'y maria en 1775. et acquit le droit de bourgeoisie dans le Canton. En société avec son ami Freudenberger, il entreprit plusieurs ouvrages typographiques. Depuis il n'a cessé d'enrichir le public de ses productions. A la mort de Haller, il consacra une planche à la mémoire de ce grand homme et fit imprimer une Ode de sa façon, qui montre qu'il avoit aussi du talent pour la Poësie. Son portrait, très-bien gravé par Lips, se trouve à la tête des Mémoires de sa vie, insérés dans le Supplément de l'Histoire des meilleurs Artistes de la Suisse par Fuefslin. Nous citerons ci-après les derniers ouvrages typographiques qu'il a publiés à Berne et qui ajoutent encore à sa réputation de grand dessinateur et d'habile graveur à la pointe.

1—12. Suite de douze planches, sous le titre: Livre de différens sujets de Figures et d'Animaux, d'après H. Roos, van der Does et autres. In fol. en t.

13—18. Vues des Environs de Rome, six feuilles. J. Ph. Hackert pinx. In 4.

19-30. Vues de quelques Contrées pittoresques de la Sicile, douze feuilles formant deux Suites. Id. p. In 4.

31—34. Quatre Vues de Livourne. Du Cab. du Grand-Duc de Russie. Id. pinx. Gravé à la pointe par Dunker et terminé au burin par Eichler. In fol. en trav.

35. Vue de l'Eglise de St. Pierre de Rome, prise de Ponte Molle. Id. pinx. B. A. Dunker aq. forti. J. Volpato cael. Gr. in fol. en t.

La Vue de la Cité de Césène par la Croix fait le pendant.

36. Vues des Environs de Coblence. Schutz pinx. Dunker et Byrne sc. Gr. in fol.

37. La petite Famille de Suisse. Freudenberger pinx. Dunker et Eichler sc. In fol.

38. Le Monument de Haller. In fol.

39. Heptaméron françois, ou les Nouvelles de Marguérite, Reine de Navarre. III. vol. Gr. in 8. Orné de gravures à l'eau forte de Dunker. Berne, chez la nouvelle Société typographique 1792.

40. Costumes des moeurs et de l'Esprit des François avant la grande Révolution à la fin du XVII. Siècle. En 96. planches gravées en caricature, par le célèbre Dunker, et y joint l'explication. In 4. Berne (sous Lyon) 1791.

Ces suites de sujets comiques peuvent être considérées comme des accompagnemens assortis au Tableau de Paris de Mercier, dont l'artiste à suivi les idées et l'ordonnance.

J. G. JONATA.

41. Chaîne des Alpes, vue depuis les environs de Berne. Stouder pinx. Dunker sc. coloré h. 9. p. 2. l. — l. 19. p. 7. l.
 Belle pièce.
42. Vue de Morât. Dans la manière d'Aberli. Gr. in fol. en t.
43. Vue d'Avenche. Dans le même goût. De même.

JEAN-GEORGE JANOTA, graveur au burin, né en Bohème en 1747. et Membre de l'Académie Impériale-Royale des Arts à Vienne. Protégé par le Prince de Lichtenstein, Janota apprit la gravure à Vienne et voyagea en Italie aux frais de son patron. Il a gravé quelques pièces de la Galerie de Lichtenstein avec beaucoup de propreté.

1. Portrait de l'Empereur Joseph II. In 4.
2. Portrait de l'Archiduc Maximilien, aujourd'hui Electeur de Cologne. In 4.
3. Portrait d'un jeune homme, d'après Rembrandt. 1772. De la Gal. de Lichtenstein. In fol.
4. Le Christ avec la Croix, d'après Léonard de Vinci. De la Gal. de Lichtenstein. Gr. in fol.
5. Sainte Catherine de Sienne en prière. Ibid. Alex. Allori, dit Bronzino pinx. J. Janota sc. 1769. Gr. in fol.
6. Monument funèbre de Joseph Wenceslas, Prince de Lichtenstein, Grand-Maître d'Artillerie. J. Ganneval, Archit. inv. V. Fanti del. J. G. Janota sc. 1772. Gr. in fol.

J. G. MULLER.

JEAN-GOTTHARD MULLER, dessinateur et graveur au burin, né à Bernhausen dans le Duché de Wurtenberg en 1747. premier Graveur du Duc, et Professeur des Arts de Dessin à l'Académie Caroline militaire de Stouttgard. Muller étoit destiné à l'étude de la théologie ; mais le penchant irrésistible qu'il sentoit pour les arts d'imitation le porta de bonne heure à se rendre à Stouttgard, pour dessiner et peindre à l'Académie Ducale, établie en cette ville. Son application, jointe à un talent décidé pour la gravure, lui méritèrent les faveurs du Duc qui dès-lors lui assigna une pension. Par-là il se vit en état de voyager. En 1770. il se rendit à Paris pour se perfectionner, principalement dans la gravure sous la direction de Wille. Les progrès du disciple sous un tel maître furent rapides. Les estampes qu'il mit au jour firent connoître son mérite. En 1776. il fut reçu Membre à l'Académie de Peinture à Paris. La même année il fut rappellé dans sa patrie, avec le titre de Professeur de l'Académie Ducale de Stouttgard, où il forma une école de gravure dont il est le Directeur. Les estampes qu'il a publiées depuis son retour en Allemagne sont dignes de leurs aînées.

1. Jean-George Wille. Greuze pinx. In fol.

J. G. MULLER.

2. Louis Galloche, Peintre du Roi. Peint par L. Tocqué, gravé pac J. G. Muller pour sa Reception à l'Académie en 1776. In fol.
3. Louis Léramberg, Sculpteur du Roi. Peint par N. S. A. Belle. Autre pièce de réception. Même Grandeur.
4. Mosés Mendelsohn, présenté à Frédéric-Guillaume II. Roi de Prusse, par l'Ecole gratuite des Juifs de Berlin. Peint par J. C. Frisch. In fol.
5. Auguste Gottlieb Spangenberg, Episcopus Fratrum. Ant. Graff pinx. In fol.
6. F. Schiller. Gemahlt von Graff. Gestochen von Muller. Bey Frauenholz zu Nürnberg. Gr. in fol.
7. Portrait de Madame le Brun. Peint par elle-même. Gr. in fol.
8. La tendre Mere, Portrait de la femme de Muller, peint par F. Tischbein. Gr. in fol.
9. Louis XVI. représenté en pied et décoré des ornemens royaux. Gravé par J. G. Muller. T. gr. pièce. Chef-d'oeuvre de Gravure.
10. Cérès et sa Fille, ou l'Eté, d'après Goltzius, et gravé dans sa manière. In fol.
11. La Nymphe Erigone, d'après Jollain. In fol.
12. La Joueuse de Cistre, d'après P. A. Wille. In fol.
13. Loth avec ses filles, bel effet de nuit, d'après G. Honthorst. Gr. in fol. en t.
14. Aléxandre vainqueur de soi-même, d'après G. Flinck. Gr. in fol. en t.

Il paroîtra sans doute bientôt une pièce capitale de Muller, pièce à laquelle il travaille déja depuis quelques années, savoir, le beau tableau de John Trumbull, représentant l'attaque de Bunker's hill, premier combat des Anglois et des Américains, où fut tué le Général Warren.

JEAN-CHRETIEN-JACQUES FRIEDRICH, peintre de paysage, graveur à la pointe et enluminateur dans le goût d'Aberli, né à Dresde en 1747. Il apprit les élémens du dessin de son pere, fabricant de tappisserie. De-là il fréquenta l'Académie Electorale sous la direction de Jean Casanova. Il s'appliqua d'abord à la peinture du paysage, dans laquelle il fit d'heureux essais. Ses connoissances dans la botanique lui firent entreprendre un ouvrage qui obtint l'approbation de l'Electeur, grand connoisseur dans ce genre: depuis 1785. il s'est mis à dessiner d'après nature toutes les plantes du jardin botanique de Pillnitz, pour les livrer ensuite au Cabinet Electoral. Son ouvrage: Elémens pour dessiner et pour peindre des fleurs, en 36. planches in 4. a été bien accueilli du public. La gravure qu'il pratique depuis quelque tems, est le fruit de son application. Les Vues romaines, gravées d'après Piranesi, sont de Friedrich, et se trouvent insérées dans les Lettres sur Rome, publiées par l'Architecte Weinlich. La famille de Friedrich est une famille d'artistes. Son frere, Jean-Aléxandre-David, peintre et dessinateur, est engagé à l'Académie; et sa soeur, Caroline Friedrique, peintresse de fleurs à l'Académie Electorale, jouit d'une réputation bien méritée pour ses talens.

1. Paysage, bouché par une grande ferme; sur le devant deux cochons dans une basse-cour. Eau-forte; sans nom, in 4. en t.
2. 3. Deux jolis Paysages, ornés de bestiaux. Friedrich inv. et fec. Petit in fol. en t.
4—10. Vues de la Saxe, gravées à l'eau forte et enluminées d'après les gouaches originales de Wagner, par Friedrich. Sept pièces, y compris le Frontispice et la Dédicace au Prince Henri de Prusse. A Dresde chez Jean Gabriel Moeller. Gr. in fol. en t.

Pièces coloriées avec beaucoup d'intelligence.

JACQUES MECHAU, peintre, dessinateur, graveur à l'eau forte et au lavis, né à Leipzig en 1748. et présentement à Rome. Il apprit les principes de la peinture de Bernard Rode à Berlin et profita des instructions de Nicolas le Sueur, Directeur de l'Académie de cette ville. De retour dans sa patrie il fréquenta l'Académie Electorale à Dresde et à Leipzig. L'histoire et le paysage furent également de son ressort. Pour se perfectionner dans l'une et l'autre, il passa plusieurs années en Italie et s'arrêta de préférence à Rome. Revenu en Saxe avec une ample provision d'études de tous genres, il peignit quelques tableaux et fit quantité de dessins au bistre et en couleur, recherchés par les amateurs. Méchau a traité l'eau forte avec beaucoup de dextérité. Il a gravé un grand nombre de pièces, tant de son invention que d'après d'autres maîtres. Nous avons aussi de lui quelques vues d'Italie, rendues au lavis. Depuis quelques années il est retourné à Rome, où il continue de dessiner et de graver les sites les plus intéressans de cette terre des paysagistes.

1. Martin Schoen en Médaillon, Inventeur de la gravure en Allemagne; Allégorie, servant de frontispice aux Notices générales des Graveurs &c. par Michel Huber. J. Mechau inv. et sc. In 8.
2. St. Michel terrassant le Démon. Mechau fec. aqua forti. In 4.
3. La Résurrection du Lazare. Mechau fec. 1761. Gr. in fol. en t.
4. Les Bergers en adoration à la Crêche de Bethlehem. C. Schut pinx. In fol.
5. Une Bacchanale de Faunes et de Nymphes, faisant de la musique. Jules Carpioni pinx. In fol. en t.
6. Capo di Bove, ou Tombeau de Métella. Exécuté en bistre. In 4.
7. Vue du Colisée à Rome. De même. Gr. in fol. en t.
8—13. Six Paysages d'Italie dans le goût de Swanevelt, ornés de fabriques. Romae. 1792. In 8. en t.
14—19. Six Vues romaines, savoir: 1) La Fontana Egeria. 2) Ponte Molle. 3) Ponte Salaro.

E. PAUÉLSEN.

4) Ospitaletto di St. Francesco. 5) Avanze dell' Aqua Marzia e dell' Anico Vecchio. 6) Vicino a Subiaco. Romae 1792—1793. In 4. en t.

20. 21. Deux Vues romaines. 1) Castello Gandolfo. 2) Entrata nel Bosco di Murino. Romae 1792. Gr. in fol.

22. Vue sauvage d'Italie, ou entrée d'un chemin creu. Romae 1794. In fol. Exécuté en bistre.

23. Autre Vue sauvage d'Italie, ou intérieur d'un chemin creux. Pendant.

ERIC PAUELSEN, peintre et graveur en aqua tinta, naquit à Copenhague en 1748. et mourut dans la même ville en 1790. avec le titre de Professeur et de Peintre d'Histoire. Les Arts en Danemarc ont fait une vraie perte par la mort de cet artiste dans la force de son âge. A un voyage qu'il fit en Norvège, il avoit dessiné les vues les plus pittoresques de ce pays, et cela dans un plus grand style que les eaux fortes d'Everdingen, et il comptoit les publier successivement en estampes colorées, dont l'exécution tient de l'aqua tinta. La première pièce parut en 1789. et remplit l'attente des connoisseurs; mais les encouragemens du public de Copenhague ne furent pas proportionnés aux efforts de l'artiste. On prétend que se voyant déçu de son espérance, il mourut de chagrin ou qu'il abrégea lui-même ses jours.

Vue

F. AKREL.

Vue de la Chûte d'eau de Hof-Fofs, dans la belle Province de Ringeriket. Dédié au Roi. E. Pauelsen pinx. et sculpsit 1789. Gr. in fol. en t.

Pièce très-rare, attendu que l'artiste n'en a tiré qu'un petit nombre d'épreuves et qu'on n'est pas en état à Copenhague de produire le même effet par l'impression de la planche.

FREDERIC AKREL, graveur au burin, né dans la Province de Sudermanie en 1748. & vivant présentement à Stockholm en 1795. Le goût pour les arts se manifesta de bonne heure chez Akrel; mais les obstacles qu'il rencontra retarderent ses progrès. Il passa trois ans à Upsal chez Ackermann, habile Mécanicien, mais Graveur médiocre. Là il grava des Cartes géographiques, des Vues de quelques maisons d'Upsal et aussi des Portraits. En 1771. il passa à Stockholm, où il jouit des instructions de l'Académie Royale de Peinture. Ayant gagné quelque argent à graver des portraits il résolut en 1773. de faire un voyage en France. Arrivé à Paris, il ne put s'y arrêter que quatre mois, parce qu'il avoit été volé en chemin. Faute de pouvoir subsister dans cette ville, il retourna dans sa patrie et grava un assez bon nombre de portraits. Par ceux que nous avons devant nous, nous croyons qu'il méritoit d'être encouragé.

J. GILLBERG.

1. Buste de Nils Rosen von Rosenstein. Très pet. pièce en ovale.
2. Buste de George Stjernhjelm, 1777. In 8.
3. Laurentius Petry, Arciibisoop. In 8.
4. Tête dans le goût antique, d'Olof von Dalen. 1772.
5. Grefwe Johan Gyllenstierna. In 4.
6. Herr Nicolas Sahlgreen. 1776. In 4.
7. David Kloecker von Ehrenstrahl, Peintre natif de Hambourg. In 4.
8. Jonas Alstromer. In 4.
9. Margueríthe seconde femme de Gustave I. In 4.
10. Gustave III. Roi de Suede. In 4.

JEAN GILLBERG, peintre, et graveur au burin et au crayon, né à Stockholm vers 1748. Nous avons peu de notices sur cet artiste; on sait seulement qu'il a gravé en Suède plusieurs portraits de Suédois distingués, et qu'étant venu en France, il a exécuté dans le goût du crayon différens sujets, comme:

1—6. Six feuilles de Modes d'hommes et de femmes. Gillberg inv. et fecit. Dans le goût du crayon rouge. In 8.
7. Grande Tête d'un jeune homme d'après Raphaël. De même. Gr. in fol.
8. Grande Tête d'un homme fait, d'après le même. De même. Gr. in fol.
9. Grande Tête de la fameuse la Chantrie, de l'Opéra. Pierre del. Au crayon rouge. Gr. in fol.
10. Grande tête de Joseph. De Troy del. Gillberg sc. Gr. in fol.
11. 12. Deux beaux Paysages de Boucher, gravés

J. ADAM.

dans le goût du Crayon rouge, par Gillberg et Demarteau. Gr. in fol. en travers.

Portraits.

13. Nicolas Sahlgren, Commandeur de l'Ordre de Vasa. Peint par Lundberg. In 4.
14. Maria Gustava Gillenstierna. Schröder p. P. in fol.
15. Samuel Troilius, Archiepiscopus Upsaliensis. G. Lundberg pinx. In fol.
16. Magnus Beronius, Archiepiscopus Upsaliensis. L. Pasch pinx. 1770. In fol.
17. Andreas Nordenkranz, Commerc. Consil. P. Kraft pinx. J. Gillberg sc. 1772. Gr. in fol.

JACOB ADAM, graveur au burin, né à Vienne vers 1748. Il s'est formé dans le lieu de sa naissance en fréquentant l'Académie des Arts de Dessin et de Gravure. Conjointement avec Mansfeld, il s'est fait connoître depuis par nombre de petits portraits d'hommes célèbre en Autriche, qui paroissent chez Artaria et Compagnie, Marchands d'Estampes à Vienne. Ces petits portraits, la plûpart gr. in 8. sont d'une exécution très-élégante.

1. Pierre Leopold, Grand-Duc de Toscane, peint à Florence par Zoffani, gravé à Vienne par Adam.
2. Antoine-Raphael Mengs, peint par lui-même. Un de ses derniers portraits.
3. Joann. Hermann L. B. a Riedesel. J. Donat pinx. Teschinae 1779. J. Adam sc. Viennae 1782.
4. Ignatius a Born, Eques. Beyrin pinx. Id. sc. Viennae 1782.

5. Michael Denis. J. Donner fec. Id. sc. 1781.
6. Gideon Baro a Laudon. C. Vinanzer. In 8.
7. Maximilien I. représenté dans le costume de son tems, d'après Lucas de Leyde, in 4. Dans les Vies des grands hommes allemans de Klein.
8. Représentation de la Cérémonie du Mariage de l'Archiduc François d'Autriche avec la Princesse Elisabeth de Würtenberg, faite à Vienne dans l'Eglise paroissiale de la Cour, le 6. Janvier 1788. J. Ch. Sambach del. J. Adam sc. In fol. Avec une description en François.

MATTHIEU-GOTTFRIED EICHLER, dessinateur et graveur au burin, né à Erlangue en 1748. et travaillant depuis longtems à Berne. Son pere, maître à dessiner à l'Université d'Erlangue, lui apprit les premiers principes du dessin. S'étant rendu à Augsbourg, il s'appliqua dans cette ville à la gravure sous Thélott et Verhelst; de-là il alla avec ce dernier à Mannheim, où il remporta un prix à l'Académie Electorale. Avant de se fixer à Berne, il avoit travaillé quelque tems pour le fond de Méchel. Il a décoré de ses gravures différens ouvrages, entre autre celui de l'Intendant Ritter de Berne portant pour titre: *Memoire abrégé et Recueil de quelques Antiquités de la Suisse, avec des dessins levés sur les lieux depuis 1783. — A Berne 1788.* Ouvrage grand in 4. orné de huit belles estampes.

1. Salomon Gessner. D'après Ant. Graff. In fol.
2. La petite Famille Suisse. D'après S. Freudenberger. In fol.
3. Premier Cahier des différens habillemens distinctifs de la Ville de Berne, dessinés par Freudenberger et gravés par Eichler, savoir: 1) Avoyer, ou chef de la République. 2) Sénateur, ou membre du petit conseil. 3) Membre du grand conseil. 4) Grand-Sceautier. 5) Pasteur de l'église allemande. 6) Pasteur de l'église françoise.

Ces pièces in 8. et colorées sont d'une exécution très-précieuse.

4. Plan et élévation de la Ville de Berne, avec les principaux édifices, dessiné par Charles de Sinner et gravé M. G. Eichler. Très gr. p. en t.

D'une belle exécution de la part des artistes.

JEAN-GOTTFRIED SCHULZE, graveur au burin, né à Dresde en 1749. et membre des Académies de Dresde et de Berlin. Schulze a eu pour maître dans l'art Hutin et Camérata, le premier pour le dessin, le second pour la gravure. Les heureuses dispositions qu'il montra dans ce dernier art lui méritèrent de la Cour les encouragemens qui le mirent en état de faire le voyage de Paris pour se perfectionner dans la gravure. Là il sut mettre son tems à profit, en recherchant les conseils de Wille et d'autres habiles artistes. Après un séjour de dix ans à Paris,

J. G. SCHULTZ.

il revint en 1783. dans sa patrie jouir des fruits de ses talens. Ce qu'il a fait de plus considérable depuis son retour de France, ce sont les planches qu'il a gravées pour le troisième Volume de la Galerie de Dresde. Schulze joint à un burin ferme et agréable, le mérite de chercher à saisir le caractere des originaux qu'il grave.

1. Joseph II. Empereur des Romains. Kymli pinx. in fol.
2. Jean-Christophe Palitzsch, ou le Philosophe rustique. Graff pinx. Gr. in fol.
3. Jeune Fille, avec un petit chien sur les genoux, et cette inscription: *Elle dort, ou paroit dormir*. D'après Hutin, petit in fol.
4. Vieux homme, nommé Haemrich, avec l'inscription: *Je deviens vieux!* Id. pinx. p. in fol.
5. Choix de la peinture, ou le jeune Virtuose, d'après Schenau. P. in fol.
6. Jo et Jupiter. D'après le même. P. in fol.
7. Cérès demi-figure. Carle Loth pinx. in fol.
8. Bacchante se préparant à un sacifice. Taraval pinx. in fol.
9. Bergère endormie, épiée par son Berger. G. de Mieris pinx. p. in fol.
10. Un Cuisinier, une chandelle à la main, faisant la cuisine. Schalken pinx. p. in fol.
11. Le Centaure Nessus et Déjanire. Rubens pinx. Petit in fol.
12. Vénus, avec l'Amour, caressant sa mere. J. Romain. Petit in fol.

13. Vénus liant les ailes à l'Amour. Louise-Elis. le Brun pinx. Gr. in fol.

14. Vénus couchée, avec deux petits Amours. Marie Viani. Gr. in fol. en t.

15. Grande Vestale en demi-figure. Angel. Kauffmann pinx. Seidelmann del. in fol.

16. Une Tête de Christ. Le Carrache pinx. Seidelmann del. Petit in fol.

17. Un Ecce Homo. Le Guide pinx. Seidelmann del. Petit in fol.

Ces six derniers morceaux sont destinés pour le Tome III. des estampes gravées d'après les Tableaux de la Galerie de Dresde.

HENRI PFENNINGER, peintre, dessinateur et graveur à l'eau forte, né à Zurich en 1749. Il montra de bonne heure pour l'art des dispositions qui n'échaperent pas au célèbre Lavater. Aussi conseilla-t-il aux parens dont il étoit ami, de faire apprendre la peinture au jeune homme, et il prédit dès-lors qu'il fera honneur à l'art. En conséquence de ce conseil il fut confié aux soins de Bullinger, chez qui il passa trois ans à dessiner et à peindre. Après s'être exercé encore une couple d'années dans le lieu de naissance, il se rendit à Dresde avec de fortes recommandations à ses compatriotes, Graff et Zingg, qui s'empresserent de lui être utile et de l'introduire à la Galerie. Van Dyck, Rembrandt et Rigaud furent les objets principaux de ses études. Au bout de trois ans il revint dans sa patrie, enrichi de nouvelles connoissances pittoresques Lavater, qui avoit besoin d'un bon dessinateur pour ses Fragmens physionomiques, s'attacha Pfenninger. Outre les dessins qu'il lui faisoit faire, il desira encore qu'il fit quelques essais à l'eau forte, et ces essais réussirent à souhait. Les portraits de notre artiste, d'un dessin ferme et d'une pointe libre, sont des ornemens distingués dans le livre de Lavater. Passionné pour l'art, il a beaucoup peint, dessiné et gravé. Ou voit à Leipzig chez Madame Reich, parmi les beaux portraits des Gens de lettres Allemans dont feu M. Reich avoit formé un Cabinet, un portrait de Lavater, peint à l'huile par Pfenninger, qui joint à la plus grande vérité, la plus parfaite ressemblance. Cet artiste, selon le témoignage de ses compatriotes, associe à ses talens artistiques pour les qualités sociales, se délassant de ses travaux de profession, soit par le commerce de l'amitié, soit par la culture des lettres et de la musique. Son portrait se trouve gravé d'une manière trés-pittoresque par lui-même à la tête de sa vie dans le supplément le l'Histoire des meilleurs peintres de la Suisse, par J. C. Fuefslin.

C. Schutz.

1. Jean-Jacques Breitinger. Sans le nom de l'artiste. Gr. in 4. V. Physionomique de Lavater. T. II. 269.
2. P. B. de Muralt. H. Pfenninger del. et sc. Gr. in 4. Lavater 227.
3. Le Chanoine Pfenninger de Zurich. H. Pf. fec. Gr. in 4. Lavater T. III. p. 258.
4. Albert Haller, en buste. Id. fec. In 8. Lavater T. IV. p. 253.
5—79. 75. Portrait d'hommes illustres de la Suisse gravés à l'eau forte par H. Pfenninger, accompagnés d'un Abrégé historique de leurs vies, par Leonard Meister, Zurich 1781. 3. Vol. in 8.
80—113. 34. Portraits des plus célèbres Poëtes allemans. Gravés par Pfenninger, et caractérisés par Meister. Zurich 1785. in 8.

Tous ces Portraits sont gravés à la pointe par Pfenninger avec beaucoup de goût et d'intelligence.

114—118. Quatre Vues de la Suisse, dont le Glacier de Gelten au Canton de Berne, Val-travers, les environs de Fluelen au lac des quatre Villes forestières, la Cascade près de Schafhoufs. Gr. in fol. en trav.
119. 120. Deux Paysages ornés de chûtes d'eau et de figures. S. Gefsner del. Gr in fol. en t.

CHARLES SCHUTZ, architecte, dessinateur et graveur à la pointe et en couleur, né à Vienne vers 1750. et Membre de l'académie des Arts de Dessin établie dans cette Résidence Impériale. Schutz a eu l'heureuse idée de faire pour Vienne, ce qu'Aberli a fait pour la Suisse, et de donner, en société avec un autre jeune artiste, J. Ziegler, les vues les plus intéressantes des églises, des palais et des places de la Capitale, ainsi que des contrées les plus piquantes d'alentour, relativement au costume et à l'habillement national, le tout coloré d'après le naturel. Schutz, qui s'étoit occupé précédemment à graver des Médailles et des Antiques, avoit pris l'habitude de dessiner très-correctement les petites figures. Comme il joignit à cela un goût particulier pour l'Architecture, il choisit pour lui l'intérieur de la Résidence Impériale. Ziegler se chargea de rendre les vues des fauxbourgs et des environs. Cette suite, qui a paru en trois livraisons, se vend à Vienne chez Artaria, fameux Marchand d'Estampes. Ces vues offrent tous les objets dans leurs teintes naturelles et avec beaucoup de précision; on desireroit seulement à quelques pièces que les couleurs fussent moins tranchantes et que le verd fût plus matté. Ce sont ces tons un peu grisâtres qui rendent les vues d'Aberli si précieuses.

1. Morceau d'Architecture, avec un Paysage où est représentée l'histoire de Moïse trouvé. C. Schutz fec. 1772. In fol. en t.

2. Autre morceau d'Architecture, dans un Paysage, où se voit Daniel dans la fosse aux lions. Id. fec. 1772. In fol. en t.

L. Sommerau.

3—38. Vues de la Ville de Vienne, de ses Eglises, de ses Palais et de ses Places, ainsi que de ses Fauxbourgs et de ses Environs. 36. feuilles et un frontispice. C. Schutz et J. Ziegler fec. 1779-1783. en couleur. Gr. in fol. en t.

Il n'y a que 12. morceaux de Schütz, les autres sont de Ziegler. Suite très-intéressante. Depuis nous avons vu par le Catalogue du fond d'Artaria, que cette suite sera de cinquante pièces, et qu'il en a déja 45. de gravées. Aux deux artistes, Schütz et Ziegler il font ajouter Jantscha.

Louis Sommerau, peintre, dessinateur et graveur à la pointe et au burin, né à Wolfenbuttel vers 1750. peintre et graveur de la Cour du Duc de Brunswic. Pour se fortifier dans la gravure, Sommerau a travaillé pendant quelque tems à Bâle sous la direction de Christian de Mechel. De-là il a passé en Italie et a fait un séjour de six ans à Rome. Dans cet intervalle il a gravé les Tapisseries du Vatican d'après les dessins de Raphael, et plusieurs autres sujets d'après des maîtres Italiens. Depuis son retour en Allemagne il a séjourné en plusieurs endroits, entre autres à Francfort sur le Mein et à Hambourg. Il s'étoit proposé de publier successivement 50. tableaux choisis de la Galerie de Salzthalen, dont il a déja gravé deux morceaux; mais ce projet ne paroit pas avoir eu lieu. On reproche à cet artiste, de n'avoir jamais sacrifié aux graces, témoin surtout sa Fortune d'après le Guide, si supérieurement rendue depuis peu par Raphael Morghen.

1. Buste d'un jeune homme en profil, la tête nue et les cheveux épars. L. Sommerau pinx. Bâle 1774. In 12.
2. Buste d'un Guerrier, avec un casque. Id. eod. In 12.
3. Buste d'un Vieillard en profil, avec des moustaches et un bonnet fourré. Id. f. Rome 1775. In 12.
4. Buste d'un jeune homme vu de face et coiffé d'un bonnet fourré. Id. f. Rome 1775. In 12.
5. La Sibille du Palais Borghese. Dominiquino pinx. In 4.
6. La Sibylle du Capitole. Guercino pinx. In 4.
7. La Fortune sur un globe. Guido Reni pinx. In fol.
8. Conseil des Dieux au sujet du mariage de Psyché et de Cupidon. Raphael pinx. Sommerau sc. Rome 1780. Gr. in fol. en t.
9. Les Noces de Psyché et de Cupidon. Id. eod. Gr. in fol. en t.
10—29. Les Tapisseries du Vatican, d'après les dessins de Raphael, contenant les principaux sujets du nouveau Testament, suite de 20. feuilles, gr. et moyen in fol. en t.

LES FRERES FACIUS.

GEORGE-SIGISMOND, et JEAN-GOTTLIEB, freres, dessinateurs et graveurs dans la manie-

LES FRERES FACIUS.

...re pointillée des Anglois, nés à Ratisbonne en 1750. Le pere des Facius, qui remplit longtems le poste de Consul de la Cour de Pétersbourg à Bruxelles, dirigea l'éducation de ses fils vers la culture des beaux-arts. Les deux freres se rendirent à Londres en 1776. Depuis cette époque ils ont publié un grand nombre d'estampes très-recherchées des amateurs, tant pour le choix des maîtres que pour le mérite de l'exécution.

Estampes des freres Facius, gravées en points, et dont les épreuves se trouvent en noir, en brun et en couleur.

1. Buste de Rubens. P. P. Rubens pinx. 1782. P. in 4.
2. Buste de la Femme de Rubens. Id. p. Pendant.
3. Catherine the II. Emprefs of all the Russias &c. G. S. Facius fec. en rouge. 1777. P. in 4.
4. Cléopatre. D'après une statue capitale de Venise. Id. del. et fec. 1777. In fol.
5. Danaé, avec la pluye d'or. Titian pinx. Josnah Boydell del. 1780. Gr. in fol. en t.
6. Vénus nue endormie. Id. pinx. 1781. Même grandeur.
7. Abraham traitant les trois Anges. B. Murillo pinx. 1781. T. gr. in fol. en t.
8. Dédale attachant des aîles à Icare. C. le Brun pinx. Gr. in fol.
9. Prince Octavius, figure de jeunesse en pied. B. West pinx. Gravé en 1785. In fol.
10. Mr. West and Family. Dédié a l'Impératrice de Russie. Id. pinx. 1779. T. gr. in fol. en t.

H. RIETER.

11. Angélique et Médor. Id. pinx. 1778. Gr. in fol.
12. L'Age d'or. Id. pinx. 1778. Ovale in fol. en t.
13. La Naissance de Vénus. James Barry pinx. 1778. Gr. in fol. en Ovale.
14. Ariane abandonnée par Thesée. Ang. Kauffmann pinx. Gr. in fol. en Ovale.
15. Sapho, inspirée par l'Amour, compose une ode en l'honneur de Vénus. Même dimmension.
16. Sophonisbe Reine de Carthage. Id. p. 1778. In fol. en ovale.
17. Phenisse, amie de Sophonisbe. Pendant.
18. 19. Deux pièces, N. I. N. II. intitulées: Cupid's Pastime. Id. pinx. 1783—1785. Gr. in fol. en t. et en Ovale.
20—33. La Nativité, au bas les sept Vertus chrétiennes et cardinales; sujets peints sur les vitrages d'une chapelle du College d'Oxford, par M. Jervaise, dessinés par Josuah Reynolds, exécutés par John Boydell et gravés par les Freres Facius. 14. feuilles à coler ensemble.

Pièce capitale.

HENRI RIETER, peintre et graveur à l'eau forte, ainsi qu'en couleur, né à Winterthour en 1751. et maintenant établi à Berne. Rieter perdit très-jeune son pere. Comme il montroit du goût pour le dessin, il fut résolu par ceux qui veillerent à son éducation d'en faire un artiste. Après avoir appris les premiers principes, il passa à Neuchâtel, où il s'appliqua à étudier la langue françoise et à peindre le portrait avec assez peu de succès. Il s'apperçut bientôt qu'il n'étoit pas placé pour arriver à son but; il changea de séjour et se rendit à Dresde auprès de son compatriote, Antoine Graff, qui lui donna ses conseils. Le jeune Rieter vit les portraits de son maître, les tableaux de cette fameuse Galerie et les artistes de l'Académie, et il s'apperçut avec confusion, qu'il lui restoit encore bien du chemin à faire. Cependant sans se rebuter il étudioit assiduement à la Galerie d'après Rubens, van Dyck, Rembrandt &c. mais par un instinct secret, il penchoit plus pour le paysage que pour le portrait. En contemplant dans la Galerie les chef-d'oeuvres du Lorrain, de Berghem, de Ruysdael, de Both, il se sentoit entraîné, comme malgré lui, à les copier. Puis ses liaisons avec le jeune Bach, le jeune Klafs, et surtout les bons conseils de son compatriote Zingg, le décidèrent pour ce dernier genre. Après une absence de cinq ans il retourna dans sa patrie, plein de reconnaissance pour ses amis de Dresde. En 1777. il alla à Berne, où il trouva dans la personne d'Aberli, ce qu'il avoit perdu à Dresde, un ami et un guide. Là il se livra sans réserve à son goût pour le genre qu'il avoit choisi. Il peignoit, il dessinoit et gravoit tour-à-tour. Aberli étant venu à mourir,

Rieter a pris le fond de ses estampes et là considérablement augmenté.

1—5. Petites Vues choisies pour ceux qui commencent à dessiner, prises d'après nature par J. L. Aberli, et gravées par H. Rieter. 1. Cahier. Cinq pièces colorées.

6. Vue prise aux environs de la Tour, petite Ville près de Vevay, gravée très-légèrement et colorée avec goût par Rieter. T. gr. q. en t.

7. Vue du Château de Spietz sur le lac de Thoun, peint d'après nature et gravé par H. Rieter.

Ces deux Vues qui font pendans sont de vrais chef-d'oeuvres dans le genre coloré.

8. Cime de la Pucelle (Jungfrau) vue près d'Unterséen Gr. in fol.

9. Dernière Cascade du Reichenbach, dans la vallée d'Oberhasli. Très-gr. p. en t. et en couleur.

Deux pièces d'une superbe exécution et d'un grand effet.

ISAAC-JACOB LA CROIX, graveur à la pointe et au burin, né à Payerne, Ville du Canton de Berne, en 1751. Son pere, aubergiste, ne voulant pas gêner son inclination, lui fit apprendre les principes du dessin par M. Miollet, et le traitement de la pointe et du burin chez Christian de Mechel à Bâle. Il resta cinq ans et demi chez ce dernier, et travailla tout ce tems à l'ouvrage sur les Médailles de Hedlinger, à la Danse de morts et à la Galerie figurée de Dusseldorf. La
Croix

Croix regarde ces cinq ans et demi comme autant de tems perdu; les progrès qu'il a faits depuis, il les doit entièrement à Dunker et à Eichler, qui ont agi à son égard en vrais amis. Du Cros, un de ses amis, ayant intention d'aller en Italie, lui proposa de l'accompagner; proposition qu'il accepta avec joie. En route ils ne s'arreterent qu'à Florence et à Bologne, où ils virent en artistes les belles choses conservées dans ces villes. Arrivé à Rome, la Croix ne fut occupé qu'à bien employer son tems. Il fit connoissance avec deux artistes célèbres, Volpati et Hackert, qui le prirent en amitié pour sa bonne conduite. Le premier lui donna ses conseils par rapport au maniement de son outil; le second, pour lui marquer sa confiance, lui fit graver un de ses beaux tableaux, la Vue de Césène, qui réussit parfaitement. Malheureusement l'altération de sa santé l'avertit que le climat de Rome ne lui convenoit pas. Après un séjour de deux ans il revint dans sa patrie. La plûpart des ouvrages qu'il a faits depuis son retour sont des ornemens typographiques. Il a fait la planche mise à la tête du Prospectus pour l'Histoire universelle en François; il vouloit se charger de toute l'entreprise.

T

Ch. F. Stoelzel.

1. Vue de la Ville de Césène, d'après Ph. Hackert Gr. in fol. Le pendant est:
2. Vue de l'Eglise de St. Pierre de Rome. Id. pinx. B. A. Dunker aq. forti. J. Volpato coel. appl.

Christian - Frederic Stoelzel, graveur à la pointe et au burin, ainsi que dans la manière pointillée, Pensionnaire de la Cour Electorale de Dresde et Membre de l'Académie des Arts, né à Dresde en 1751. Il apprit les élémens du dessin et de la gravure de Canale. Stoelzel a fait nombre de portraits en profil d'après son dessin, avec des rehauts au lavis et en couleur, imprimés dans la manière angloise. Tous ces portraits, de format in 4. ont été goûtés du public. Il travaille aussi pour les libraires.

1. Portrait du Bourguemestre Bormann de Dresde, d'après Befsler; in fol.
2. Portrait du Superintendant am Ende de Dresde, d'après le même; in fol.
3. Portrait du Directeur Schenau, en points, d'après un de ses tableaux en pastel; in fol.
4. Portrait de la Signora Allegranti, prima Donna du Théâtre de Dresde; daprès Caffé, gravé aux points; in fol.
5. Buste d'un homme bien caractérisé. J. Holbein pinx. Du Cabinet de Hagedorn. In fol.
6. Le vieux Hubrig, dans sa cent douzième année, les deux mains appuyées sur son bâton, in fol.
7. Paysage, d'après Dietrich, du même cabinet In fol. en t.

8. La Souris attrappée, d'après Dietrich, pere In fol.

9. La Vieille prévoyante, d'après le même. 1768.
Deux effets de nuit faisant pendans.

10. Der Weise (le Sage). Allégorie sur la bienfaisance de la loge des Franc-maçons de Dresde, lors de la grande disette de 1772. Gemalt von Schoenau, gestochen von Stoelzel. 1774. Gr. in fol.

C'est la meilleure pièce du graveur.

Stoelzel a aussi gravé les planches pour la Géographie minéralogique de la Saxe, par M. Charpentier de Freyberg, gr. in 4. A Leipzig chez Crusius, savoir:

11. Frontispice. La Muse de la Saxe, assise au pied du buste de l'Electeur, méditant de nouvelles découvertes, tandis que le vieux préjugé, les yeux bandés, se retire et qu'un génie éclairé lui brise sa baguette divinatoire. D'après Schenau, sans son nom.

12. La grande Carte pétrographique de la Saxe, avec six Vues de diverses mines, p. in fol. en t.

JEAN-CHRISTIAN KLENGEL, peintre et graveur à l'eau forte et au lavis, né à Kesseldorf près de Dresde en 1761. Membre de l'Académie Electorale des Arts à Dresde, et Membre honoraire de celle de Berlin. Klengel soutient la réputation qu'il s'est acquise, d'être un des meilleurs disciples de Dietrich, soit par ses tableaux, ses dessins et ses eaux fortes. Dans tous ces genres il s'est

J. Ch. Klengel.

attiré l'attention des amateurs, mais c'est dans ce dernier qu'il mérite une place distinguée dans notre Manuel. Depuis peu Klengel a fait un voyage en Italie et par-là il a encore perfectionné sa manière, et dans ses tableaux et dans ses dessins.

1. 2. Deux Paysages, l'un représentant des maisons rustiques, et sur le devant des villageois, effet piquant de nuit, et l'autre un incendie nocturne. Klengel f. 1770. In 8. en t.

3. 4. Deux Paysages, ornés de bois et de collines, sur le devant des pâtres et des bestiaux. Id. f. 1771. In 4. en t.

5. 6. Deux Paysages montagneux ornés de roches et bestiaux. K. 1770. In 4. en t.

7—18. Douze feuilles de Paysages divers, formant une suite, et portant pour titre. *XII. Paysages représentant différentes contrées de la Saxe, inventés et gravés à l'eau forte par J. Ch. Klengel.* In fol. en t.

19—30. Douze feuilles de Paysages formant une suite et portant pour titre: *XII. Sujets divers d'après les dessins de Dietrich, gravés à l'eau forte par son élève. J. Ch. Klengel* 1773. P. in fol. en t.

31. Le Matin, grand Paysage orné de bergeries. K. f. 1779. Imprimé en bistre. In fol. en t.

32. La Forêt, grand Paysage, d'après Ruysdael, du Cab. de Winkler. K. f. 1787. Tr. gr. p. en t.

33. Grand Paysage, où se voit vers la droite sur un rocher un temple romain. T. gr. p. en t.

34. Grand Paysage montagneux, orné sur le devant de figures et de bestiaux. Tr. gr. p. en tr.

35. Daphnis et Chloé, sujet tiré des Idylles de Gessner, beau Paysage. Tr. gr. p. in fol. en t.
36. 37. Deux Vues de Ruines romaines. 1) Aquedotti Vecchii presso di Roma. 2) Il Monte Testaccio, à Roma. K. f. Romae 1791. Gr. in fol.

FREDERIC-CHRISTIAN KLASS, paysagiste et graveur à l'eau forte, né à Dresde en 1752. et Membre de l'Académie Electorale. Les Klafs sont deux freres, qui se distinguent par leurs talens depuis l'établissement de l'Académie. L'aîné, Charles-Christian, Inspecteur du Cabinet des Estampes à Dresde et Maître à dessiner des Pages, s'est voué à la peinture de l'histoire sous la direction du Professeur Casanova. Le goût du cadet s'est décidé pour le paysage. L'étude de la nature et la persévérance dans le travail furent ses principaux guides, jointes aux conseils du même Casanova, au jugement duquel il a soumis tous ses ouvrages. Ses paysages, tant peints que dessinés, sont surtout recherchés des étrangers. Klafs a gravé à l'eau forte un bon nombre de paysages de petite et de moyenne grandeur, exécutés dans un certain brut pittoresque, et dans lesquels on estime particulièrement le choix des sites et l'intelligence de la composition. En 1794. il perdit son frere, et depuis ce tems il remplit la place de Maître à dessiner des Pages.

1—14. Quatorze feuilles de Paysages variés, formant une suite et portant pour titre: Premier Essai, Erster Versuch von F. C. Klafs. De différens formats.
15—20. Six feuilles de Vues de la Saxe, ornés de figures et de bestiaux. In 8.
21—24. Quatre feuilles de jolis Paysages. P. in 4. en t.
25. 26. Deux Paysages, avec des arbres et des côteaux. In 4. en t.
27. 28. Deux Paysages montagneux, avec des eaux et des cascades. Gr. in 4. en t.
29. 30. Deux Paysages, l'un sur le devant des Pêcheurs, l'autre un Hermitage au pied d'un rocher et à côté des Vignerons. P. in fol. en t.
31. 32. Deux Paysages montagneux, d'une gravure grignotée et d'un bel effet. F. C. Klafs fec. 1775. In fol. en t.

JEAN-AUGUSTE ROSSMAESSLER, dessinateur et graveur à la pointe, naquit à Leipzig en 1752. et mourut dans la même ville en 1783. Il apprit les principes du dessin à l'Académie des Arts de Leipzig sous la direction d'Oeser et s'appliqua pendant quelque tems à l'architecture sous Lange, Architecte de l'Université. Son goût dans le dessin étoit le paysage; il réussit très-bien à copier Bach. Après quelques petits essais à l'eau forte, il dessina et grava deux grandes feuilles sous le titre de Promenades autour de Leipzig. Ces pièces piquerent la curiosité du public par la vérité de quelques grouppes, et on applau-

J. A. ROSSMAESSLER.

dit aux coups d'essais du jeune artiste. La plus grande utilité qu'il tira de la publication de ces deux morceaux, fut l'aquisition de l'amitié de Chodowiecki, qui dès-lors entra en correspondance avec lui et l'instruisit par lettres de tous les procédés de l'eau forte. Depuis ce tems Rofsmaefsler s'est constamment appliqué à la gravure, et dans l'espace de six ans, il a produit au de-là de 300. vignettes et cul-de-lampes pour des libraires, la plupart des pièces de son invention. En 1781. il fit un voyage à Berlin pour voir son grand ami Chodowiecki; en 1782. il passa trois mois à Dresde pour y étudier la galerie; et en 1783. il mourut à Leipzig à la fleur de son âge.

1. La Tête de Gellert, copie d'après une empreinte en terre cuite d'une pierre gravée de Kaucksdorf 1776. Premier essai.
2. Portrait du Docteur Burscher 1777.
3. Portrait du Docteur Dodd.
4. Vue de la Promenade de Leipzig 1777. Gr. in fol. en t.
5. Vue du bois du Rosenthal 1778. Gr. in fol. en t.
6. Vue de la Cour d'Auerbach en tems de foire. Gr. in fol. en t.
7—10. Quatre Vignettes pour *l'Ami des enfans de Weifse*. 1781.
11—14. Quatre feuilles de Coiffures et d'Habillemens de Dresde. 1782.

Les Vignettes et les cul-de-lampes de ce maître sont fort recherchées, et plusieurs amateurs s'attachent à former son œuvre.

CARLE GOTTLOB RASPE, graveur au burin, né à Dresde en 1752. et travaillant dans la même ville en 1795. Il apprit les élémens de la gravure chez Zucchi; mais il s'est fait un style de gravure à force d'étudier les grands maîtres dans les différens genres. Jusques ici il n'a guere gravé que des portraits.

1. Le Conseiller de Bonickau. Milzsch del. Petit in fol.
2. Le Conseiller Gefsner. Ant. Graff pinx. P. in fol.
3. J. A. de Segner. Fuger pinx. In fol.
4. Le Prince de Sacken. Schmidt pinx. Gr. in fol.
5. Le Comte de Baudissin. Id. p. In fol.
6. La Comtesse de Marcolini. Id. p. In fol.
7. Fréderic-Auguste, Electeur de Saxe, d'après Ant. Graff. In fol.
8. Jeune Fille avec des pigeons. Ant. Pesne. In fol.
9. Olivier-Cromwell, Protecteur. Ant. van Dyck. In fol.

Ces deux dernières pièces sont destinées pour le troisième Volume de la Galerie de Dresde.

G. W. WEISSE.

GOTTHELF WILHELM WEISSE, graveur à l'eau forte et au burin, né à Dresde vers 1750. aujourd'hui graveur à la Cour du Landgrave de Hesse-Cassel. Il apprit la gravure à Dresde sous Canale, et il avoit déja donné des preuves de ses talens, lorsqu'il fut appelé à Cassel, où il a publié avec succès différens ouvrages.

1. Portrait du feu Landgrave de Hesse-Cassel, d'après Graff. In fol.
2. Portrait de la Landgrave douairière de Hesse-Cassel, d'après Tischbein. In fol.
3. Portrait du Landgrave règnant de Hesse-Cassel. D'après Boettner. In 4.
4. Portrait de Gleim, d'après Tischbein. In 4.
5. Apollon assis, tenant d'une main sa lyre sur ses genoux et de l'autre le plectrum, d'après J. H. Tischbein; dédié au Landgrave règnant. Gr. in fol.
6. Paysage montagneux avec une chute d'eau. Du Cab. de Hagedorn à Dresde. A. v. Everdingen pinx. G. W. Weisse sc. 1773. In fol.
7. Paysage avec un Clair de lune, dans le goût de van der Neer. Ibid. d'après Dietrich. Pendant de la pièce précédente.
8. Vue du Château de Wilhelmsbad. Tischbein del. In fol. en t.
9. Le Rofstrab, Mont du Harz inférieur. P. J. F. Weitsch pinx. Gr. in fol. en t.
10. Vue du Château de Weissenstein, du couchant.
11. Vue du même Château, du côté du nord, d'après Tischbein. Gr. in fol. en t.

Deux morceaux intéressans.

12. Vue de la Ville de Cassel. Tischbein pinx. Gr. p. en t.

CLEMENT KOHL, graveur à la pointe et au burin, né à Prague en 1752. Il apprit les élémens de la gravure dans sa ville natale et alla se perfectionner à Vienne sous la direction de Schmutzer. Il a publié un bon nombre de portraits, et quelques sujets historiques, surtout d'après son frere, Louis Kohl, Peintre Impérial et Royal. Son burin est d'une extrême délicatesse, particulièrement à quelques uns de ses portraits, tels que ceux du Prince et de la Princesse de Gagarin.

1. Frédéric Guillaume, Prince de Hohenlohe. Joh. Kreutzinger del. Vienne 1790. In 8.
2. Johanna Sacco, célèbre Actrice Allemande. J. Tusch pinx. In 4.
3. Serge, Prince de Gagarin. L. Posch p. Cl. Kohl sc. Viennae. In 4.
4. Serge, Princesse de Gagarin, née Princesse de Galitzin. Id. Id. Pendant.
5. Charles-Guillaume-Ferdinand, Duc regnant de Brunsvic. Ant. Graff pinx. In fol.
6. Ferdinand, Duc de Brunsvic et de Lunebourg, assis, peint par Ziesenis. Gr. in fol.
7. La Bénédiction de Jacob. Inventé par L. Kohl, gravé par Cl. Kohl 1775. In 4.
8. Un Philosophe, avec des lunettes sur le nez et un cercle à la main, montrant quelque chose sur une sphere à un spectateur. Id. Id. In 4.
9. Un Instituteur, expliquant un livre grec à ses disciples. Id. Id. In 4.

H. SINZENICH.

Henri Sinzenich, graveur à la pointe, au burin, en manière noire et pointillée, né à Mannheim en 1752. Après avoir appris les élémens de l'art dans le lieu de sa naissance, il fit en 1775. un voyage à Londres aux fraix de l'Electeur pour se perfectionner, sous la direction du célèbre Bartolozzi, dans les différentes manières de graver et d'imprimer les estampes en Angleterre. Rappelé en 1779. par ordre de l'Electeur avec le titre de Graveur de la Cour, il donna des preuves de sa capacité, en publiant à Mannheim un grand nombre d'estampes, la plûpart exécutées dans la manière angloise et imprimées en couleur. En 1760. il obtint de sa Cour la permission de se rendre à Berlin, où il fut reçu Membre de l'Académie Royale des Arts, et où il grava quelques planches pour l'Institut de gravûre de M. Pascal.

Henri a un frere, Pierre Sinzenich, graveur à Londres, qui a publié un paysage d'après Huismann, dont l'original se trouve à la Galerie de tableaux de Mannheim.

Pièces de Sintzenich en points, exécutées en noir, en brun et en couleur, au choix des amateurs.

1. Madame de la Roche, née de Guttermann, peinte par Breckenkamp, gravée par Sintzenich à Mannheim 1782. Ovale in 8.

H. SINTZENICH.

2. Félix Berner, Directeur de Spectacle. In 8. manière noire.
3. Fréderique-Louise-Wilhelmine, Princesse de Prusse. Schroeder pinx. In fol.
4. Esther-Charlotte Brandes, dans le rôle d'Ariane. Ant. Graff pinx. In fol.
5. Sainte Anne enseignant à lire à la jeune Vierge. B. Lutti pinx. En rond, in fol.
6. La Vierge avec l'Enfant Jésus et le petit St. Jean. P. Véronese pinx. De même.
7. La Madeleine, d'après Ch. le Brun. In fol.
8. Sainte Cécile d'après le Dominiquin. In fol.
9. La Reine Artemise, d'après le Carrache. In fol.
10. La Reine Sophonisbe, d'après Solimene. In 4.
11. Ophelie, d'après Rembrandt. In 4.
12. Cassandre, d'après Ant. Hickel. In 4.
13. Phillis, d'après Carlo Dolci. 1782. In 4.
14. Zémire, d'après Cipriani, profil en ovale. P. in fol.
15. Emilie, d'après Angélique Kauffmann. Pendant.
16. La Peinture, d'après la même. In fol.
17. La Musique, d'après la Rosalba. Pendant.
18. Un Saint Evêque, dont le corps mort est étendu sur un lit de parade, et dont plusieurs malades se trouvent guéris par l'attouchement. D'après un dessin original de Raphael, du Cabinet de Dessin de Mannheim. 1784. P. in fol. en t.
19. Guerre des Sabins et des Romains, pacifiée par les Sabines. Grande composition de Rubens, de la Collection de Tableaux de Mannheim. Gr. in fol. en trav.

FERDINAND LANDERER, dessinateur, graveur à l'eau forte et dans le goût du crayon, né à Stein en Autriche en 1753. et Professeur pour le dessin des Ingénieurs à l'Académie militaire. Parmi ses gravures nous nous contenterons de citer les suivantes.

1. Joseph de Kurz, Auteur et fameux Comique sous le nom de Bernardon. Gegraben von Landerer. In 8.
2. François-Maurice, Comte de Lary. Ch. Kolonitz pinx. In 4.
3. 4. Deux Paysages montagneux, ornés de ruines et de bestiaux. Dietrich pinx. In fol. en t.
5. 6. Deux Paysages montagneux, dédiés au grand Duc de Toscane. Pillement pinx. In fol. en t.
7. Samson trahi par Dalila. Du Cabinet du Comte de Schoenborn à Vienne. Gr. in fol. en t.

Fameux tableau de Rembrandt pour la force de l'expression.

8. 9. Deux grands Paysages, ornés de bestiaux et de figures. Loutherbourg pinx. Gr. in fol.
10—19. Dix feuilles de Têtes de caractere en demi-figures. M. Schmidt inv. in 4.

QUIRIN MARK, graveur au burin, né à Littau en Moravie en 1753. et Membre de l'Académie Impériale de Vienne. Il vint jeune à Vienne avec d'excellentes dispositions pour l'art et il eut le bonheur d'avoir Schmutzer pour maître dans la gravure. Aussi le disciple fait-il honneur au maître. Dans les Cris de Vienne par Brand l'aîné, il se trouve plusieurs pièces de Mark.

1. Charles, Comte de Pellegrini. C. Vinancer fec. Q. Mark sc. 1782. In 8.
2. J. J. Plenk, Docteur en Chirurgie. J. M. Stock pinx. Id. sc. 1778. Gr. in 8.
3. La Vierge avec l'enfant Jésus et le petit St. Jean. Du Cab. du Prince Galitzin. L. Jordano pinx. In fol. Carré.
4. Susanne avec les Vieillards. Ibid. Rubens del. In fol.
5. Diogène et Alexandre. Ibid. Id. in fol.
6. Hérodiade. Th. van Thulden pinx. Gr. in fol. en trav.
7. Cléopatre qui montre à Auguste le buste de Jules César. De la Gal. de Vienne. P. Battoni pinx. Gr. in fol. en t. Pièce qui fait pendant avec la Mort de Marc-Antoine de Wille.
8. Vénus couchée et endormie, tandis que l'Amour dort sur son giron. De la Gal. de Lichtenstein. Francesquin p. Vienne 1783. Gr. in fol. en t.
9. Histoire de Cimon et Péro, exemple de l'amour filial. D'après l'original de la Baronne de Peliski. In fol.
10. L'Avare amoureux. Peint par Braun, gravé par Q. Mark 1786. In fol.

CHRISTOPHE NATHE, dessinateur et graveur à l'eau forte, né à Niederbielau près de Goerlitz, dans la haute Lusace en 1753. Son pere qui vivoit à la campagne, le destinoit à l'étude de la Théologie. D'après ce plan il fut envoyé au Gymnase de Goerlitz; mais son goût pour le dessin prévalut. Ayant eu occasion de voir quelques estampes dans la manière du crayon, il les copia trait pour trait et acquit par là quelque pratique; dès-lors il essaya de dessiner d'après nature divers objets, en quoi sa passion pour l'art le seconda merveilleusement. De-là il se rendit à Leipzig, et étudia avec assiduité à l'Académie sous la conduite d'Oeser. Décidé pour le paysage, il fit du dessin d'après nature sa principale occupation. Sans bien et sans protection, il tâcha de se procurer son nécessaire par la vente de ses dessins; il fit aussi quelques essais à l'eau forte qui réussirent. Il quitta Leipzig pour quelque tems et retourna en Lusace, d'où il se rendit à Messersdorf chez M. de Gersdorf, son patron, grand minéralogiste, dont le commerce, par ses connoissances étendues, lui fut de la plus grande utilité. De-là il parcourut les montagnes de la Silésie, dessina les sites les plus intéressans de ces contrées, et revint à Leipzig, muni d'une bonne quantité d'études dont il fit des dessins pour les amateurs. Sur ces entrefaites il se présenta une heureuse circonstance pour Nathe: M. de Gersdorf et M. de Meyer, ayant entrepris un Voyage en Suisse, il l'emmenerent avec eux comme compagnon de voyage. Là il vit les sublimes objets de la nature, qui donnerent un nouvel essor à son penchant pour l'art. Il s'abyma entièrement dans l'étude de ces contrées majestueuses et de ces contrastes pittoresques de la nature, et revint dans sa patrie avec un riche trésor dans son porte-feuille. Depuis son retour il a commencé à travailler d'après ses esquisses dans un plus grand style, et à exécuter des ouvrages que les vrais connoisseurs ne laissent pas longtems entre ses mains. A son dernier voyage à Leipzig, on a bien remarqué les progrès qu'il a faits; aussi les amateurs ont montré beaucoup d'empressement pour avoir de ses dessins. Comme notre artiste, d'un naturel franc et ouvert, n'a jamais aimé le monde bruyant des artistes, et qu'il a toujours été porté d'inclination à mener un vie tranquille, il a préféré les objets pittoresques de la nature dans les contrées de son pays. Il y a huit ans qu'il accepta la place de Directeur d'une Ecole de Dessin établie à Goerlitz: place qui réunit l'agrément de lui donner assez de loisir pour faire des courses pittoresques dans les montagnes du Harz, de Bohème et de Silésie, et de nous faire connoître par ses dessins maintes belles contrées. Il s'est formé une excellente élève en Mademoiselle Caroline de Meyer, nièce

nièce de M. de Meyer; cette élève aujourd'hui sa compagne, fait le plus grand honneur à son maître; couple heureux qui, jouissant des douceurs de la vie domestique, s'est entièrement consacré à l'art.

Si Nathe eut pu profiter des trésors de l'art et de la nature qu'étale l'Italie, ainsi que du commerce des grands artistes; si sa position actuelle ne le tenoit pas éloigné de tous les ouvrages, de tous les amis de l'art, dont la franche amitié peut donner souvent d'importans conseils à l'artiste, il seroit parvenu, avec les talens que nous lui connoissons, à toute la perfection à laquelle un artiste puisse parvenir.

Une grande partie de ses dessins, répandus dans les cabinets et entre les mains des amateurs, sont dans une haute estime parmi les connoisseurs. Le choix de ses objets et de ses sites; la douceur, la facilité et l'agrément de son style; la fierté de ses devants, et le vaporeux qu'il sait imprimer, comme demi-teintes, aux parties éloignées, forment le mérite de ses dessins finis. Il a fait aussi quelques heureux essais en paysages peints à l'huile; mais ils sont assez peu répandus dans le public.

Cet artiste a en réserve un assez bon nombre de planches gravées, qu'il compte publier dans peu. Ce sont de petits paysages dessinés d'après nature, et gravés d'une pointe spirituelle. Ces paysages dont il veut encore augmenter le nombre, seront instructifs pour les artistes novices. Comme Nathe est avantageusement connu des amateurs allemans et que nous aurons incessamment de lui un bon nombre de jolies eaux fortes, je me flatte que cette Biographie, devenue un peu ample, ne déplaira pas au lecteur ami des arts et de ses progrès. En attendant la publication de toutes les planches qui sont prêtes, nous allons spécifier le petit nombre de celles dont il a donné des épreuves à ses amis et que nous avons sous les yeux.

1—3. Trois Vignettes pour le *Catalogue des objets de curiosités de M. Rost à Leipzig*, 1782. in 12.

4. Paysage, orné d'arbres, de maisons, avec un pavillon, contrée près de Leipzig, nommée l'Ile de lait in 8. en t.

5. Paysage montagneux de la Suisse, avec le Pont du Diable, in 8.

6. Paysage avec une tour carrée et des cabanes, p. in 4. en t.

7. Paysage de la Suisse, avec une cabane dans un bois, et deux figures assis sur le devant, p. in 4. en t.

8. Paysage d'une contrée près de Leipzig, sur le devant des hauteurs, et un homme avec son chien, p. in 4. en t.

9. Paysage avec un grand arbre sur une colline, et deux figures assises, p. in 4. en t.

C. Hess.

10. Paysage avec une forêt sur le devant, à gauche un côteau revêtu d'arbres, p. in 4. en t.
11. Paysage d'une contrée de Goerlitz, avec la vue sur la montagne de Landescrone, in fol. en t.
12. Paysage dans le goût du bistre; sur le devant un grouppe d'arbres, sur le fond des cabanes sur une hauteur. Nathe sc. 1796. petit in 4.

CHARLES HESS, Graveur, né à Darmstadt vers 1760. a fait un séjour de plusieurs années à Mannheim et à Dusseldorf. Aujourd'hui il réside à Munich où il remplit la place de graveur de la Cour Electorale. Il est du nombre des artistes allemans qui fait honneur à son pays. Les neuf pièces suivantes sont gravées d'après les tableaux de Flink et de Rembrandt de la Galerie de Dusseldorf, et rendus parfaitement dans le caractere du maître.

1. Portrait du peintre Gerard Flink. In 4.
2. Portrait de la Femme de G. Flink. In 4.
3. Portrait de Rembrandt. In fol. Ceintré.
4. La Nativité. In fol. De même.
5. L'Elévation de la Croix. De même.
6. La Descente de Croix. De même.
7. La Sépulture. De même.
8. La Résurrection. De même
9. L'Ascension. De même.
10. Jésus-Christ disputant dans le temple avec les Docteurs de la loi. Rembrandt pinx. Hefs sc. 1786. Chez Artaria à Vienne. Gr. in fol.

De la Galerie Electorale de Munich.

11. Portrait du Comte de Wallenstein, mis, à la tête de sa vie dans l'ouvrage de Klein des hommes célèbres d'Allemagne. D'après Rembrandt.

Gravé à l'eau forte dans la manière vigoureuse de ce maître.

12. Le Charlatan, riche composition et fameux tableau de la Galerie de Dusseldorf. G. Dow pinx. Très gr. pièce.

13. Conversation de Faunes, d'après un tableau du Poussin, de la Galerie de Munich.

Parfaite imitation de la manière angloise.

14. Vues du Jardin anglais de Schwezingen, gravées à l'eau forte et exécutées dans une grande manière.

JOSEPH-FRANCOIS DE GOETZ, peintre, dessinateur et graveur à l'eau forte, né en 1754. à Hermanstadt ou Cèben, Capitale de Transsilvanie. Son pere avoit été Lieutenant-Colonel au service de l'Empereur. Pour lui il fut d'abord engagé à Vienne en qualité de Conseiller de guerre; mais ne goûtant pas les projets d'ambition de ses parens, il quitta ce poste dès qu'il se vit son maître pour jouir de toute sa liberté. Quant à l'art, il n'a guere eu d'autre maître que lui-même. En 1779. il s'étoit rendu à Munich, dans l'intention de voir les belles choses qui se conservent en cette résidence. Après y avoir fait quelque séjour, il résolut de s'y établir, et d'y cultiver les arts et les lettres. Cependant il ne tarda pas à s'appercevoir, que l'opinion publique dans le lieu de sa retraite ne s'accordoit pas avec la sienne. A son arrivée aux portes de Munich on avoit trouvé parmi ses effets tout l'attirail d'un peintre; on avoit jugé d'après les divers manequins qui en faisoient partie, que le maître étoit joueur de marionnetes. S'étant fait connoître pour ce qu'il étoit, on ne concevoit pas trop comment un gentilhomme pouvoit avoir si peu d'élévation dans l'ame, de cultiver les arts pour de l'argent; préjugé enraciné encore dans plus d'une contrée en Allemagne. Déja à Vienne on lui avoit dit: ,,Dessiner, on vous le passe! Mais peindre,, — Quoi qu'il en soit, il resta douze ans à Munich, y compris un voyage qu'il fit dans cet intervalle à Augsbourg. Il y publia plusieurs ouvrages qui firent honneur à son esprit. D'une Ballade du Poëte Bürger, *Leonardo et Blandine*, il composa un Mélodrame, qui fut mis en musique et représenté sur le Théâtre de Munich. Après la représentation théâtrale il médita de nouveau son sujet, relativement à l'expression des mouvemens passionnés et composa sur ce drame 160. dessins dans lesquels il a cherché à rendre les expressions et les attitudes telles qu'il les concevoit dans la progression des passions. Nous donnerons ci-après le titre entier de cet ouvrage qui a fait du bruit en Allemagne. — Parmi ses ouvrages de peinture qu'il fit à Munich, il avoit peint plusieurs grands portraits à l'huile; entre autres celui de l'Electeur regnant de Bavière, et celui de l'Acteur Schroeder dans le rôle de Hamlet, lorsqu'il récite le fameux monologue: *Etre ou ne pas être!* sans passer sous silence un autre grand tableau, dont on a fait l'éloge, représentant la scene dans Hamlet où la Reine meurt.

Goetz vivoit assez retiré dans un petit cercle d'amis, lorsqu'au commencement de 1791. il se vit la victime d'un acte d'autorité qui l'a cruellement affecté. Un huissier vint lui signifier de se rendre sur le champ chez le Comte de Zech. Celui-ci sans autre forme de procès lui déclara, qu'il falloit sans délai vider la résidence, s'il ne vouloit pas s'exposer à des suites fâcheuses. Il demanda la raison de cet ordre, et pria le Comte de lui dire du moins de quel délit il étoit accusé, protestant qu'il n'étoit ni Illuminé, ni Franc-Maçon, et sollicitant une copie du *décret suprême*. Toute la réponse fut, qu'on n'avoit d'autre ordre, que de lui signifier le décret: et tout ce qu'il put obtenir, fut un délai de trois jours. Au bout de ce tems il se retira à Ratisbonne, d'où il envoya à l'Electeur une déclaration qui ne paroît pas avoir eu d'effet. Du lieu de sa retraite il fit imprimer pour sa satisfaction et celle de ses amis une exposition du fait écrite avec sentiment et avec dignité. Cet acte de despotisme, exercé contre un homme de mérite à tous égards, est peint avec ses vraies couleurs par l'auteur de la Nouvelle Bibliothèque des Beaux arts *).

Les principaux articles artistiques de Goetz sont les suivans:

1. Portrait du Pape Pie VI. en profil, gravé à l'eau forte en 1782. In 4.
2. Portrait de Gustave III. Roi de Suéde. De même. 1783.
3. Essai d'une suite nombreuse d'esquisses sur le Caractère des passions; 160. pièces, dessinées, gravées à l'eau forte et accompagnées de remarques par J. F. de Goetz. A Augsbourg à la Librairie Académique. 1784. In 4.
4. Exercices d'imagination de différens Caractères et Formes humaines, inventés, peints et dessinés par J. F. de Goetz. Le frontispice représente la personne de l'Auteur. Les figures caractéristiques sont au nombre de 64. avec 8. feuilles de caprices.
5. Suite de 27. pièces nouvelles pour ajouter aux Figures caractéristiques annoncées ci-devant. Les No. 65. jusqu'à 84. ont été gravés à Paris par Brichet.

*). *Neue Bibliothek der schönen Wissenschaften &c.* B. 47. p. 124.

C. WEISBROD.

CHARLES WEISBROD, dessinateur et graveur à l'eau forte, né à Hambourg en 1754. Il vint jeune à Paris pour se perfectionner dans la gravure et fut du nombre des disciples de Wille. Pendant son séjour en France il a gravé à l'eau forte plusieurs paysages, d'après différens maîtres des Pays-Bas pour les Cabinets de Poullain, de Choiseul et de Praslin. Dans le Catalogue des dessins de Neyman, imprimé à Paris en 1776. il se trouve de lui plusieurs jolis paysages, gravés d'une pointe délicate et spirituelle. Depuis qu'il est de retour dans sa patrie, il a publié quelques estampes de son invention; mais il faisoit attendre d'avantage de ses talens.

1. Joli Paysage orné de ruines et de figures, eau forte d'après A. Kierings. P. in 4. en t.
2. Deux riches Paysages, ornés de Bergeries. Du Cab. de dessins de Neyman. Ad. van de Velde del. Weisbrod fec. aqua forti. P. in fol. en t.
3. 4. Deux sujets de Weirotter: l'Heure du repos, et petit Port près de Rotterdam. In 4. en t.
5. 6. Première et seconde Vue de Doebeln en Saxe. Peintes à gouache par J. G. Wagner. W. sc. aqua forti. P. in fol. en t.
7. 8. Première et seconde Vue des environs de Meissen. Id. p. Gravé à l'eau forte par Weisbrod, et terminé au burin par Daudet. P. in fol. en t.
9. La Fuite en Egypte. D'après Teniers. Gravée par les mêmes. P. in fol.

10. 11. Le Midi et le Soir, deux beaux Paysages, ornés d'animaux. Id. pinx. Gravés par Weisbrod et Dequevauviller. Gr. in fol. en t.

12. Beau Paysage avec des animaux. Pynacre pinx. Weisbrod et Le Bas sc. Gr. in fol. en t.

13. Beau Paysage; dans le lointain des troupeaux et sur le devant un homme qui mène un petit garçon. Ruysdael pinx. Id. Id. sc. Gr. in fol. en t.

14. Paysage dans le goût de Breemberg, où se voit au milieu une Arcade ruinée. Weisbrod fec. In 4.

15. Des Villageois conduisant des bestiaux aux champs. C. W. f. Hambourg 1780. Paysage dans le goût de Berghem. In 4. en t.

16. Une Villageoise allaitant son enfant au milieu de ses bestiaux. Weisbrod. Hambourg 1781. In 4. en t.

SEBASTIEN-IGNACE KLAUBER, graveur au burin, né à Augsbourg en 1754. Il apprit les élémens de la gravure de son pere, Jean Baptiste Klauber, graveur en cette ville. Après un assez long séjour à Rome, il a été se perfectionner dans la gravure à Paris sous la direction de Jean-George Wille. Klauber ne tarda pas à s'y faire connoître par des ouvrages qui lui méritèrent une approbation universelle. Il fut reçu Membre de l'Académie Royale des Arts, et eut le titre de Graveur du Roi. Pendant la révolution en France, Klauber s'est retiré à Nuremberg, où il ne cesse d'enrichir le public de ses productions. Depuis son séjour en Allemagne, il travaille à un grand ouvrage, dont il a fait jusqu'ici la majeure partie des gravures; ouvrage dont nous avons déja deux livraisons, et qui porte pour titre: *Principales Figures de la Mythologie, exécutées en taille douce, d'après les Pierres gravées antiques qui appartenaient autrefois au Baron de Stosch, et qui sont aujourd'hui dans le Cabinet du Roi de Prusse. Publié à Nuremberg par Jean Fréderic Frauenholz. Gr. in fol. Première et seconde Livraison.* Le fond de cet ouvrage est la Description de Pierres gravées de Stosch par Winkelmann. Presque tous les dessins de ces premieres livraisons sont de Casanova, et l'éxécution de tout l'ouvrage, répond à l'importance de l'entreprise.

1. Le Sauveur du monde. Stella pinx. P. in fol.
2. Petit Ecolier de Harlem. Poelenbourg pinx. P. in fol.
3. Caspar Netscher. Se ipse pinx. In fol.
4. Femme de François de Mieris, peinte par Mieris. Gr. in fol.
5. Charles Vanloo, Peintre du Roi, peint par F. le Sueur. Pièce de réception à l'Académie Royale en 1787. Gr. in fol.
6. Christophe Gabriel Allegrain, Sculpteur du Roi. Duplessis pinx. Seconde pièce de réception. Gr. in fol.
7. Le Comte de Herzberg. Peint par Schroeder. Gravé par Klauber. 1795. Gr. in fol.

J. PENZEL.

JEAN PENZEL, peintre, dessinateur et graveur à l'eau forte, né à Hersbruck petite ville du district de Nuremberg en 1754. et établi présentement à Leipzig. Après avoir appris les élémens du dessin à Nuremberg et s'être exercé dans la peinture à Augsbourg et à Francfort, il se rendit à Winterthour auprès de Schellenberg pour apprendre de lui les procédès de l'eau forte. Au bout de deux ans de séjour en cette ville il fit un voyage dans la Suisse pour étudier la nature dans toute sa pompe. De-là il passa à Dresde pour profiter de la Galerie Electorale et des conseils des artistes de l'Académie. Résolu de s'appliquer à la gravure relative aux ornemens typographiques, il étudia particulièrement la manière de Chodowiecki, et grava plusieurs sujets d'après ses dessins. Et Chodowiecki de son côté, charmé de pouvoir être utile à un jeune artiste qui annonçoit des talens, l'encourageoit amicalement, en lui donnant des conseils par écrit, comme il avoit déja fait à l'égard de Rofsmaefsler. Comme Penzel est un artiste très-laborieux et que ses gravures d'ornemens sont fort recherchées par les libraires, le nombre de ses pièces se monte déja à plusieurs centaines. Il a surtout gravé les ornemens d'un grand nombre d'Al-

A. SCHLICHT.

manac de poche, tant d'après Chodowiecki que de son invention.

1—6. Six feuilles de l'Histoire de la Reine Elisabeth d'après Chodowiecki. In 8.

7—18. Douze feuilles pour un Almanac de l'Histoire ancienne, d'après les dessins de Chodowiecki, gravées par Geyser et par Penzel. P. in 12.

19—30. Douze feuilles servant d'ornemens à la Correspondance de l'Ami des Enfans. In 8.

31—34. Quatre sujets pour un Livre élémentaire d'éducation, d'après Schellenberg. In fol. en t.

35. Les Gravures pour le Livre élémentaire de morale, par Salzmann.

ABEL SCHLICHT, dessinateur, graveur à l'eau forte et au lavis, né à Mannheim en 1754. et établi en cette ville, avec le titre d'Architecte de la Cour Palatine et de Professeur de l'Académie des Beaux-Arts de Dusseldorf. Il s'applique avec succès à la gravure au lavis ou à l'aqua tinta, manière qui a fait de grands progrès en Allemagne. Parmi les morceaux de Schlicht dans ce genre, ceux que nous rapportons ici se distinguent principalement par leur grand effet et par le choix des sujets, ainsi que par une parfaite imitation des tableaux.

1. Vue d'un Temple, d'après Bibiena. Gr. in fol. en trav.

2. Vue d'une Prison, d'après le même. Pendant.

3. Tempête avec naufrage d'après Vernet. T. gr. p. en trav.
4. La Mer tranquille au coucher du soleil, d'après le même. Pendant.
5. Beau Paysage, d'après Ad. van de Velde. T. gr. p. en t.
6. Beau Paysage, d'après Berghem, avec des bestiaux. T. gr. p. en t.
7. Beau Paysage, d'après Pynaker. T. gr. p. en t.
8. Ruines de Corinthe, où se voit Aléxandre allant visiter Diogène à l'entrée de son tonneau, d'après Pannini. T. gr. p. en t.
9. Autre morceau de Ruines antiques, sur le devant la Statue d'un Hercule en repos, d'après le même.

Les originaux qui font pendans, se trouvent à la Galerie de Mannheim.

10. Prison souterraine pour le Théâtre, inventée et gravée au lavis par A. Schlicht. T. gr. p. en t.
11. 12. Deux morceaux représentant des Prisons, inventés et gravés à l'eau forte par Schlicht. Gr. in fol.
13. 14. Deux morceaux représentant des Décorations pour le Théâtre. De même.

FREDERIC REHBERG, peintre et graveur à l'eau forte, né à Hannovre vers 1755. Après s'être exercé dans sa patrie à dessiner par un penchant naturel, il vint étudier l'art à l'Academie de Leipzig sous la direction d'Oeser. Tout fut de son ressort, le portrait, l'histoire, le paysage. De-là il passa en Italie, où il fit quelque séjour. De retour dans son pays, il fit avec succès les portraits du Duc de York et de son frere le Prince Guillaume-Henri. En 1784. il fut appellé à Dessau en qualité de peintre et de dessinateur à l'Institut d'Education établi en cette ville. Quelque tems après il eut l'avantage de retourner à Rome comme Pensionnaire du Roi de Prusse: là il travaille d'émulation avec les artistes allemans. Depuis peu Pietro Bettelini nous a donné une belle estampe de Rehberg, portant pour titre: *Date obolum Belisario.*

1—6. Six feuilles de Figures italiennes champêtres. Rehberg aqua f. 1793. In 8. et in 4.

CHRISTOPHE - GUILLAUME BOCK, dessinateur, graveur à l'eau forte et au burin, né à Nuremberg en 1755. Après avoir appris les élémens de la gravure dans le lieu de sa naissance chez Nufsbiegel, il fit quelques voyages en Allemagne: à Vienne il profita des conseils de Schmutzer; à Leipzig de ceux d'Oeser, de Bause et de Geyser. Depuis qu'il est de retour dans sa patrie il a gravé nombre de portraits et d'autres sujets d'après différens artistes. Ce qu'on estime le plus de Bock, c'est une suite de portraits, peints ou dessinés par de grands maîtres, et caractérisés de façon, que par la force de l'expression ils indiquent le sujet.

J. F. LEYBOLD.

1. Christophe-Guillaume Bock. Moesmer pinx. Se ipse sc. P. in 4.
2. Hermann-Jacob Tyroff, graveur. J. E. Ihle pinx. In 4.
3. Jean Anastase Freylinghausen. Rudiger p. In 4.
4. Wolf Dietrich, Archevêque de Salzbourg. In 4.
5. Hermann-Hieronime Petz de Lichtenhof, Colonel d'un Regiment d'Infanterie du Cercle de Franconie. Gr. in fol.
6. La Tête de la Vierge Marie. In 4.
7. La petite Anspacoise, d'après Naumann. In fol.
8. La jeune Tirolienne. In fol.
9. Le Délibéré, d'après van Dyck. In fol.
10. Le Sentimental, d'après le même. In fol.
11. Le Vaillant. In fol.
12. Le Résigné, d'après la tête d'un Mendiant. In fol.
13. Fille bourgeoise de Nuremberg. Dessinée et gravée par Bock 1794. In fol.

JEAN-FREDERIC LEYBOLD, peintre, dessinateur et graveur au burin, né à Stouttgard en 1756. et graveur de la Cour du Duc de Wurtenberg. Leybold, après s'être exercé dans le dessin, tant de lui-même qu'à l'Académie militaire, étudia la peinture sous Guibal, et devint enfin disciple du Professeur Muller, sous la direction duquel il pratiqua la gravure, sans toutefois renoncer entièrement à la peinture. Nous dirons à sa louange, qu'il est un des élèves de Muller, qui fait le plus grand honneur à son maître.

H. F. LAURIN.

1. Le Duc Charles de Wurtenberg. Schlotterbeck pinx. In fol.
2. Portrait du Conseiller privé Hochstetter à Stouttgard. In fol.
3. Tribut de la reconnoissance, avec le buste du Prince de Waldeck, d'après Tischbein. Gr. in fol. en ovale.
4. Jeune Bacchus, d'après Goltzius. P. in fol.
5. La Malicieuse, à mi-corps, arrachant des plumes à un pigeon. Peint par un anonyme. Ovale gr. in fol.
6. L'Assomption de la Vierge, d'après Guibal. In fol.
7. La Charité, d'après Paolo Mattei. In fol.
8. Vénus qui se mire, et Cupidon, d'après le Titien de la Galerie d'Orléans. In fol.
9. La Vierge aux chats, d'après le Baroche. In fol. Ibid.

Il travaille déja depuis quelque tems à un beau tableau de Pitz, ayant pour sujet: la Mort de Marc-Antoine.

HENRI-FREDERIC LAURIN, dessinateur et graveur à la pointe et au burin, né à Dresde en 1756. Après avoir appris les élémens du dessin, il fréquenta l'école de Zingg et devint un de ses bons disciples. Ses premières gravures sont des paysages d'après Kobell, Salvator Rosa &c.

1. 2. Deux Paysages, d'après Klengel. Gr. in fol. en trav.
3. 4. Deux autres Paysages d'après Zingg, dont l'un porte

porte pour titre les Pêcheurs, l'autre la Cascade dans la Vallée de Liebethal. Gr. in fol. en t.

5. 6. Deux grandes Vues de Fano, d'après Theil. Gr. in fol. en t.

7. Beau Paysage, d'après un tableau de van de Velde, pour le troisième Volume de la Galerie Electorale. Gr. in fol. en t.

8. Grande Vue colorée du Kœnigstein, dessiné d'après nature.

JEAN-FREDERIC CLEMENS, dessinateur et graveur au burin, né à Copenhague vers 1757. Il s'étoit rendu à Berlin en 1787. où il avoit pris l'engagement de graver une grande planche d'après Joseph Cuningham, Fréderic II. à cheval. Parmi quelques desagrémens qu'il eut à essuyer dans cette ville, il eut encore le chagrin d'y perdre une femme chérie qui joignoit aux vertus de son sexe, la qualité de bonne peintresse en pastel. En quittant Berlin il passa par Dresde et par Leipzig, où il vit les artistes et les amateurs. Il comptoit se rendre en Angleterre, où il se trouve sans doute maintenant. Le burin de ce graveur brille par la force et par la propreté.

1. Portrait du Prince héréditaire de Danemarc, d'après Juel. In fol.
2. Portrait de Louise-Auguste, Princesse de Danemarc, d'après le même. Pendant.

J. F. CLEMENS.

3. Portrait de Wessel, Poëte Danois, à la tête de ses ouvrages. In 8.
4. *Memoriae B. Parentis, Joh. Samuel de Berger, Regis M. Brit. Consiliarii aulici.* Als pinx. In 4.
5. Ove Höegh-Guldberg, Ordinis Dannebrogici Eques inauratus &c. Juel p. Clemens sc. 1782. In fol.
6. Charles Bonnet. Juel. pinx. Clemens sc. In fol.
7. Socrate assis et enséveli dans la réflexion, tandis que son Génie ferme la bouche à l'Envie prête à se déchaîner contre le Philosophe; deux figures aëriennes qui apparoissent dans un fond obscur. Dédié à Charles Bonnet. Abilgard pinx. J. F. Clémens sc. 1786. Gr. in fol. en t.
8. Grand Paysage représentant une sombre forêt, avec un lac, dans lequel se baignent de jeunes filles. Juel pinx. Bradt et Clémens sc. Le paysage et l'eau sont rendus dans la manière angloise par Bradt, et les figures par Clemens.

Grande pièce d'un bel effet en t.

9. Frédéric le Grand à cheval, retournant à Sans-Souci, après les manoeuvres de Potsdam, accompagné de ses Généraux. „*Dédié et présenté par permission à „Frédéric Guillaume II. Protecteur des Beaux-„Arts en Prusse*". Peint par Cuninngham. Gravé par Clémens. Grande composition, h. 26.—p. 1. 33. p. Avec une feuille de portrait de personnes de la suite du Roi, gravée au trait.

CHRISTIAN JACOB SCHLOTTERBECK, peintre et graveur au burin, né à Boehlingue dans le Duché de Wurtemberg en 1757. et graveur de la Cour à Stouttgard depuis 1782. Il avoit commencé par étudier la médecine, mais il renonça à cette étude, et se livra entièrement à son goût pour les beaux-arts. Faute de soutien, il lui fallut d'abord surmonter bien des obstacles, jusqu'à ce qu'il fut reçu à l'Académie militaire de Stouttgard. Alors il se trouva dans son élément. Il s'appliqua d'abord à la peinture, puis il apprit à graver au burin sous la direction de Muller. Depuis ce tems la gravure et la peinture en pastel occupent tour-à-tour ses momens. Quant à cette dernière branche de la peinture, il prétend avoir trouvé un fond qui assujettit les couleurs d'une manière aussi fixe que les couleurs à l'huile.

1. Portrait de Madame Mengs. In 8.
2. Portrait du Colonel Seeger, Intendant de l'Académie Caroline de Stouttgardt. In 8.
3. Portrait du Professeur Schubart, à la tête de ses Ouvrages poëtiques. In 8.
4. Portrait du Feu Conseiller d'Etat Moser, à la tête du quatrième Vol. de *l'Archive patriotique* 1786. In 8.
5. Portrait de J. H. Ernest Comte de Bernsdorf. Gr. in 4.
6. Portrait d'Adolphe-Frédéric Harper, Peintre du Duc de Wurtenberg et Professeur des Beaux-Arts à l'Académie de Stouttgardt, d'après Madame Therbusch. In fol.
7. Portrait de Nicolas Guibal premier Peintre du Duc de Wurtenberg, Directeur de la Gal. de Stouttgardt &c. d'après Melling. In fol.

8. La Reconnoissance, avec l'emblême ordinaire de la cigogne, d'après Guibal. In fol.

9. Hérodiade avec le chef de St. Jean sur un plat. In fol.

10. La Maîtresse du Titien. D'après le Titien. In fol. De la Gal. d'Orléans.

CHARLES - BENJAMIN SCHWARZ, dessinateur graveur à l'eau forte, au bistre et en couleur, né à Leipzig en 1757. Son pere, maître serrurier, le destinant au métier de menuisier le fit instruire dans toutes les parties relatives à cet objet, dans les mathématiques et dans le dessin. Après avoir fini son apprentissage, il voyagea, et par goût et parce que c'est un usage établi dans les pays méridionaux d'Allemagne, et poussa ses courses jusqu'à Paris. Parmi les objets nouveaux qui frappèrent ses yeux, celui qui fit la plus vive impression sur lui, ce fut le militaire françois. Charmé de la manière gaie qu'il vit faire le service, il entra soldat dans le Régiment de Royal Darmstadt. Ayant joint son régiment, en garnison à Strasbourg, il eut bientôt occasion de satisfaire sa suriosité par les différentes marches dans la Flandre françoise qu'il fit à la suite de son corps. Les magnifiques aspects des villes et les riches paysages de ces contrées, réveillèrent son goût inné pour les objets de l'art et pour les charmes de la nature. Partout il s'est empressé à faire connoissance avec les artistes et à s'intruire par leur commerce; pendant que ses camarades cherchoient à tuer le tems au cabaret, il s'occupoit à dessiner, dans la manière de Canaletto, les vues des villes, des arsenaux et des casernes.

En 1779. il quitta le service avec des témoignages honorables et retourna dans sa patrie. De retour à Leipzig, il trouva ses parens morts. Ses tuteurs vouloient lui faire continuer le métier de ménuisier; mais indépendamment de son penchant pour les arts, les chicanes des corporations l'en dégoûtèrent pour toujours. Il fréquenta de nouveau l'Académie sous la direction d'Oeser et répéta plusieurs cours de mathématiques sous les Professeurs Borz et Gehler. Vers ce tems il fit la connoissance de Gottfried Winkler, possesseur d'un précieux cabinet de tableaux, et du libraire Breitkopf, dont les encouragemens lui furent de la plus grande utilité.

En 1783. il publia ses premiers essais en 36. Vues de Leipzig et de ses environs. De-là il fit un Voyage pittoresque dans les contrées de la Saala, pour le compte de Breitkopf, qui le publia avec une description. Il travailla aussi à la grande suite des Vues les plus intéressantes de la Prusse pour le fond de Morino à Berlin.

M. Winkler lui ayant confié l'inspection de son cabinet, lui fournit l'occasion d'étudier à loisir les chef-d'oeuvres qu'il renferme. Pour mieux saisir l'esprit des grands maîtres, il dessina en petit les morceaux les plus piquans qu'on conserve encore dans ce cabinet. Autorisé par le magistrat de Leipzig il a fait aussi quelques grands dessins de l'intérieur de l'église de St. Nicolas, dont les ornemens sont exécutés avec tant de goût. Ces dessins se trouvent exposés dans la même église.

1—4. Les quatres Saisons, ornées de jolies figures champêtres, gravees légérement à l'eau forte et coloriées D'après F. Ferg. Du Cab. de Winkler 4. pièces in 4. en t.

5. Vue intérieure d'un Temple Gothique, avec une procession. Peter Neef pinxit. Ibid. Pièce rendue en couleur. Gr. in fol. en t.

D'un bel effet.

6. 7. Deux grandes Vues du Rhin, avec des roches, des fabriques et des bateaux. D'après Ch. G. Schutz. Ibid. 1786. Pièces lavées en brun. Gr. in fol. en t.

8. Vue des Ruines du Couvent de Pétersberg, près de Halle, en couleur. Gr. in fol. en t.

9. Vue de l'Église de St. Paul, à Leipzig. Pièce coloriée. Gr. in fol. en t.

10. Vue de l'Église de St. Thomas à Leipzig. Pièce coloriée. Gr. in fol. en t.

11—14. Quatre Vues des rives de la Saala: 1) Le

A. BARTSCH.

château de Gosseck. 2) La Ville de Naumbourg. 3) La Ville de Weissenfels vers le Sud. 4) La Ville de Cambourg. Gr. in fol. en t.

ADAM BARTSCH, dessinateur, graveur à l'eau forte et au burin, ainsi qu'à la manière des dessins, né à Vienne en 1757. Cet artiste industrieux et savant, Membre de l'Académie Impériale Royale des Beaux Arts à Vienne, est en même tems Garde de la Bibliothèque de la Cour et Inspecteur de la Collection d'Estampes qui s'y trouve. A. Bartsch s'est exercé, avec un égal succès, dans presque tous les genres de gravures. On admire surtout dans ses estampes la dextérité avec laquelle il manie l'eau forte. Il a beaucoup travaillé, tant d'après les dessins et les tableaux de différens maîtres, que d'après des sujets de son invention. On en peut juger d'après le Catalogue de son oeuvre déja composé de 158. morceaux, dont plusieurs se trouvent avec des différences et des variantes considérables: nous nous contenterons d'en donner ici un précis.

1. Portrait d'Adam Bartsch, avec des différences pour les épreuves.
2. Portrait de Jean-Chrétien Brand, peintre à Vienne.
3. Portrait d'une jeune Dame en bonnet de nuit, dessiné d'après nature à Paris en 1784. et gravé à Vienne en 1785.

4. Portrait de Michel Wolgemut, Maître d'Albert Durer, d'après ce dernier.
5. Portrait d'Antoine Allegri, dit le Corrège, d'après Carlo Maratti.
6. Portrait de Madame Tschida.
7. Jeune fille, lisant dans un livre à la clarté d'une chandelle, d'après le Guide.
8. Le Mariage d'Aléxandre et de Roxane, d'après le Parmesan.
9. Recueil d'estampes d'après les dessins originaux qui se trouvent à la Bibliothèque Impériale-Royale de Vienne, contenant 39. pièces, divisées en six cahiers, d'après Rembrandt, le Guerchin, la Fage, Durer, le Parmesan, et différens maîtres italiens, exécutées dans le goût des dessins. In fol.
10. Etudes d'animaux en une suite de douze pièces, gravées sur les dessins de Henri Roos. — Quatre de ces morceaux sur une seule planche, qui a été coupée ensuite en quatre pièces. Gr. et p. in 4.
11—16. Suite de six pièces représentant, différens traits de bravoure des Soldats de l'armée Impériale dans la guerre contre les François, inventées et gravées à l'eau forte par A. Bartsch, avec des épreuves enluminées par lui-même, et d'autres simplement à l'eau forte. Gr. in fol. en t.
17. Un Courier traversant un bois pendant la nuit et se faisant éclairer avec une lanterne par un jeune garçon. Pièce inventée et gravée par A. Bartsch. Epreuve sur papier de la Chine, avec de la manière noire, dans le goût des pièces de nuit de Rembrandt.

L'artiste, ayant retrouvé le secret de Rembrandt qui consiste à couvrir d'ombres fortes ces sortes d'estampes sans préparer la planche avec le berceau, instrument dont se servent les graveurs en manière noire, a voulu donner un échantillon de sa découverte. On a aussi des épreuves moins travaillées et tirées de la planche avant cette opération.

18. Grande Vignette pour l'éloge funèbre de l'Archiduc Léopold, Palatin de Hongrie, fait en style lapidaire par le Conseiller aulique M. de Birkenstock, représentant la Fatalité des Anciens. Elle est étonnée de lire dans le livre du destin la mort prématurée de l'illustre Prince. Gravée sur une esquisse à la plume d'après Füger.

19. Autre Vignette pour le même ouvrage, représentant la Pannonie assise dans l'attitude de la tristesse à côté de l'urne cinéraire du Palatin. D'après le même.

20. Obsèques de Publius Décius Mus, riche composition, avec cette inscription: *P. Decii Muris pro exercitus R. victoria devoti funus a Collega T. Manlio Torquato par morti celebratum.* T. Liv. VIII. X. P. P. Rubens. A. Bartsch sc. 1794. Très gr. p. en t. De la Galerie de Lichtenstein.

21. Attaque d'un des côtés de la forteresse d'Oczakow, prise et emportée d'assaut par les troupes Russes, commandées par le Feldmaréchal Prince de Potemkin. Avec une Dédicace à Catherine II. Peint par François Casanova. Gravé par Adam Bartsch à Vienne 1792.

Le tableau, qui porte 11. piéds de haut sur 15. piéds 8. pouces de large, est dans le Cabinet du Prince de Potemkin. Il a été exécuté sur les plans que le Prince a envoyés lui-même au peintre. L'estampe qui porte 2. pieds 4. pouces de large, se vend à Vienne chez Artaria.

H. N. Schmiths ou Schmitz, dessinateur et graveur à la pointe et au burin, né à Kayserswoert près de Dusseldorf en 1758. et Membre de l'Académie de cette ville. La vie intéressante de ce jeune artiste a été écrite par la célèbre Madame de la Roche. On a tâché, dans l'esquisse suivante, de conserver sa manière.

Un jeune garçon boulanger se présente un matin chez M. Krahé, premier Inspecteur de la Gallerie de Dusseldorf, tire de sa poche un livre avec des figures, le prie de le taxer et de l'acheter. — D'où avez-vous ce livre? — Monsieur je l'ai copié. Krahé ayant examiné le livre, lui dit avec surprise: Avec tant de talens, mon ami, comment pouvez-vous être boulanger? Vous devez sentir que vous êtes né graveur. — Je voudrois bien l'être; j'ai toujours aimé le dessin. Mon pere est un pauvre boulanger chargé d'enfans. Il a pu m'apprendre le métier pour rien; et moi j'ai employé les fêtes et dimanches à dessiner. — Mon ami, revenez demain au soir. —

Dans cet intervalle Krahé emploie ses amis. Le lendemain le jeune homme s'étant rendu chez lui, il lui annonce ce qu'il a fait pour lui. Dès-lors il quitte le métier, dessine d'après les principes, apprend la géometrie et étudie l'histoire. Au bout de deux ans d'une application marquée, Krahé lui dit: A présent, mon ami, vous avez appris tout ce que Dusseldorf peut vous apprendre. Partez pour Paris, voilà pour votre voyage; allez perfectionner vos taleis sous la direction de Wille. Schmitz part à pied, arrive à Paris, et après bien des traverses se présente chez Wille, qui l'accueille avec sa bienveillance ordinaire. Là il travaille pendant quatre ans avec la dernière assiduité, et revient à Dusseldorf avec de bons témoignages. Krahé étonné des progrès du jeune homme, l'engage à la galerie, où il travaille sur nouveaux frais. Schmitz mène une vie retirée, ne fréquentant que la maison de Krahé. Cela dure deux ans. Un matin Krahé lui dit: Rendez-vous ce soir chez-moi. Je donne une petite fête, et je suis bien aise d'y voir rassemblé mes amis. Schmitz s'y rend, y trouve beaucoup de monde, apprend que cette fête est à l'occasion de la promesse de mariage de la fille aînée de son patron, ne dit rien, et se retire.

Le lendemain il va travailler à la Galerie. Krahé ne le reconnoit plus. — Qu'avez-vous,

Monsieur Schmitz? — Je suis bien malheureux, mon bienfaiteur. — Pourquoi? — J'ai aimé votre Henriette dès la première soirée de mon retour de Paris. Hélas! Maintenant elle est à un autre. — Pauvre jeune homme! Avez-vous parlé de votre amour à ma fille? — Jamais. Comment l'aurois-je osé! sans titre, sans bien, parler d'amour à la fille de mon bienfaiteur! Heureux de la voir, je ne souhaitois rien de plus. Je suis bien malheureux. — Mon cher Schmitz, tranquillisez-vous. Je vous aime comme mon fils; mais vous donner Henriette, il n'est plus de tems! —

Le jeune homme tombe malade, il est pendant quatre mois entre le délire et la mort; il ne sort pas, et pendant tout ce tems-là il reçoit mille marques d'amitié de Krahé. — On ne lui parle pas de Henriette — — Henriette parle de lui et veut même le voir. Le prétendu étoit parti, sa famille avoit mis obstacle au mariage. Il n'a pas le courage de le marquer à sa prétendue: celle-ci le devine, lui rend sa parole et reçoit en retour ses lettres. Puis elle dit à son pere: Vous auriez voulu avoir Schmitz pour fils? Dites-lui que Henriette est à lui, s'il la juge encore nécessaire à son bonheur. Le pere le va trouver, lui dit les paroles de sa fille, et peu s'en fallût que la joie ne lui fit autant de mal que le chagrin. Appuyé sur le bras de Krahe, il se traîne chez Henriette, le coeur plein de son bonheur. Il y passe la soirée. Le lendemain ils n'entendent point parler de lui; ils apprennent qu'il est parti avant le jour dans une voiture à quatre chevaux, emportant avec lui ses planches et ses dessins. Quelle anxiété pour Krahé et pour Henriette! On le crut tombé en démence.

Le neuvième jour il revint de Munich, apportant avec lui le Décret Electoral d'une Pension de 600. florins. Il s'étoit jeté aux pieds de l'Electeur Palatin-Bavière, et lui avoit exposé son histoire en lui présentant les témoignages de ses talens. L'Electeur convaincu de la vérité de son mérite, et de la délicatesse de son amour, l'avoit recompensé en Prince. Schmitz se rendit chez Krahé, et lui dit: A présent je suis digne de Henriette: j'ai aussi quelque peu de revenus. Ceci arriva en 1782.

Lambert Krahe, habile peintre, élève de Subleyras et de Benefiali à Rome, mourut à Dusseldorf en 1790. La bonté de son coeur étoit égal à son enthousiasme pour l'art. Pour ce qui est de Schmitz, nous n'avons pas pu nous procurer des nouvelles ultérieures de cet artiste : on dit que sa mort à suivi de près celle de son beau-père.

1. Grouppe d'enfans qui portent une Guirlande de fruits, productions de la nature. D'après Rubens. Gr. in fol. en t. De la Galerie de Dusseldorf.
2. Jésus et St. Jean, enfans. D'après Sarcellino. De la Gal. de Dusseldorf.
3. Le Christ apparoissant à la Madeleine. D'après F. Baroche. Ibid. In fol.
4. Vue de la petite Cour supérieure de la Maison de Campagne de Pompéii. Dessiné par Després, gravé à l'eau forte par Berthault, terminé au burin par Schmitz. P. in fol. en t. *Voyage pittoresque de Naples* T. 1. p. 125.

CARLE REINHART, peintre, dessinateur et graveur à l'eau forte, né à Hof en Franconie vers 1760. Il vint jeune à Leipzig, et travailla à l'Académie sous la direction d'Oeser. De-là il passa quelque tems à Dresde, où il profita de l'Académie et de la Galerie. Il s'est décidé pour le paysage, et ses premiers essais montrèrent qu'il suivoit l'indication de la nature. Le Duc de Saxe-Mainungen, pour encourager et développer les talens du jeune artiste, l'accueillit dans sa résidence et lui fit faire plusieurs ouvrages dont il se tira avec honneur. Comblé des bienfaits d'un Prince ami des arts et des hommes, Reinhart partit pour Rome, où il exerce particulièrement sa pointe.

C. REINHART.

Il publie, en société de deux autres artistes allemans, de Dies et de Méchau, les sites les plus pittoresques d'Italie en dix livraisons chacune de six pièces, et il en paroît déja huit chez Frauenholz à Nuremberg. Prestel a gravé d'après Reinhart une grande pièce en travers d'un beau brût pittoresque, représentant une Vue près de Saxe-Meiningen, ornée de gros chênes, d'un moulin et d'une rivière, à travers laquelle un jeune pâtre fait passer des bêtes à cornes.

1. Deux Juifs, dont l'un présente une lettre de change échue à un jeune homme qui se gratte l'oreille. C. Reinhart fec. Gr. in 4.

2—7. Six Paysages d'Italie ornés de Ruines de Tombeaux divers, dessinés et gravés à l'eau forte par C. Reinhart à Rome 1792. In 4. en t. savoir:
1) Interiore del sepolcro della famiglia de Nasoni sulla Strada de Terni. 2) Sepolcro antico in Via Nomentana. Vicino al Ponte Nomentano. 3) Sepolcro antico in Via Nevia. Dello Torre de Schiavi. 4) Avanzo d'un Sepolcro in Via Nevia. Fuor del Porta Pia. 5) Sepolcro antico in Via Nomentana. 6) Sepolcro antico, vicino à Tivoli.

8. 9. Deux feuilles de Ruines: 1) Nel Colisseo. 2) In Villa Mecenate à Tivoli. Gr. in fol. en t.

10. 11. Deux feuilles de Ruines: 1) Castello Gandolfo. 2) Pallazola. Gr. in fol. en t.

12. 13. Deux feuilles de Ruines: 1) In Villa Borghese. 2) Vicino Subiaco.

J. H. Lips.

JEAN-HENRI LIPS, peintre, dessinateur, graveur à la pointe et au burin, né à Kloten, grand village près de Zurich en 1758. Son pere, barbier du village, balançoit, pour la future destination de son fils, entre la charrue et le rasoir. En attendant il l'envoya à l'école. Le jeune Lips sentit dès-lors un vif penchant pour le dessin; et déja il le manifestoit en dessinant des souvenirs dans les livres d'église des garçons et des filles du village. A une physionomie revenante, il joignoit un esprit ouvert. En faveur de son extérieur avantageux, le curé du lieu le prit en affection, et lui enseigna un peu de latin; il lui donna aussi quelque teinture d'histoire et de mythologie. En même tems il lui fournit de bons originaux pour s'exercer dans le dessin. Il souhaitoit fort que ses parens voulussent l'envoyer à Winterthour auprès de Schellenberg pour apprendre la gravure; mais celui-ci ayant demandé deux cents florins pour l'instruction, cette demande leur fit jetter les hauts cris. „Deux „cents florins! Mon fils, reprens-moi le bas„sin! Vraiment, nous avons bien besoin de „peintres! C'est des barbiers qu'il nous faut„. Cet arrêt fut un coup de foudre pour le pauvre jeune homme, qui n'eut rien de mieux à faire que de se conformer à son sort et de manier

nier le rasoir. Cependant le bon curé ne se rebuta pas. Il s'adressa à Lavater, qui, par ses encouragemens actifs, avoit déja tiré d'embarras plus d'un artiste. Lavater vit le germe du génie dans les traits irréguliers du commençant. Dans son enthousiasme il prédit alors, que Lips, en dépit des jaloux, sera un des plus grands graveurs du monde, pour ne pas dire le plus grand. Quoiqu'il en soit de cette prédiction, Lips, sans avoir encore atteint cette hauteur, est devenu un habile graveur, ce qu'il prouve par nombre d'ouvrages qu'il ne cesse de publier. Au demeurant Lavater a tiré tout le parti possible de cet artiste. Travaillant à ses Fragmens physionomiques, il avoit besoin de plusieurs dessinateurs et graveurs; pour cet effet il s'attacha Lips et prit soin de le former lui-même. Il lui assigna quelque chose de fixe, avec promesse de l'augmenter à proportion de son travail, et il lui a tenu généreusement parole. Ses progrès dans la gravure furent rapides: dès la première année il livra des planches qui font un des principaux ornemens de la Physionomique. Lips étonne. Il dessine de tête et d'après nature comme un maître exercé. Les essais qu'il a faits dans la peinture à l'huile laissent le connoisseur en suspens s'il étoit né peintre ou graveur? Lips ayant fini les ouvrages pour Lavater, entreprit un voyage à Rome pour se perfectionner. Pendant son séjour il fit des études et grava une moyenne pièce d'après un tableau de G. Drouais tiré de l'histoire romaine. Ensuite il passa en Allemagne dans l'intention de se fixer à Weymar, où il avoit été appelé en qualité de Professeur de l'Ecole graduite de dessin établie en cette ville. Au bout de quelque tems de séjour à Weymar et après y avoir gravé quelques portraits, l'amour de son pays, qui devient souvent un sentiment impérieux pour les Suisses, se réveilla chez lui et le ramena dans ses foyers. Artiste laborieux, Lips a déja donné un grand nombre d'ouvrages; il est à croire qu'il a l'ambition d'en augmenter le nombre et d'y ajouter de nouvelles perfections. Le genre de gravure qu'il a adopté de préférence, est la gravure pointillée, combinée avec l'eau forte; mais elle n'a pas la facilité de celle de Morin, ni la douceur de celle de Vorsterman: elle sent souvent trop le métal. Il a gravé lui-même deux fois son portrait, une fois dans la Physionomique de Lavater, et une seconde fois à la tête de sa Vie dans le Supplément de l'Histoire des meilleurs Peintres de la Suisse par Fuefslin.

J. H. LIPS.

1. Emanuel Sieyes, à la tête de la Notice sur sa vie 1795. Peint par Bréa et gravé par Lips. In 8.
2. Jean-Caspar Lavater, en médaillon. Schmoll del. J. H. Lips fec. In 8. Portrait qui termine le premier Vol. de la Physionomique.
3. Jean-George Hamann, les cheveux enveloppés d'un réseau. J. H. Lips sc. aqua forti. In 4. T. II. p. 285. de la Physionomique.
4. Emanuel Bach. Id. fec. In 4. Lavater T. III. p. 200.
5. Johann Gottfried Herder. Sans le nom de l'artiste. In 4. Lavater T. III. p. 262.
6. Catherine II. vue de profil. J. H. Lips sc. 1776. Gr. in 4. Lavater T. III. p. 323.
7. Louise, Landgrave de Hesse. Holling pinx. Lips sc. 1775. Gr. in 4. Lavater Tome III. p. 327.
8. Johann Georg Zimmermann. Ganz del. Lips sc. 1776. In 4. Lavater T. III. p. 338.
9. Tête de la belle Cenci, jeune Romaine, décapitée à Rome dans le dernier siècle, pour avoir poignardé son père qui vouloit la violer. Sturz del. Lips fec. 1777. Gr. in 4. Lavater T. IV. p. 124.
10. Henri Escher. *Impavidum ferient Ruinae.* Schmoll del. Lips sc. 1778. Gr. in 4. Lavater T. IV. p. 408.
11. Jupiter à mi-corps, comme une belle image de la force humaine, mais comme insuffisante pour une nature divine. Lips f. Gr. in 4. Lavater T. IV. p. 359.
12. Un Christ en buste, copie faite par Seidelmann d'après Mengs. Lips sc. 1777. Gr. in 4. Lavater T. IV. p. 447.
13. Portrait de Goethe. Gr. in fol. ovale.
14. Portrait de Wieland. De même.

C. M. Ernest.

15. La Vierge avec l'Enfant Jésus. D'après Raphael. Petit in fol.
16. Le Martyre de St. Sébastien, d'après un tableau de van Dyck. De la Gal. de Dusseldorf. Gr. in fol.
17. Fête de Bacchus. N. Poussin. Gr. in fol. en t.
18. Marius en prison parle au Soldat qui vient pour le tuer. Drouais p. Lips sc. Gr. in 4. en t.

CHARLES-MATTHIEU ERNEST, peintre, dessinateur et graveur à la pointe et au burin, né à Manheim en 1758. Il apprit les principes du dessin dans le lieu de sa naissance chez Verhelst et Verschaffelt. Ensuite il se rendit à Bâle dans l'intention de travailler à l'institut de gravure de Christian de Mechel, qu'il quitta bientôt par un mécontement réciproque. Il travailla pendant quelque tems pour son compte et grava quelques Vues d'après François Schütz, entre autre la Chute du Rhin, mais le tout avec bien peu de succès. Il s'arrêta quelque tems à la Cour de Wurtenberg à Montbelliard. De-là il retourna à Manheim, où il fréquenta de nouveau l'Académie. En 1783. il se rendit à Kirchheim-Polanden, en qualité de maître à dessiner du Prince régnant de Nassau-Weilbourg.

1. La Mere de Rubens. Du Cabinet de l'Electeur Palatin. P. P. Rubens pinx. 1775. Mechel exc. In fol.
2. Figure de Femme, qui allaite trois génies. Sans nom et sans date.

3. Fréderic-Louis-François, Prince Evêque de Bâle. 1780. In fol.
4. Le Prince Charles de Nassau-Weilbourg, décédé en 1788. Peint par Oeffele. Gr. in fol.
5. Caroline de Nassau-Weilbourg, née Princesse de Nassau Orange et Dietz, décédée en 1787. Ernst fecit. Gr. in fol.

Ces deux portraits, que nous rapportons sur la foi des annonces de l'artiste, ne nous sont pas parvenus, et doivent être exécutés en couleur, d'un goût nouveau. Il en est de même de deux sujets historiques, la Continence de Scipion, d'après Solimene, et une Flagellation, de son propre dessin. Il en fait l'éloge lui-même, mais le public ne se presse pas de le confirmer.

Louis Gabriel Necker, dessinateur et graveur au burin, né à Stouttgardt vers 1760. Elève de Muller pour la gravure, il jouit de titre de graveur de la Cour Ducale de Wurtenberg et de Professeur du Dessin à l'Académie Caroline de Stouttgardt. Il a gravé avec succès différens sujets.

1. Le Portrait de M. D.... ancien Grand-Veneur à la Cour de Mayence. J. H. Roos pinx, in fol.
2. Une Sainte Famille. In fol.
3. Adonis quitte Vénus pour aller à la chasse. Beau plafond, peint par N. Guibal. Gr. in fol. en t.

F. GREGORI. CH. A. GUNTHER.

FRÉDÉRIC GREGORI, Graveur au burin et aux points, né à Dresde 1760. Il vint à Leipzig pour se perfectionner dans l'art et se mit sous la conduite de Bause pour apprendre la gravure, dans laquelle il montroit de grandes disposition, lorsque la mort l'enleva en 1788.

1. Jean Fréderic Bause, d'après Ant. Graff. in 8.
2. L. W. d'Archenholz, par le même. In 8.
3. Pierre Metastasio, d'après Steiner. In 8.
4. Le Pere Schneider, Prédicateur Catholique d'après Gottlob. in 8.
5. Henri-Gottlieb de Stutterheim, Ministre d'Etat et du Cabinet de l'Electeur de Saxe. Dessiné par H. Schmidt, Peintre de l'Electeur, et gravé sous ses yeux par Grégori. Gr. in 4.

CHRISTIAN AUGUSTE GUNTHER, dessinateur et graveur à la pointe et dans le goût coloré, né à Pirna en 1760. Elève de Zingg, il fait honneur à son maître. Il est dans le cas de beaucoup de jeunes artistes, d'être obligé de travailler pour subsister et de n'être pas toujours libre dans son choix. Au reste ses dessins sont recherchés.

1. Paysage d'après Zingg portant pour titre: Le Chariot de bagage. Gr. in fol. en t.
2. 3. Deux beaux Paysages d'après les tableaux de Wouvermanns et Dietrich. Pour le troisième Volume de la Galerie Electorale. Gr. in fol. en t.

M. WOCHER.

4. Vue de Koenigstein, dessinée d'après nature et colorée par lui-même. Gr. in fol. en t.

5. 6. Deux Vues du Jardin de Woerlitz. De même. Gr. in fol. en t.

7—12. Six Vues représentant les sites les plus pittoresques de la Vallée de Plauen près de Dresde, gravées et colorées dans le goût d'Aberli. In 4. en t.

13. 14. Deux Paysages, I. Vue du Blocksberg, ou du Brocken près de Wernigerode. II. Vue d'Isembourg au pied du Brocken. Dans le même goût. Gr. in fol. en t.

MARQUARD WOCHER, dessinateur, graveur à l'eau forte et en manière de gouache, né à Seckingen en Suabe en 1758. et établi à Berne. Son pere, peintre et dessinateur, établi dans la même ville, lui enseigna les premiers principes des arts du dessin. Le jeune Wocher jouit de la réputation d'être un des plus heureux imitateurs d'Aberli. La plupart de ses estampes se trouvent à Zuric chez Fufsli, à Berne chez Fehr et à Bâle chez Mechel. Les pièces ci-après, font suite avec les Paysans d'Aberli et sont du dessin de Lory.

1. Paysan du Canton de Lucerne.
2. Paysan du Canton de Bâle.
3. Paysanne du même Canton.
4. Paysan de la Forêt noire.
5. Appenzeloise de la Communauté intérieure.
6. Paysan d'Appenzel de la Communauté intérieure.

7. Paysans d'Appenzel de la Communauté extérieure.
8. Vacher du Rigiberg dans le Canton de Schweitz.
9. Vacher allemand du Canton de Fribourg.
10. Fille d'Oberhasli, Vallée du Canton de Berne.
11. Paysan du Canton de Zurich.
12. Paysan du Canton d'Unterwald.
13. Laitière du Canton de Soleure.
14. Bourgeoise de St. Gall.
15. Fille d'Hérisau, du Canton d'Appenzel.
16. Paysanne de la Forêt noire.
17. Paysan du Thourgau sur le Lac de Constance.
18. Paysanne du Canton de Lucerne.
19. Paysanne du Canton de Zurich.
20. L'Amant sans intrigues, sujet un peu plus grand et qui représente une Villageoise et un Vacher du Canton de Berne en conversation, et qui fait Pendant avec les trois Graces du Gouggisberg de Locher.
21. Les Lutteurs sur les Remparts de Berne, le lundi de Pâques, peint d'après nature par Wocher, fils, et terminé par Janinet. Gr. in fol. en t.
22. Vue de la Vallée de Lauterbrunnen et de la fameuse Chute d'eau du Staubbach. Par Lori et Wocher. Gr. in fol. en t.
23. Vue du Couvent d'Einsiedeln, Canton de Schweitz, Dessinée par Aschmann, gravée et colorée par Wocher. In fol. en t.
24. Vue des Bains de Gourniguel, dessinée d'après nature et gravée par Marquard Wocher le fils 1779. en couleur. Grand in fol.
25. Voyage de M. de Saussure de Genève à la Cime du Mont-blanc au mois d'août 1787. I. Planche: la Montée.

26. Voyage de M. de Saussure &c. II. Planche: la Descente.

Ces deux pièces intéressantes, gravées à l'eau forte et peintes à gouache par M. Wocher, portent 12. pouces de haut sur 17. de l'arge, et se trouvent à Bâle chez Mechel, avec une description détaillée de M. de Saussure.

27. Dix-huit Figures champêtres de la Suisse dans leur costume, avec des sites analogues à chaque pays, peintes en miniature et à gouache, dans la forme de gros boutons d'habit.

Pièces d'une exécution très-précieuse.

JEAN-GEORGE SCHUMANN, dessinateur, graveur à la pointe et au burin, né à Dresde en 1761. Il apprit les principes de l'art en fréquentant l'Académie Electorale, et se forma dans le dessin du paysage auprès de Klengel, sous l'inspection duquel il publia la plupart de ses eaux fortes, parmi lesquelles on distingue un morceau d'après Ruysdael. Dans un voyage qu'il a fait à Londres, il a gravé plusieurs grands morceaux en société avec Wilhelm Byrne.

1. Paysage représentant une Contrée de la Saxe, gravé à l'eau forte d'après Klengel. In fol. en t.

2. 3. Deux Paysages, ornés de bestiaux. D'après le même, de même. In fol.

4. Paysage sauvage d'Italie, avec une marche de trois ânes chargés, précédés d'un cheval de bats, portant pour titre: *Morning. From a Picture painted by Both. Engraved by W. Byrne et J. Schumann.* Gr. in fol. en t.

5. Vue du Château de Windsor sur une hauteur, et au bas son parc. *Painted by Hodges. Engraved by W. Byrne et J. Schumann.* Gr. in fol. en t.

JEAN-DAVID SCHUBERT, peintre, dessinateur et graveur à l'eau forte, est né à Dresde en 1761. Son pere, habile facteur d'orgues et bon dessinateur d'architecture, l'appliqua au dessin dès son enfance, sans négliger le reste de son éducation. Malheureusement il perdit son brave homme de pere en 1772. et sa mere mourut huit jours après. C'est ainsi qu'à l'âge d'onze ans, il se trouva orphelin de pere et de mere, et réduit à la dernière misère. Heureusement un aubergiste, son tuteur, le prit chez lui et l'associa à ses quatres enfans. Ce tuteur voulut que son pupile embrassât la profession de facteur d'orgues; en conséquence de cela il le mit en apprentissage chez un ami de son pere, et lui fixa quelques heures de la semaine pour qu'il apprît à dessiner à l'Académie relativement à sa Profession. Schubert eut le bonheur d'être reçu disciple de Charles Hutin, et dès-lors il conçut l'espérance de pouvoir suivre son penchant et de se livrer entièrement à l'étude de l'art. Mais Hutin mourut peu après, et sans Klafs, le paysagiste, qui s'intéressa efficacement pour lui, il se seroit trouvé fort embarrassé, aucun maître n'ayant voulu le recevoir, Klafs le recommanda à Casanova, et sous la conduite de ces deux hommes Schubert faisoit des progrès et dans la figure et dans le paysage. Cependant un nouveau malheur vint l'accabler. La femme de son tuteur mourut, et celui-ci en prit bientôt une autre, qui exigea que le jeune Schubert vidât la maison. Nouvelle détresse! Il n'étoit pas assez avancé dans l'art pour gagner dequoi subvenir à son entretien. Tout son revenu consistoit dans le produit de quelques leçons, et dans les bienfaits de quelques bonnes ames. Schubert aimoit la lecture, elle lui soutenoit le courage. Il se souvient avec plaisir quel puissant aiguillon c'étoit pour lui, lorsqu'en lisant les Biographies des artistes, il trouvoit que tel artiste, réduit aux mêmes extrémités que lui, n'a pas laissé de se pousser dans le monde et d'acquérir de la réputation. Ayant reçu un stipendium d'une société d'amis des hommes, il se vit délivré tout d'un coup des besoins les plus pressans. Dès-lors il redoubla d'application, et voyant que le genre de peintre de bataille qu'il avoit choisi, lui opposoit trop d'obstacles dans sa position, il embrassa le genre de l'histoire. En attendant il dessinoit des vignettes pour les libraires qui les faisoient graver pour leurs livres. Il chercha de la protection, et il en trouva. En 1781. il fut placé à la Manufacture de Porcelaine à Meissen. Là il fallut qu'il étudiât les couleurs qui passent par le feu; mais l'excessive application à ce travail nuisit à ses yeux. En 1790. il fut nommé Maître à dessiner à l'Ecole de Dessin de Meissen, place qu'il occupe encore aujourd'hui. Astiste laborieux, Schubert est connu des amateurs pour un excellent dessinateur de caractere. Plusieurs graveurs ont gravé d'après lui pour les libraires. Il promet de donner incessamment au public des estampes à l'eau forte plus importantes que celles qui ont paru de lui; car jusqu'ici nous n'avons de sa main dans ce genre que les 24. sujets pour le petit Livre de l'A. B. C. de M. Weisse.

Regina-Catherina Quarri, née Schoenecker, graveuse dans le goût du lavis, née à Francfort sur le Mein vers 1762. Etablie dans cette ville, elle a appris les principes de son art de Prestel, et elle fait honneur à

E. MORACE.

son maître. Toutes ses pièces sont exécutées au lavis d'un bon goût et d'un grand effet.

1. Fuite en Egypte, d'après N. Berghem del. Pet. in fol.
2. Les Commodités d'une maison de paysan en Suisse, d'après F. Schütz. P. in fol.
3. Grand Paysage, orné de roches, d'arbres et de figures. D'après Schutz. Gr. in fol.
4. Grand Paysage; sur le devant un pont qui traverse une rivière, avec des figures et des bestiaux. Dietrich pinx. Gr. in fol. en t.
5. Marine, où l'on voit quelques vaisseaux navigant en pleine mer, les voiles déployées. Vitringa pinx. In fol. en t.
6. Vue d'une Ville de Hollande; sur le devant une tour épaisse environnée d'arbres, dans le lointain un pont de pierre. Ab. Rademacker. Gr. in fol. en t.
7. Paysage montagneux, orné de ruines, de bergers et de troupeaux. J. H. Roos pinx. Gr. in fol.
8. 9. Deux Paysages montagneux, ornés de roches, d'arbres, d'eaux, de figures d'hommes et d'animaux. Klengel del. In fol. en t.

E... MORACE, graveur au burin, né à Stouttgard vers 1763. Nous ignorons les circonstances de sa vie; mais à en juger d'après ses ouvrages, nous le croyons disciple de Muller pour la gravure; du moins il est digne de l'être.

1. Portrait de P. de Carcavi. Gr. in 4.
2. Portrait de C. G. G. de Vintimille. G. in 4.

G. Ch. Schule.

3. Portrait de Jean Gotthardt Muller de Stouttgard. Peint par Tischbein. Gr. in fol.
4. Portrait d'Angélique Kauffmann. Peinte par Reynolds. Gr. in fol.
5—8. Les quatre Saisons. Rubens pinx. Gr. in 4.
9. Le Plaisir innocent. Morillo pinx. In fol.
10. Le Nid soigné. Id. pinx. In fol.
11. La Mort d'Archimede. Mola pinx. In fol. De la Gal. d'Orleans.

George-Christian Schule, Graveur à la pointe et au burin, né à Copenhague en 1764. Il apprit les principes de son art à l'Académie de Copenhague et vint s'établir en 1787. à Leipzig, où il travaille pour les Libraires.

1. Portrait d'un Vieillard de 112. ans à Copenhague, d'après un tableau en pastel de Madame Clémens. In 8.
2. Portrait d'un Chirurgien fou à Copenhague. In 8.
3. La Marchande d'Amours, Antique trouvée dans les Ruines d'Herculanum. In 4.
4. Vue de Doblen en Saxe. Wagner pinxit. In 4. en trav.
5. La principale Promenade au jardin du Château de Rosenbourg à Copenhague. Schule del. et sc.
6. L'Entrée dans le Jardin du Château de Friederichsberg à Copenhague. Pendant. Id. fec.
7. Monument funéraire du feu Roi Christian VI. exécuté en marbre par Wiedevelt, d'après le dessin du sculpteur.

V. J. SCHNORR.

VITE-JEAN SCHNORR, peintre, dessinateur et graveur à l'eau forte, né à Schnéeberg, ville des montagnes de l'Erzgebürge, en 1764. Il s'est rendu à Leipzig en 1784. dans l'intention d'étudier le Droit à l'Université; mais entraîné par son goût pour les arts de dessin, il a profité des conseils du Professeur Oeser, et y a fait des progrès rapides. Schnorr peint très-bien en miniature, dessine d'un bon goût et grave à l'eau forte et en points. Jacob Mangot à gravé d'après lui dans la manière pointillée plusieurs sujets de fantaisie, et lui-même à gravé dans le même goût et à la pointe plusieurs têtes et autres sujets.

1. Tête dans le goût antique.
2. Buste, avec l'inscription: *Keyserling Vir.* Carolina Oelssen del. Schnorr sc. 1794. In 8. En points
3. Tête dans le goût antique d'Ignace Potocki, avec cette inscription polonoise: *Nie przestanmy nigdy bydz Polski Obwatelami.* Schnorr pinx. et sc. 1793. Ovale in 4. En points.
4. Buste du Général Kosciuscko. Schnorr del. J. Mangot sc. 1794. Ovale in 4. En points.
5. Le jeune Hercule reçoit les instructions de Minerve. A l'eau forte, 1793. In 8.
6. Le Génie, un flambeau à la main, montre à un jeune élève les objets de ses études, savoir: L'Apollon, le Laocoon, la Vénus antique et la Nature. 1794. P. in 4. en t.
7. Paysage bouché, où se voit sur le devant Daphnis et Chloé, d'après Gesner. 1792. In 4. en t.

J. F. SCHMIDT.

8. Epitaphe de Morus, avec les Vertus qui ornent son monument. Ovale in 4.
9. Epitalame, avec l'Hymen qui conduit les époux en présence des parens, et l'incription: *Zum Andenken des 22. May 1792. von der Familie L. H.* Kost inv. Schnorr sc. Ovale in 4. en t.

JEAN - FREDERICH SCHMIDT, graveur au burin et dans la manière pointillée, né à Dresde en 1764. Il s'appliqua d'abord à devenir dessinateur, et il y réussit si bien que ses dessins furent très - recherchés des connoisseurs. Depuis quelque tems il s'est adonné particulièrement à la gravure sous la direction de Rasp, dans laquelle il a fait d'heureux progrès, témoins nombre de petits et de moyens portraits. Il est occupé maintenant à graver, par ordre de la Cour, un tableau de la Galerie d'après Enoch Seemann, le portrait de ce maître. Ce qu'il a fait de plus considérable jusque là, c'est une suite de portraits en médaillon des fameux Théologiens allemans, qui paroissent à Leipzig chez Crusius. Le nombre va déja dans les cinquantes; mais nous nous contenterons de rapporter les quatre suivans:

1—4. Quatre portraits en médaillons. 1) J. F. W. Jérusalem. 2) J. J. Spalding. 3) D. W. A. Teller. 4) D. J. G. Rosenmuller.
5. Christian Gotthilf Salzmann, Instituteur à
Schnep-

J. H. MENKEN.

penthal près de Gotha. D'après Specht. 1791. Petit in fol.

6. André-Jean Retz, Professeur à Londen en Suéde. D'après Abilgard. 1791. P. in fol.

JEAN-HENRI MENKEN, peintre, dessinateur, graveur à l'eau forte et en manière noire, né à Brême vers 1764. Fils d'un négociant, de la basse Saxe, il étoit destiné au commerce ; mais le penchant qu'il avoit toujours senti pour les arts de dessin, fut si fort qu'il se livra entièrement à son goût. A l'âge de vingt-quatre ans il se rendit à Dresde, où il étudia pendant six ans les principes de l'art sous Casanova et Klengel, mais surtout la peinture à l'huile, sous ce dernier. Comme paysagiste ses modeles de préférence sont Ruysdael, Berghem, Both, Wouwerman &c. Jusqu'ici il n'a achevé, quant à la gravure, que les quatre morceaux suivans :

1. Paysage avec un moulin rustique et des animaux dans l'eau. P. in fol. en t.
2. Paysage ; sur le devant une Vache qui pait et trois dans le lointain. Manière noire. In 4. en t.
3. Paysage ouvert avec des chevaux et des vaches au pâturage. De même. In fol. en t.
4. Paysage bouché, avec des maisons rustiques et des animaux au pâturage. De même. In fol. en t.

Ces pièces se trouvent à Leipzig chez Rost.

J. M. METTENLEITER.

J. M. METTENLEITER, dessinateur et graveur à la pointe et au burin, né aux environs de la Ville et de l'Abbaye de Néresheim, en 1765. Fils d'un horloger, il apprit les élémens de l'art chez son frere établi à Augsbourg, où il dessina et peignit des Batailles d'après Rugendas et le Bourguignon. A l'âge de 18. ans il vint à Munich dans le dessein de poursuivre les mêmes études. Ayant perdu vers ce tems son pere, il se vit obligé de pourvoir lui-même à son soutien. Il fit alors comme bien d'autres jeunes artistes: il travailla pour les libraires. S'étant associé avec le peintre d'animaux Winter, qui venoit de troquer le pinceau pour la pointe, ils gravèrent des frontispices et des cul-de-lampes. A la mort de Winter, arrivée en 1791. Mettenleiter eut sa place et ses appointemens. Depuis cette époque il est graveur en titre de la Cour Electorale de Bavière. En qualité de Dessinateur ce qu'il a fait de plus considérable, ce sont huit dessins colorés, deux grands et six moyens, pour le Cabinet de l'Electeur dans le Parc aux Cerfs près de Nymphenbourg. Les sujets sont des Chasses de Diane. L'artiste se propose de les graver incessamment sur cuivre. Les ouvrages gravés de cet artiste sont recommandables par leur goût d'invention, et par la netteté de leur exécution. Il a composé et gravé plusieurs sujets intéressans pour l'ouvrage de M. le Professeur Klein de Manheim, sur les Mœurs des Germains et les Grands hommes allemans. Il a aussi inventé et exécuté les vignettes pour les Almanachs de M. Westenrieder, qui traitent de l'histoire de la Bavière. Les quatre sujets suivans se trouvent dans l'ouvrage de Klein.

1. Les jeunes Germains attaquent les lions et les tuent à coups de massues. 1788. p. in fol.
2. Après la défaite des Cimbres par Marius, les femmes des vaincus envoyerent dire au vainqueur: *Nous demandons à être libres!* Elles ne furent pas libres, et elles se tuèrent. 1789. p. in fol.
3. L'Empereur Maximilien I. ayant appaisé une révolte de Gantois, dit au peuple assemblé: *Enfin nous avons la paix!* Gr. in 4.
4. George de Fronsberg, fameux Capitaine Allemand, n'ayant pu appaiser la mutinerie de ses soldats, tombe évanoui de douleur. *Pourquoi*, dirent les officiers aux soldats, *faites vous ce déplaisir à votre père?* Et aussitôt les mutins rentrèrent en leur devoir. Gr. in 4.
5—16. Douze sujets, empruntés de l'Histoire de la Bavière pour l'Almanac de Munich de l'année 1796. par L. Westenrieder. 12. pièces in 12.

CARLE SCHROEDER, graveur à l'eau forte et au burin, ainsi qu'au lavis, né à Brunswic vers 1766. Ce jeune artiste, jouissant du

C. SCHROEDER.

titre de Graveur de la Cour, a déjà publié un bon nombre d'ouvrages d'une exécution distinguée.

1. Charles-Guillaume-Ferdinand, Duc régnant de Bronsvic-Lunebourg. Gravé à l'eau forte par Schroeder. 1792. In fol. en ovale.
2. Fréderic-Auguste, Duc de Bronsvic-Luneburg, peint par J. H. Schroeder. Gravé par C. Schroeder. In fol.
3. Elisabeth-Christine Reine douairière de Prusse, Princesse de Bronsvic. Peinte par Graff. Gravée par Schroeder. In fol.
4. Le Prince Ferdinand de Bronsvic, Feldmaréchal de l'armée du Roi de Prusse &c. en pied et en habit de Cérémonie. Peint par Ziesenis. Gravé par Schroeder 1792. Très-gr. in fol.
5. Jeune homme en manteau, coiffé d'un chapeau rond et portant une épée, d'après Philippe Konink. De la Gal. de Salzthalen. In fol.
6. Le Sacrifice d'Abraham. De la Galerie de Salzthalen, d'après J. Lievens. In fol.
7. La Madeleine pénitente. De la même Gal. Peint par Ad. van der Werff. Exécuté au bistre. 1792. Gr. in fol.
8. Il réfléchit. Jeune homme assis à une table, une plume à la main. Peint par G. Netscher. Gravé par Schroeder. P. in fol.

On en a des épreuves en noir et en couleur.

9. La jeune Salzbourgeoise. Tableau de la Gal. de Salzthalen. Peint par Aut. Pesne. Gravé par Ch. Schroeder. 1793. In fol.
10. Judith tenant la tête d'Holofernes; effet de nuit.

J. G. BOETTGER.

Peint par Rubens, gravé par Schroeder, d'après l'Original de la Galerie Ducale de Bronsvic. Gr in fol.

JEAN-GOTTLIEB BOETTGER, graveur, principalement dans la manière pointillée, né à Dresde en 1766. Un goût décidé pour l'art l'a porté à fréquenter l'Académie Electorale, sans cesse occupé du dessin et de la gravure. Comme il se destinoit pour le dernier art, il se mit sous la direction de J. G. Schulz, chez lequel il exécuta plusieurs ouvrages, surtout des portraits. Depuis quelque tems il est venu s'établir à Leipzig, où il travaille beaucoup pour les libraires.

Voici les principales pièces de Boettger:

1. F. W. B. de Ramdohr, d'après Graff. In 8.
2. La fameuse Madeleine du Corrège, de la Galerie de Dresde, d'après le dessin de Seydelmann, pièce finie mais non publiée. In fol. en t.
3. L'Amour et Psiché se caressant. D'après Schenau; pièce qui n'est pas entièrement achevée, Gr. in fol.
4. Ganimede, d'après Vogel. Gr. in 4.
5. Une Vestale, d'après le même. Gr. in 4.
6. Calliope, d'après Angélique Kauffmann, épreuve légérement colorée, ovale in 4.
7. La Fayette endormi en prison, auquel le Génie de l'Amérique annonce la fin de ses malheurs. Schenau inv. Vignette en ovale, in 4. en t.

Nombre de vignettes d'après Schenau, Schubert, Schnorr.

F. V. Durmer.

F. V. Durmer, graveur dans la manière pointillée, né à Vienne vers 1766. et travaillant dans cette ville depuis une douzaine d'années. Quelques peines que je me sois données pour avoir des notices de quelques artistes, je n'ai pas pu y réussir à l'égard de plusieurs. Tel est le cas de F. V. Durmer et du graveur suivant, C. H. Pfeiffer. On se contentera donc de rapporter quelques uns de leurs ouvrages.

1. Franciscus II. Imperator &c. J. Ziterer pinx. En ovale & en points bruns.

Le pendant est:

2. Maria Theresia Imperatrix.
3. Elisabeth, Comtesse de Rasoumoffski, née Comtesse de Thun. Peinte par Elisabeth le Brun. Gravée en points bruns par F. V. Durmer. Ovale in 4.
4. Les quatre Saisons. Tableau du Guide, de la Galerie de Vienne. En points bruns foncés. Gr. in fol. en trav.
5. Pallas fils d'Evandre tué par Tournus, se voit étendu sur le lit funèbre. D'après le Tableau d'Angelique Kauffmann, de la Galerie de Vienne. En points bruns, grand in fol. en t.
6. Retour d'Arminius auprès des siens après la défaite des Romains. Ibid. Id. p. Pendant.

Charle Hermann Pfeiffer, graveur dans la manière pointillée, né à Vienne vers 1766. Il s'est distingué dans ce nouveau genre de gravure. J'ai parlé, dans l'article précédent, des difficultés qu'on rencontre en Allemagne pour avoir des notices des artistes.

1. Jeune garçon en matelot, tenant d'une main un papillon, et de l'autre un panier de cerises: *Le gai Garçon.* J. Wolf pinx. Ovale en points bruns. Petit in fol.
2. La Comtesse Séverin Potocka. Peinte par Isabey. Gravée en points bruns par C. Pfeiffer. Ovale, p. in fol.
3. La Princesse de Lichtenstein. J. Grassi pinx. Ovale en brun, p. in fol.
4. Thérèse, Comtesse de Kinski. Id. pinx. Pendant.
5. J. A. de Brambilla, premier Chirurgien de l'Empereur Joseph II. J. B. Lampi pinx. 1788. En points noirs, in fol.
6. Henri Fréderic Fuger, à mi-corps, peint par lui-même, ovale en points bruns 1791. in fol.

FRANÇOIS WRENK, graveur en manière noire, né à Strahain dans la haute Carinthie en 1766. Il vint à Vienne pour apprendre les élémens de la gravure et commença en 1791. à travailler en manière noire. Il débuta avec succès dans ce genre de gravure.

1. Portrait du vieux Fuger, Pasteur à Heilbron, peint par son fils, Henri Fuger Directeur de l'Ecole de Peinture de Vienne, in fol.
2. Portrait de M. Hunczovsky, d'après Fuger in fol.
3. Portrait de la Comtesse Wilhorsky, d'après Jean Grassi, in fol.
4. La Caverne, beau paysage d'après Joseph Vernet. Gr. in fol. en t.

J. Pichler.

5. Jupiter et Mercure recevant l'hospitalité de Philémon et Baucis, d'après Jean van den Hoeck, Gr. in fol. en t.

Belle manière noire, dont le sujet avoit été déja gravé au burin le siècle passé par Corneille Galle le jeune.

6. L'Amour et Psyché, d'après Hubert Maurer, Professeur de l'Académie des Arts à Vienne. Gr. in fol. en trav.

Jean Pichler, graveur en manière noire, née à Botzen en Tyrol en 1766. Il s'est rendu très-jeune à Vienne, où il a profité des leçons académiques. Sur les différentes sortes de gravures pratiquées aujourd'hui, il a donné la préférence à la manière noire. Cette gravure a pris singulièrement faveur à Vienne, et Pichler est un de ceux qui s'y distingue singulièrement.

1. Franciscus, Hungariae et Bohemiae Rex &c. &c. Vindobonae 1792. Gr. in fol.
2. Alexandre Leopoldus, Archidux Austriae Palatinus. J. Hickel pinx. Pendant.
3. Leopoldus II. Rom Imperator, Hungariae, Bohemiae etc. Rex, Archidux Austriae &c. &c. Lampi pinx. Viennae, apud Artaria Societ. Figure en pied; très-grande pièce.
4. W. Princeps a Kaunitz Comes Rietberg. Vir probus et sapiens. Quatuor Augg. Adaunser qui de republica bene meritat. Id. pinx.

Pendant de la pièce précédente.

5. Joseph Lange, dans le rôle de Wulfing de Stubenberg. J. B. Ancker ad vivum pinx. 1794. in fol.
6. Portrait de Laudon, d'après Fuger 1788. in fol.
7. Lucrèce et Tarquin. Sim. da Pesaro pinx. Pichler sc. 1792. in fol.
8. Aléxandre et son Médecin Philippe, d'après Fuger, gr. p. en t. 1792.
9. La Mort de Germanicus, d'après le même, 1795. Même grandeur.

CARLE KUNTZ, peintre d'animaux et de paysage, graveur à la pointe et au lavis, né à Mannheim en 1770. Ce jeune artiste a fait des progrès rapides dans sa carrière, et n'a gueres eu d'autre maître que son penchant naturel pour les arts d'imitation. En 1790. il fit un voyage en Suisse, où il s'arrêta une couple d'années n'ayant l'esprit occupé que de son art et de la nature. De-là il fit une course en Lombardie. Puis il revint dans sa patrie et ne tarda pas à montrer les fruits de ses études. Depuis son retour il a publié différentes vues des contrées, qui ont frappé son imagination, et qu'il a dessinées d'après nature. Son genre de gravure est au lavis en couleur de bistre. Les estampes qu'il a données dans ce court espace de tems sont d'une belle entente et d'un grand effet.

1. Suite de différentes Vues de la Suisse, in 4. en t.
2. Le Monument de Salomon Gessner, près de Zurich. Gr. in fol.

3. La Chute du Rhin près de Schaffhausen, Gr. in fol. en t.

4—9. Six grandes Vues du Jardin de Schwetzingue près de Mannheim. Gr. pièces en t.

10. 11. Deux grandes feuilles, faites après le siège de Mayence en 1793. représentant les Ruines des Eglises de Notre-Dame et de la Cathédrale de cette ville. Gr. pièce en t.

ANDRE GEIGER, graveur en manière noire, né à Vienne en 1776. Les secours que fournit cette capitale aux jeunes artistes qui portent en eux le germe des talens, ne peuvent pas manquer de porter d'heureux fruits, comme nous le voyons par le grand nombre de jeunes gens qui se distinguent dans toutes les branches des arts. Le jeune Geiger ne commença à travailler en manière noire qu'en 1792. et déja il a publié les pièces suivantes:

1. Portrait de la Comtesse de Bellegarde, d'après Fuger.
2. La Vanité, figure nue, d'après François Linderer.
3. Figure de Femme couchée d'après Rubens.
4. Narcisse, d'après Franceschini.

J. F. CLERK et J. LEON, deux graveurs en manière noire, nés à Vienne vers 1776. Ces deux graveurs, dont les circonstances de leur vie nous sont aussi inconnues que celles de quelques artistes dont nous avons parlé ci-devant ajoutent encore au lustre des habiles graveurs de Vienne qui joutent presque avec ceux de Londres.

1. Leopoldus II. Rom. Imperator Hungariae, Bohemiae &c. Rex, Archidux Austriac &c. &c. D. Kreitzinger p. J. Clerk sc. 1790. in fol.
2. La Mort de Sémiramis, dans l'intérieur d'un tombeau, avec une superbe architecture, sujet peint par Plazer. Gr. p. en t.

Le pendant de ce morceau est le suivant:

3. Le Vaincre des Curiaces, enchaîné dans l'intérieur d'une prison, avec une superbe architecture. Sujet peint par Plazer, gravé à Vienne par J. Leon 1792.
4. Le Prince Josie Duc de Saxe Cobourg. J. Keitzinger pinx. in fol.

Avertissement.

Nous terminerons l'Ecole Allemande par la prière aux artistes et au juges de l'art, en état de contribuer au perfectionnement de notre ouvrage, de nous communiquer leurs remarques, soit sur ce tome premier, soit pour les volumes suivans. Nous promettons qu'en finissant l'ouvrage, nous ferons usage avec reconnoissance de leurs avis.

GRAVEURS ALLEMANS

rangés par ordre chronologique.

	1420.	Martin Schoen.
	1424.	Israel von Mecheln.
	1430.	Martin Zagel.
	1432.	Albert Glockenton.
	1433.	Michel Wolgemut.
	1470.	Albert Durer.
	1472-74.	Lucas Cranach ou Kronach.
	1474.	Hans Burgkmair.
	1476.	Hans Baldung.
	1480.	Hans Brésang.
	1487.	Lucas, ou Louis Krug, ou Kruger.
	1487.	Hans Scheuffelein.
	1488.	Albert Altdorfer.
	1495-98.	Hans Holbein.
I.	1496.	Barthel Beham.
II.	1500.	Hans Sebald Beham.
	1500.	Grégoire Peins (George Pentz.)
	1502.	Henri Aldegrever.
	1504.	Jacques Binck.
	1505.	Hans Brosamer.
	1506.	Augustin Hirschfogel.
I.	1506.	Henri Lautensack.
II.	1508.	Hans-Sebald Lautensack.
I.	1510.	Daniel ou David Hopfer.
II.	1511.	Jérôme Hopfer.
III.	1512.	Lambert Hopfer.
	1514.	Virgile Solis.
	1527.	Melchior Lorich, ou Lorch.
I.	1528.	Théodore de Bry, le pere.
II.	1550.	Jean Théodore de Bry, le fils.

I.	1534.	Tobie Stimmer.
II.	1552.	Jean Christophe Stimmer.
	1539.	Jost Ammon, ou Amman.
	1558.	Christophe Maurer.
	1560.	Christophe Jamnitzer.
I.	1560.	Matthieu Greuter.
II.	1584.	Jean-Frédéric Greuter.
	1560.	Matthias Kager.
	1574.	Adam Elsheimer.
I.	1574.	Théodore Cruger.
	1574.	Dominique Custos.
I.	1579.	Lucas Kilian.
II.	1581.	Wolfgang Kilian.
III.	1630.	Barthélemi Kilian.
IV.	1714.	Philippe André Kilian.
	1585.	Isaac Major.
	1590.	Christophe Jegher.
I.	1593.	Matthieu Mérian.
II.	1647.	Marie-Sibylle Mérian.
	1596.	Pierre Aubry.
	1600.	Jean-Guillaume Baur.
	1600.	Michel le Blond, ou le Blon.
	1603.	Hans ou Jean Ulrich Franck.
I.	1606.	Joachim de Sandrart.
II.	1630.	Jacques de Sandrart.
III.	1655.	Jean-Jacques de Sandrart.
IV.	1658.	Susanne-Marie de Sandrart.
	1607.	Wenceslas Hollar.
	1609.	Jean Henri Schoenfeld.
	1610.	Adrien von Ostade.
	1618.	Conrad Meyer.
	1620.	Louis von Siegen, ou Sichem.
	1620.	Robert, Prince Palatin du Rhin.
	1621.	Jean François Ermels.
I.	1621.	Matthieu Kusell.
II.	1622.	Melchior Kusell.
III.	1646.	Jeanne-Sibille Kusell.
	1624.	Jonas Umbach.
	1625.	Jean Lingelbach.

	1631.	Ludolphe-Backhuysen.
I.	1631.	Jean-Henri Roos.
II.	1655.	Philippe Roos, dit Rosa de Tivoli.
III.	1658.	Melchior Roos.
I.	1631.	George-André Wolfgang.
II.	1662.	André-Matthieu Wolfgang.
III.	1664.	Jean-George Wolfgang.
IV.	1692.	Gustave-André Wolfgang.
	1631.	Jean-Philippe Lembke.
	1636.	Jean-Jacques Thourneiser.
	1640.	François Ertinger.
	1640.	Gerard Lairesse.
	1640.	Samuel Bottschild.
I.	1640.	Elie Hainzelmann.
II.	1641.	Jean Hainzelmann.
	1645.	Jean-Ulrich Kraus.
	1646.	Matthieu Scheitz.
	1651.	Charles-Gustave Amling.
	1653.	Felix Meyer.
	1653.	Théodore Lubienietzki.
	1665.	Joachim-François-de-Paula Beich.
	1666.	George-Philippe Rugendas.
	1670.	Jacq. Christophe le Blon, ou le Blond.
I.	1670.	Samuel Blesendorf.
II.	1675.	Constantin-Frederic Blesendorf.
I.	1670.	Martin Bernigeroth.
II.	1713.	Jean-Martin Bernigeroth.
	1675.	Antoine Balthasar Koenig.
	1680.	Christian Albert Wortmann.
	1681.	Jacob Frey.
	1682.	Elie-Christophe Heisse.
	1683.	Bernard Vogel.
	1687.	Jean-George Bergmuller.
	1689.	Pierre Bemmel.
	1689.	François de Paule Ferg.
	1691.	Jean-Daniel Herz.
	1693.	Jérôme Sperling.
	1695.	Jean-Elie Ridinger.
	1695.	Aléxandre Thiele.

	1695.	Paul Troger.
I.	1695.	Jean-Justin Preisler.
II.	1700.	George-Martin Preisler.
III.	1715.	Jean-Martin Preisler.
IV.	1717.	Valentin-Daniel Preisler.
	1696.	Jacques Maennl.
	1698.	Antoine-Joseph von Prenner.
	1700.	G . . . A . . . Muller.
	1700.	Jean-Adam, Joseph et André Schmutzer. Freres.
	1733.	Jacques Schmutzer.
I.	1702.	Jean-Laurent Haid.
II.	1710.	Jean-Gottfried Haid, frere.
III.	1703.	Jean-Jacques Haid, pere.
IV.	1740.	Jean-Elie Haid, fils.
I.	1702.	Jean-Etienne Liotard.
II.	1702.	Jean-Michel Liotard.
	1704.	Jérémie-Jacques Sedelmeyer.
	1706.	Christian-Fréderic Boëce ou Boëtius.
	1706.	Joseph Wagner.
	1708.	Jean Holzer.
	1708.	Gottfried-Bernard Goetz.
	1709.	Philippe-Jérôme Brinkmann.
	1710.	Jean-Christophe Dietzsch, et son frere J. Albert.
	1712.	Christian-Guillaume-Ernest Dietrich.
	1713.	Jean-Balthasar Bullinger.
I.	1715.	Jean-George Unger, pere.
II.	1740.	Jean-Fréderic-Gottlieb Unger, fils.
	1712.	George-Fréderic Schmidt.
I.	1717.	Jean-George Wille, pere.
II.	1740.	Pierre-Aléxandre Wille, fils.
	1717.	Adam-Fréderic Oeser.
	1717.	Christian-Louis de Hagedorn.
	1718.	Jean-Gottfried Saiter, ou Seuter.
	1718.	Christian-George Schutz.
	1720.	Jean-Sébastien Muller.
	1721.	Pierre Floding.
	1721.	Jean-Isaï Nilson.
	1722.	

	1722.	Jean-Adam Schweickart.
I.	1722.	Jean-Henri Tischbein, le vieux.
II.	1751.	Jean-Henri Tischbein, le jeune.
	1722.	Jean-Louis Aberli.
I.	1723.	Jean-Christian Brand, l'aîné.
II.	1730.	Fréderic-Auguste Brand, le cadet.
I.	1725.	Christian-Bernard Rode.
II.	1727.	Jean-Henri Rode.
	1726.	Daniel Chodowiecki.
	1727.	George-Melchior Kraus.
	1728.	Joseph Roos, le jeune, ou Rose.
	1729.	Juste Chevillet.
	1729.	Jean-André Benjamin Nothnagel.
	1730.	Jean-Rudolphe Holzhalb.
I.	1730.	Gottlieb-Lebrecht Crusius, l'aîné.
II.	1740.	Charles-Lebrecht Crusius, le cadet.
	1730.	Philippe-Jacques Loutherbourg.
	1730.	François-Edmond Weirotter.
I.	1732.	Jean-Antoine Riedel, pere.
II.	1763.	Antoine-Henri Riedel.
	1732.	Jean-Guillaume Meil.
	1733.	Jean Jacobé.
	1734.	Fréderic Réclam.
	1734.	Salomon Gefsner.
	1734.	Adrien Zingg.
I.	1734.	Jacques-Philippe Hackert.
II.	1740.	Charles Hackert.
III.	1744.	George Hackert.
	1737.	Christian de Mechel.
	1737.	Barthelemi Hübner.
	1738.	Jean-Ernest Mansfeld.
	1738.	Jean Fréderic Bause.
I.	1739.	Jean-Theophile Prestel.
II.	1747.	Marie-Catherine Hoell, femme Prestel.
	1739.	Matthieu Pfenninger.
	1740.	Benoît Alphonse Nikolet.
	1740.	Jean Rodolphe Schellenberg.

I.	1740.	Ferdinand Kobell, père.
II.	1764.	Guillaume Kobell, fils.
III.	1741.	Henri Kobell.
	1741.	Jean-Eléasar Schénau.
	1741.	Jean Vîte Kauperz.
	1742.	Gille, ou Egidius Verhelst.
	1742.	Marie-Angelique Kauffmann.
	1742.	Christian-Gottlieb Geyser.
	1743.	André-Louis Kruger.
	1744.	Daniel Berger.
I.	1744.	Carle Guttenberg.
II.	1745.	Henri Guttenberg.
	1745.	Guillaume-Frederic Gmelin.
	1745.	Jean-Fréderic Ganz.
	1745.	Sigismond Freudenberger.
	1746.	Balthasar-Antoine Dunker.
	1747.	Jean-George Janota.
	1747.	Jean-Gotthard Muller.
	1748.	Jacques Méchau.
	1748.	Erich Paulsen.
	1748.	Fréderic Akrel.
	1748.	Jean Gillberg.
	1748.	Jacob Adam.
	1748.	Matthias-Gottfried Eichler.
	1749.	Jean Gottfried Schulz.
	1749.	Henri Pfenninger.
	1750.	Carle Schutz.
	1750.	Louis Sommerau.
	1750.	George-Sigismond, et Jean Gottlieb Facius, jumeaux.
	1751.	Henri Rieter.
	1751.	Isaac-Jacob la Croix.
	1751.	Christian-Fréderic Stoelzel.
	1751.	Jean-Christian Klengel.
	1751.	Fréderic Christian Klafs.
	1752.	Jean-Auguste Rosmaefsler.
	1752.	Carle Gottlob Raspe.
	1752.	Gotthelf-Wilhelm Weise.

1752. Clément Kohl.
1752. Henri Sintzenich.
1753. Ferdinand Landerer.
1753. Quirin Marck.
1753. Christophe Nathe.
1754. Joseph-François de Goetz.
1754. Charles Weisbrod.
1754. Sébastien-Ignace Klauber.
1754. Jean Penzel.
1754. Abel Schlicht.
1755. Fréderic Rehberg.
1755. Christophe-Guillaume Bock.
1756. Christophe-Guillaume Leybold.
1756. Henri-Fréderic Laurin.
1757. Jean-Fréderic Clémens.
1757. Adam Bartsch.
1757. Christian-Jacob Schlotterbeck.
1757. Charles-Benjamin Schwarz.
1758. H. N. Schmitz.
1758. Carle Reinhart.
1758. Jean-Henri Lips.
1758. Charles-Matthieu Ernest.
1760. Carle Hesse.
1760. Louis-Gabriel Necker.
1760. Christian-Auguste Gunther.
1761. Marquard Wocher.
1761. Jean-Gottlob Schumann.
1761. Jean-David Schubert.
1762. Regina Quarry.
1763. E . . Morace.
1764. George-Christian Schule.
1764. Vite-Jean Schnorr.
1764. Jean-Fréderic Schmidt.
1764. J. H. Menken.
1765. J. M. Mettenleiter.
1766. Carle Schroeder.
1766. Jean Gottlieb Boettger.
1766. F. V. Durmer.

1766. François Wrenk.
1767. Jean Baptiste Pichler.
1768. Charles Hermann Pfeiffer.
1768. Jean Balzer.
1768. J. F. Clerk.
1770. Carle Kunz.
1776. Andre Geiger.

www.ingramcontent.com/pod-product-compliance
Lightning Source LLC
Chambersburg PA
CBHW071156240526
45470CB00016BA/81